The Great
Power Competition
and
The World
Order Re-Architecture

鞠建东 著

大国竞争与世界秩序重构

北京大学出版社
PEKING UNIVERSITY PRESS

图书在版编目（CIP）数据

大国竞争与世界秩序重构 / 鞠建东著. --北京：北京大学出版社，2024.10.
ISBN 978-7-301-35327-1
Ⅰ. D996.1
中国国家版本馆 CIP 数据核字第 2024A2A660 号

书　　　名	大国竞争与世界秩序重构
	DAGUO JINGZHENG YU SHIJIE ZHIXU CHONGGOU
著作责任者	鞠建东　著
策 划 编 辑	李　娟
责 任 编 辑	闫静雅
标 准 书 号	ISBN 978-7-301-35327-1
出 版 发 行	北京大学出版社
地　　　址	北京市海淀区成府路 205 号　100871
网　　　址	http://www.pup.cn
微信公众号	北京大学经管书苑（pupembook）
电 子 邮 箱	编辑部 em@pup.cn　总编室 zpup@pup.cn
电　　　话	邮购部 010-62752015　发行部 010-62750672　编辑部 010-62752926
印 刷 者	涿州市星河印刷有限公司
经 销 者	新华书店
	787 毫米×1092 毫米　16 开本　19.5 印张　315 千字
	2024 年 10 月第 1 版　2025 年 5 月第 5 次印刷
定　　　价	68.00 元

未经许可，不得以任何方式复制或抄袭本书之部分或全部内容。
版权所有，侵权必究
举报电话：010-62752024　电子邮箱：fd@pup.cn
图书如有印装质量问题，请与出版部联系，电话：010-62756370

前言
Preface

2018年3月，中美贸易争端爆发，我们随即在清华大学五道口金融学院组建"大国竞争"团队跟踪研究。2019年春季，我在清华大学面向本科生开设了"中美贸易争端与全球化重构"通识课程，这是中国（也许是全球）最早开设的有关中美贸易争端的本科生课程。此后每年春季我都在清华大学开设这门课程，至今已经六载，并获得广泛的认可。这门课程2021年被评为北京高校"优质本科课程"，2023年被评为清华大学精品课程、教育部"国家级一流本科课程"。本书基于这门课程，简化了技术细节，在保持内容严谨、系统的同时，力图做到通俗易懂。

我于1995年在美国宾夕法尼亚州立大学获经济学博士学位，国际贸易与金融是我的专业研究方向。20世纪90年代，欧盟、北美自由贸易区、WTO（世界贸易组织）纷纷成立，全球贸易自由化掀起一波巨浪。我的研究集中在自由贸易区的关税改革以及原产地规定对各国社会福利的影响。当时，WTO与自由贸易区的关系、全球应该有几个主要自由贸易区是学术界的热点话题。结合专业研究，我在2000年年初提出了北美自由贸易区、欧盟与亚洲共同体三足鼎立的世界秩序的构想。这个构想经过20多年的思考、沉淀，并与当前大国竞争及第四次工业革命实践碰撞，成为本书关于新世界秩序的主线。

1987年，我在清华大学经济管理学院研究生毕业并留校任教。留校后我的第一个研究课题是东北亚地区的开放，并于1989年发表了我的第一篇学术文章《东北亚经济区合作构想》。因此，本书内容也是我36年来关于全球化的研究总结。

司马迁言："究天人之际，通古今之变，成一家之言。"这是做学问的理想境界,本书尝试沿着这三个方向努力。

究天人之际:本书揭示了新旧世界发展动力的核心差异,即由物质资本主导转变为由人力资本引领;知识、想法和创新成为推动社会进步的关键驱动力。本书构建的创新世界模型对"想法→创新→技术进步→市场实现"的过程进行了规范、系统的描述。其中,提出了两个基本循环:创新者与想法云之间的循环、创新者与市场之间的循环;总结了创新世界存在的三对基本矛盾:集中与分散、公有与私有、自主与模仿。

通古今之变:本书总结了 1500 年以来大国竞争与世界秩序的演变,提出世界秩序正面临从霸权迭代到竞争共存的范式转变。当代世界失序的根本原因不是中美对世界霸权的争夺,而是世界经济基础与上层建筑不匹配带来的矛盾冲突。

成一家之言:本书提出了大国竞争的理性分析思路,将国际微观经济理论与宏观经济理论相结合、增长理论与危机理论相结合,构建以多重均衡下的长期增长为中心的理论框架,分析"增长与危机""共享与垄断""和平与战争"这三对矛盾的冲突、演变与发展。

本书内容涉及三个方面,热点问题、理论体系、世界观,即从大国竞争与新世界秩序的热点问题出发,构建系统的理论分析框架,贯穿着对新世界运行规律的思考,其逻辑导图如下:

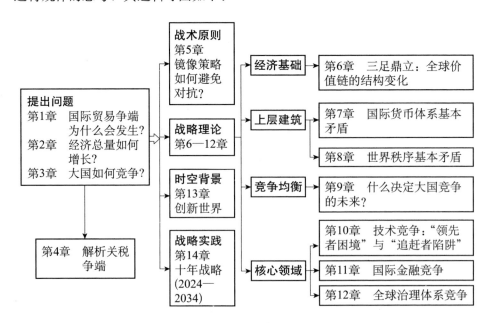

第1、2、3章提出问题，国际贸易争端为什么发生？经济如何增长？大国如何竞争？第4章解析中美贸易争端。前面4章提出国际贸易争端三大原理、三大定理，建立贸易争端的长期、整体、局部、短期利益冲突分析框架。从第5章开始，我们讨论大国竞争的战术与战略，分为4个部分：第5章讨论战术原则；第6—12章构建战略理论；第13章讨论时空背景，建立创新世界模型；第14章讨论战略实践，提出中国在下个十年（2024—2034）的大国竞争战略。

第6—12章的战略理论又包括三个模块：第6—8章是模块一，讨论全球经济基础与上层建筑。其中，第6章讨论经济基础，即全球价值链的结构变化；第7、8章讨论作为上层建筑的国际货币体系与全球治理体系的结构变化，以及与经济基础的结构矛盾。第9章是模块二，通过"增长—危机"的理论框架分析当代大国竞争的均衡状态。第10—12章是模块三，讨论核心领域的大国竞争，其中第10章讨论技术竞争、第11章讨论国际金融竞争、第12章讨论全球治理体系竞争。

本书的完成历经数十载，首先感谢父母养育之恩，感谢家人的支持、爱护与陪伴；感谢师长的教诲，感谢合作伙伴的帮助。

本书每一章的内容，都是我们"大国竞争"团队的研究方向。团队成员六年来几乎每周举行组会，讨论问题、碰撞思路、收集文献与数据、帮助我整理书稿。其中，冯路主要参加第1章的讨论，卢冰、韦拉主要参加第2章的讨论，侯江槐主要参加第3章的讨论，李昕、李元琨主要参加第4章的讨论，马捷主要参加第5章的讨论，余心玎主要参加第6章的讨论，夏广涛、黄琛主要参加第7章的讨论，彭婉主要参加第8、9章的讨论，马雪琰、刘政文主要参加第10章的讨论，杨雨佳主要参加第11章的讨论，刘斌、王晓燕主要参加第12章的讨论，陈骁、张佳梁主要参加第13章的讨论。李思佳通读全书，帮助我整理书稿、数据和图表。杨绿原、夏之薇给予团队行政与后勤支持。感谢他们对本书做出的贡献。

六年来在清华大学的教学过程中，同学们踊跃提出问题、热情参与讨论，使课程得以不断改进，感谢他们。

2021年，以清华大学的课程内容为基础，我在"得到"平台开设了"国际贸易争端21讲"的音频课程。感谢编辑牛萌、梁建成、刘睿敏帮助我将课程从大学教室搬上网络。特别感谢北京大学出版社林君秀、李娟、闫静雅三位编辑不辞辛苦编辑全书。

当代大国竞争刚刚拉开序幕,本书只是我们对其理论探讨的开始。伴随着世界秩序变革的步伐,我们观察其改变,洞察其逻辑,不断改进理论;我们将见证历史,迎接光明的未来。

鞠建东

2024年10月于清华大学

目录 Contents

第1章 国际贸易争端为什么会发生？

1.1 中美贸易争端爆发 / 2
1.2 我的两个故事 / 5
1.3 如何分析国际贸易争端？ / 8
1.4 国际贸易争端三大原理 / 11
1.5 结语 / 19

第2章 经济总量如何增长？

2.1 两千多年来的经济增长 / 22
2.2 双轮驱动模型 / 24
2.3 增长定理 / 29
2.4 全球化的四个阶段 / 30
2.5 全球垄断形态的演变 / 35

第3章 大国如何竞争？

3.1 竞争的六个领域 / 37
3.2 竞争的三个要素 / 45

3.3 中美关系五阶段 / 48
3.4 我亲身经历的中美关系变迁 / 53

第4章 解析关税争端

4.1 局部利益冲突：斯托尔珀-萨缪尔森定理 / 58
4.2 短期利益冲突 / 59
4.3 美国对中国出口的结构：反比较优势之谜 / 63
4.4 中美关税争端的事实解析 / 66

第5章 镜像策略：如何避免对抗？

5.1 战术原则 / 76
5.2 理论模型 / 77
5.3 实例分析一：中欧光伏/葡萄酒关税争端 / 81
5.4 实例分析二：美国对跨国公司的长臂管辖 / 82

第6章 三足鼎立：全球价值链的结构变化

6.1 世纪之交的问题 / 90
6.2 全球价值链的概念 / 92
6.3 三足鼎立的全球价值链结构 / 94
6.4 核心国家（中、美、德）与区域结构分析 / 99
6.5 三足鼎立格局的动因与展望 / 101

第7章 国际货币体系基本矛盾

7.1 国际货币体系：历史与现状 / 103

7.2 基本矛盾：三足鼎立的经济格局与"单极"
国际货币体系不匹配 / 111
7.3 如何解决国际货币体系的基本矛盾 / 115

第8章　世界秩序基本矛盾

8.1 全球经济治理体系的历史与现状 / 122
8.2 世界秩序的基本矛盾 / 125
8.3 世纪之交的讨论（1） / 129
8.4 如何理解世界失序？ / 131
8.5 三足鼎立：新世界双层治理体系 / 135
8.6 世纪之交的讨论（2） / 139

第9章　什么决定大国竞争的未来？

9.1 大国竞争的历史回顾 / 142
9.2 大国竞争的增长—危机模型 / 145
9.3 崛起国的潜在危机以及防范 / 151
9.4 守成国的潜在危机 / 163
9.5 大国竞争下的危机发展的可能路径 / 169
9.6 尾声 / 172

第10章　技术竞争："领先者困境"与"追赶者陷阱"

10.1 柯达的故事："领先者困境" / 174
10.2 技术创新的分类 / 175
10.3 渐变型技术竞争 / 176
10.4 突变型技术竞争 / 181
10.5 当代大国技术竞争 / 185

第11章 国际金融竞争

11.1 亚洲金融危机 / 197
11.2 国际金融危机的发生机制 / 199
11.3 如何防范国际金融危机与金融制裁双风险? / 207
11.4 尾声 / 214

第12章 全球治理体系竞争

12.1 新文化会诞生在哪里? / 216
12.2 WTO 的困境 / 220
12.3 区域贸易协定的兴起 / 222
12.4 欧洲的经验 / 224
12.5 亚洲的困境 / 226
12.6 "亚洲共同体"与亚洲秩序重建 / 230
12.7 尾声:新文化会诞生在亚洲吗? / 237

第13章 创新世界

13.1 如何描述创新过程? / 240
13.2 如何衡量创新? / 244
13.3 想法云的五个假设 / 248
13.4 创新世界模型与量子力学模型的相似性 / 251
13.5 创新世界的基本矛盾:沙漠找水问题 / 254
13.6 新世界秩序与创新的基本矛盾 / 259
13.7 尾声 / 264

第14章 十年战略（2024—2034）

14.1 目标的现实性与挑战性	/ 266
14.2 不称王	/ 269
14.3 稳市场	/ 274
14.4 谋共享	/ 284
14.5 结语	/ 286

附录　各章小结　　　　　　　　　　　　　　　　　／288

▶▶ 第 1 章
国际贸易争端为什么会发生？

1991 年 12 月 25 日，苏联总统戈尔巴乔夫宣布辞职，将国家权力移交给俄罗斯总统叶利钦。19 时 32 分，苏联国旗在克里姆林宫上空缓缓降下，取而代之的是俄罗斯国旗，这标志着第二次世界大战之后的美苏争霸以苏联解体而告终。1993 年 1 月，美国总统老布什访问莫斯科，与俄罗斯总统叶利钦举行首脑会晤，签署第二阶段削减战略武器条约，承诺将美俄两国核武器削减三分之二。各国人民欢欣鼓舞，和平的阳光似乎终于驱散了笼罩世界半个世纪的核乌云。

大约三十年之后，2022 年 2 月 24 日，俄罗斯总统普京在克里姆林宫发表电视讲话。他无法抑制对西方的失望与愤怒，"他们欺骗了我们，满嘴跑火车，"他愤怒地问道，"好吧，你不想把我们看作你的朋友和盟友，但为什么要与我们为敌呢？"普京随后宣布在乌克兰东部开始"特别军事行动"，十多万俄罗斯士兵扑向乌克兰，第二次世界大战之后欧洲最大规模的战争爆发了！2 月 27 日，普京命令俄罗斯的核威慑力量置于"战斗戒备"状态，核乌云再次笼罩世界！

普京之问——"为什么要与我们为敌呢？"——提出了大国之间深刻的矛盾：即使不能成为朋友和盟友，难道就不能和平共存吗？探究大国之间的共存之道，即竞争共存的世界秩序，是本书的主题。

世界主导（霸权）国家与其挑战者之间的竞争，本书称之为大国竞争，在过去的500年，已经发生了多次，例如：（1）15世纪末期的西班牙、葡萄牙海上霸主之争；（2）17世纪中后期至18世纪晚期的英国、荷兰之争；（3）17世纪后半叶到18世纪中期的英法之争；（4）从1885年到1945年的英德之争；（5）从19世纪80年代到20世纪40年代的英美之争；（6）从20世纪40年代到1991年的美苏之争；（7）从20世纪60年代到90年代的美日贸易争端；（8）2018年开始的、正在进行的中美贸易争端。大国之间为何竞争？怎样竞争？何为输赢？能否共存？这些问题的答案决定了世界秩序的走向，影响着世界人民尤其是处于大国竞争的当代中国人民的生活与福祉。对这些问题的研究是贯穿本书的主线。

在大国竞争中，战争是其残酷的篇章。但是，核武器出现之后的大国竞争中，更常见的是贸易竞争、技术竞争、金融竞争、全球治理竞争等非军事的形式，军事竞争只是大国之间全方位竞争的一部分。在俄乌冲突发生之后，美国总统拜登立即承诺美国绝不会向乌克兰派遣军队，但是同时宣布对俄罗斯进行全方位的金融、经济制裁。对于非军事形式的大国竞争，我们缺乏系统的研究和分析框架。有鉴于此，本书专注于大国之间的贸易争端、金融争端、技术争端、全球治理争端等非军事形式的争端。让我们从中美贸易争端开始！

1.1　中美贸易争端爆发

2018年3月23日，美国总统特朗普在白宫签署备忘录，基于美国贸易代表办公室发布的"301调查[①]报告"，宣布拟对从中国进口的500亿美元商品加征25%的关税，引发了中美贸易争端。

在太平洋西岸的北京，由于事出突然，人们有一点不知所措。毕竟，就在几个月前的2017年11月，特朗普刚刚访华。在他访华的三天里，中美两

[①]　301是指美国《1974年贸易法》第301条，其中规定美国贸易代表办公室可以利用该条款对美国的贸易伙伴国家进行调查。基于301条款的调查，简称"301调查"。

国企业共签署合作项目34个，签约总金额达到2 535亿美元，创下了中美经贸合作史上的新纪录，两国关系似乎达到了顶点。这才过去几个月，怎么就爆发了贸易争端呢？

自1979年中美建交以来，中美两国双边贸易突飞猛进，尽管中美贸易一直摩擦不断，光是美国发起对中国进口商品的"301调查"就已有五次，分别发生在1991年、1992年、1994年、1996年、2010年。每次美国都威胁要加征关税，但每次都能在最后时刻达成和解。因此针对这次贸易争端，人们普遍猜测，也会和以前一样，特朗普的加税威胁只是表达不满，双方最终会找到和解的办法。

然而，这一次不一样了。2018年6月15日，美国贸易代表办公室发布了向从中国进口的500亿美元商品加征25%关税的清单。随后，中国宣布对美国的500亿美元进口商品加征25%关税的反制清单，关税战打起来了。

和中国对此次事件的认识存在不同的是，在太平洋东岸的美国，人们并不觉得中美贸易争端是突然发生的，而是一件迟来了20年的必然事件。

即使是在全球化迅猛发展的20世纪90年代，美国国内反对贸易自由化的声音一直不绝于耳。1992年和1996年两度参加美国总统大选的亿万富豪罗斯·佩罗在对外政策方面的主要竞选主张就是反对美国与墨西哥自由贸易，因为这会带来制造业工人失业。

1991年年底苏联解体之后，美国在全球的领导地位如日中天。此后，美国开始将中国作为潜在的竞争对手。从20世纪90年代开始，在每次美国总统大选中，中美关系都是重要的竞选议题。在2000年美国总统大选中，总统候选人小布什批评克林顿总统的中国政策，第一次提出将中美"战略合作"关系改为"战略竞争"关系。2001年，小布什顺利当选美国总统，但他还没有来得及兑现改变中美关系定位的竞选承诺，震惊世界的"9·11"恐怖袭击事件就发生了。美国的对外政策迅速转向反恐，美国需要中国支持其在全球的反恐行动，改变中美关系定位的计划被推迟了。2001年，中国加入WTO（世界贸易组织），随后美国跨国企业在中国的外包蓬勃发展，全球价值链呈现出一片"美国设计，中国制造"的亮丽风景。2008年又一届美国总统大选，总统候选人奥巴马又批评小布什总统的中国政策，再次提出要改变中美关系定位。但 2008 年 9 月全球金融危机爆发，美国金融体系处于崩溃的边缘，美国再一次需要中国和美国站在一起，共同抗击全球金融危机带来的经济衰退。美国不得不再一次推迟改变中美关系定位的计划。

2018 年中美贸易争端爆发，迟到了 20 年的中美关系改变终于还是来了！

自 2018 年 7 月 6 日中美相互实施第一轮加征关税的措施，到 2020 年 1 月 15 日中美两国在美国华盛顿签署第一阶段经贸协议，双方互相加征了五轮关税。2020 年，美国对中国进口平均关税从贸易争端前的 3% 增加到 19.3%，中国对美国进口平均关税从贸易争端前的 8% 增加到 20.9%。

2018 年 10 月 4 日，美国副总统彭斯在美国智库发表演讲，从政治、外交、经贸、军事甚至历史等多方面罕见公开、全面、系统地评论和指责中国，至此中美争端从贸易领域延伸到意识形态领域。中美贸易争端从关税战迅速扩大到技术争端、投资争端和人员交流限制。美国对中兴、华为等中国高科技公司实施制裁。从 2018 年到 2021 年的 3 年多时间里，超过 500 家中国实体和高科技企业被美国政府列入制裁清单。

2020 年年初，新冠疫情暴发，特朗普政府对中国的贸易争端措施不仅没有停顿，反而愈演愈烈。2021 年 1 月 14 日，就在特朗普任期的最后一周，美国商务部依然在制裁清单中新增了 10 多家中国高科技企业。

特朗普政府愈演愈烈的言行甚至引起了美国军方的高度担心。美军参谋长联席会议主席马克·米利分别于 2020 年 10 月与 2021 年 1 月先后两次致电中共中央军事委员会联合参谋部参谋长李作成，明确表示美国不会主动采取对抗性军事行动，力求缓解两国剑拔弩张的对抗态势。米利甚至召集了美军高级官员审查核武器的发射程序，要求任何来自特朗普总统的核武器发射命令必须经过参谋长联席会议主席的核准。①

2021 年 1 月 20 日，美国新一任总统拜登宣誓就职，由特朗普政府发起的

---

① 'Peril' Details the Capitol Riot and Trump's Last-Ditch Effort to Hold onto Power [EB/OL]. (2021-09-21) [2023-09-21]. https://www.npr.org/2021/09/20/1038149610/peril-bob-woodward-trump-biden-book; A Capitol Hill Reckoning for Top US General May Again Put Trump's Political Storms on Full Display [EB/OL]. (2021-09-28) [2023-09-21]. https://edition.cnn.com/2021/09/28/politics/mark-milley-donald-trump-capitol-hill/index.html.

中美贸易争端进入新的阶段。拜登政府尽管在国内政策上与特朗普南辕北辙，但是在中美关系上却延续了特朗普执政时期发起的中美争端的方向。在立法层面，美国国会通过了《2021年美国创新和竞争法案》《2022年美国竞争法案》等法案，奠定了与中国竞争的基调。在行政层面，拜登签署了《关于促进美国经济竞争的行政命令》与"百日审查"等行政令，加强了遏制中国的共识。拜登认为中国是"美国最严峻的竞争对手"。与特朗普单挑中国不同的是，拜登修复了跨大西洋伙伴关系，重启四方会谈，发布"印太战略"，在全球"团结一切可以团结的力量"，与中国竞争。

在太平洋西岸的中国，人们对中美贸易争端的认识，在这几年里不断改变、深化。正如华为总裁任正非所说，"一开始我们还真以为是我们犯了什么错误，在自查自纠；接着第二棒、第三棒又打下来，一棒比一棒狠，我们才知道是要打死我们"。一开始，人们还以为中美贸易争端只是贸易纠纷；随着争端扩大，美国的措施越来越严厉，中美贸易争端的核心逐渐显露出来，这其实是世界秩序之争。美国为了维护其自身利益，就是要遏制中国的发展，就是要阻止中国的发展对其世界领导权的挑战。

1.2 我的两个故事

对于中美争端，生活在太平洋两岸的中美两国人民似乎存在系统性的认知偏差。本书的目的之一是希望通过客观、系统的描述与分析，来弥合太平洋两岸人民这种认知的鸿沟。

我于1963年出生在江苏省如皋市。1990年，27岁的我去了美国；在美国生活了25年之后，2014年我辞去了美国俄克拉何马大学的教授职位，回中国生活、工作。在我的人生当中，除去懵懂的幼年，我大概有一半的时间生活在中国，一半的时间生活在美国。可以说，我亲眼见证了中美两国关系的变迁以及人民认知的改变。我的亲身经历或许可以帮助读者理解中美关系的发展与演变。在此，先说说我回中国工作的两个故事。

辞职

2014年7月，美国，俄克拉何马大学，盛夏午后，阳光透过树叶，洒下一地斑驳树影。我走进文理学院院长凯利·戴莫佛斯的办公室。

"建东，祝贺你担任上海财经大学国际工商管理学院院长。"凯利递给我咖啡。

"谢谢，凯利！这是我请假一年的申请，老样子，你帮我签个字。"

"不急，不急，我难得见到你，聊一会儿。"凯利摇晃着那页申请表。

稍后，他从电脑屏幕前抬头，缓缓地说："过去的五年里，你每年在学校的时间只有四个月"。

"怎么会？我每年春季都回学校上课！"我感觉气氛有点不对。

"你每年元旦回来，5月份就去中国了，"凯利还是微笑着，但笑容有点僵硬了，"建东，我们是老朋友了，我不能再批你的假了。"

我沉默了一会儿，争辩道："我是做国际贸易研究的，你知道的，中国已经是世界货物贸易第一大国……"

凯利用眼神制止了我："建东，我是院长，你们系的老师和学生一直抱怨看不到你。"

"那怎么办？"

凯利转过头不再看我："有两个选择：第一，你回学校，不能请假了；第二，你辞职。"

二十分钟后，凯利埋头在我的辞职信上签字，他忽然抬起头，狡黠地问我："上海财经大学给你多少薪水？"

"和你给的一样。"

这一天，是我的生日。

交绿卡

（六个月后）

2015年1月，美国，旧金山机场，入关柜台前。

签证官从眼镜后扫了我一眼，"来美国干吗？"

"开会。"

"什么会？"

"美国经济学年会。"

他回看电脑屏幕,站起身:"你跟我来"。

我跟着签证官走进机场出口旁边的一个房间。

"鞠先生,"他跟我招招手,"我看了你的记录,过去4年,你每年在美国的时间都不到半年。"

我知道他想说什么了:"先生,我在中国工作。"

他点点头:"你是经济学家?"

"是啊。"

"我给你两个选择:要么回美国工作,每年在美国生活至少半年;要么交回绿卡,取消你的永久居民身份。"

"先生,"我看着他,"有其他选择吗?"

他僵硬地挤出笑容:"没有,鞠先生。"然后转头看他的电脑屏幕。

"天哪!"他忽然大叫起来,"你拿绿卡22年了!"他对我喊着。

"这么多年,你为什么不转美国公民?转成公民,你在哪个国家工作都可以啊!"

我看着他,不知道说什么。

他静了一会儿,控制住自己的情绪,把护照递给我:"你这一次可以入关,但回到中国之后,要去美国大使馆上交绿卡。下一次再来美国,你就要办签证了。"

签证官送我走出房间,忽然拍拍我的肩膀:"鞠先生,中国经济超过美国了吗?"

我看着他微笑:"这个有点复杂,国际货币基金组织按照购买力平价计算,中国超过美国了。不过,按照名义GDP(国内生产总值),还没有。"

他耸耸肩:"听不太懂。"

我伸出手,和签证官握手告别:"欢迎来中国玩。"

我的两个故事,希望可以帮助你理解,大国之间的争端并非突然爆发。早在我们看到的大国争端标志性事件之前,那些常年在两国往返生活、工作、交流的人,都或多或少感受到了冲突的端倪。甚至我们也可以认为,这些冲突的苗头由来已久,且从未完全消失。

1.3 如何分析国际贸易争端？

中美贸易争端以及世界秩序的演变，是百年不遇之大变局，必将深刻影响这个世界的每个角落，也将影响这个世界的下个十年、百年甚至千年。反过来，理解中美贸易争端，理解国际贸易争端和世界秩序的演变，也需要我们从十年、百年甚至千年的维度来审视这个变幻莫测、高潮迭起的大变局。建立一个关于国际贸易争端与世界秩序演变的科学分析框架，是本书的任务。

你可能要问，既然这个问题这么重要，难道没有现成的理论分析框架吗？这是我们下一小节要回答的问题。

1.3.1 无力的主流经济学：阿罗不可能定理

第二次世界大战之后的现代主流经济学——新古典经济学最重要的创始人之一、诺贝尔经济学奖获得者、麻省理工学院教授保罗·萨缪尔森，对于经济学有一个定义，"经济学是研究稀缺资源如何配置的学问"。哈佛大学教授格里高利·曼昆在他的风靡全球的教科书《经济学原理》中，总结了经济学的十大原理，其中第五大原理是"贸易可以使得人人获益"。新古典经济学认为，经济活动起源于分工，分工决定了交换与贸易。由于分工是按照比较优势确定的，交换与贸易就实现了资源的有效配置，因此贸易使得人人获益。

那么问题来了，既然贸易使得人人获益，为什么会有国际贸易争端？事实上，所有经济活动，一方面会带来资源的有效配置，另一方面则会造成买卖双方的利益冲突。比如你花 10 元钱买一杯咖啡，交易使得买卖双方获益。但是如果咖啡店被垄断了，咖啡的价格涨到 1 000 元，而且卖咖啡的商家还要强卖给你，这就是利益冲突了。新古典经济学注重稀缺资源有效配置的一面，但却忽视了经济活动的另一面——利益冲突。现代主流经济学，尤其是国际贸易理论，在解释比较优势带来的国际分工及其提高跨国资源配置的效率方面，是一个不错的分析框架。但是，在解释国家之间的利益冲突时，它就变得苍白无力了。

为什么国际贸易理论只关注资源的跨国有效配置，而忽视国家之间的利益冲突呢？这和新古典经济学的方法论密切相关。新古典经济学建立在严格的数学模型与统计分析基础之上。萨缪尔森在 1947 年出版的《经济分析基础》一书中，将在此之前主要由文字表达的经济学理论和方法做了基本统一的数学表述，奠定了新古典经济学的数学分析框架。萨缪尔森也凭借该书及其他重要贡献，获得了 1970 年的诺贝尔经济学奖。

新古典经济学的数学分析框架最重要的基础是约束条件下的最优化理论，即通过最优化模型来描述人的消费行为和企业的生产行为。举例而言，消费行为用消费者效用最大化模型来分析，生产行为用企业利润最大化模型来分析。最优化模型分析个体行为是一个不错的工具，但在分析社会行为，尤其是涉及利益冲突的情境时，却遇到了不可逾越的障碍。因为要用最优化模型来分析社会问题，就要求出社会最优。什么是社会最优呢？

著名经济学家、诺贝尔经济学奖获得者肯尼斯·约瑟夫·阿罗发现了"阿罗不可能定理"，严格证明了当一个群体超过三人、每个人有超过三个的选择时，这个群体的社会偏好是不能用少数服从多数的原则投票决定的。既然社会偏好无法确定，也就不存在社会最优了，当然，也就很难用最优化模型来分析社会问题了。

怎么理解"阿罗不可能定理"呢？我们举个例子。假设老王、老张和老李三个人要一起出去吃早饭。早饭必须在面食、米饭和粥中选择一样，三人对这三种食物的偏好程度如表 1-1 所示。

表 1-1　老王、老张和老李对三种食物的偏好

偏好程度	老王	老张	老李
最偏好	面食	米饭	粥
次偏好	米饭	粥	面食
第三偏好	粥	面食	米饭

三个人偏好不同，只好通过投票来决定。

先比较面食和米饭：老王和老李都更偏好面食，老张更偏好米饭，所以三人投票是面食比米饭好。

再比较米饭和粥：老王和老张都更偏好米饭，所以三人投票是米饭比

粥好。

既然三个人决定了，面食比米饭好，米饭又比粥好，假设偏好是可以传递的，那么面食就应该比粥好。

但是当三个人投票比较面食和粥的时候，老张和老李都更偏好粥，所以投票结果是粥比面食好。

所以三个人投票决定的偏好是矛盾的。按照偏好可传递原则，面食比粥好；直接投票的结果却是，粥比面食好。因此，这三个人压根无法通过少数服从多数的方法，对面食、米饭和粥进行排序。

这个例子反映了"阿罗不可能定理"的核心，即在一般条件下，社会偏好无法排序，也就是社会作为一个整体，无法通过少数服从多数的原则给不同的选择排序。不能排序就无法将社会偏好表达成社会效用函数，也就无法用最优化模型来求解社会经济问题。

社会矛盾的核心问题是收入分配问题。举个例子，社会总收入共 99 元，要分配给老王、老张、老李。是平均分配（每人 33 元）合适，还是一人获得较大份额（59 元、20 元、20 元）合适，抑或是一人获得绝大份额（95 元、2 元、2 元）更合适？为什么？解释这样的问题，新古典经济学就有点无所适从了。国家之间的利益冲突，本质上就是跨国的利益分配。对于这个国际贸易争端的核心问题，新古典经济学几乎避而不谈。

尽管社会偏好不存在，但经济学经常使用"潜在帕累托改进"的原则：如果一项政策能使得一部分人增加的收益超过另一部分人损失的成本，那么政府可以通过转移支付，用获益人群的部分收益弥补另一部分人的损失，从而使得人人获益。但是，"潜在帕累托改进"的原则无法应用于跨国利益分配，因为不存在一个世界政府来执行跨国转移支付，"取其有余，补其不足"。

1.3.2 理性分析

经济学的理性分析方法就是指个体追求利益最大化。不能用最优化模型来求解最优的国际收入分配，不代表我们不能用经济学的理性分析方法来研究国际贸易争端。在贸易争端中，我们依然假设每个国家、企业、个人追求自身的利益最大化，不同个体在追求自身利益最大化的过程中相互竞争，并达到均衡。

我们还是运用经济学的理性分析方法，将利益（个人、群体、国家、世界的利益）作为分析国际贸易争端与世界秩序演变的核心概念。但是我们不再囿于最优化模型的限制，不去追求全球化的社会最优解，而是把注意力集中到建立一个国际贸易争端与世界秩序演变的科学、理性的分析框架上。通俗地说，我们但求合理，不求最优；解释"是什么、为什么"，不解释"应该是什么"。

我们运用理性分析方法，但是并不囿于经济问题与经济决定因素。凡是影响国际贸易争端与世界秩序演变的重要因素，比如国际安全、权力、政治、文化等，我们都试图纳入分析框架中。

我们的分析框架可以简单地总结如下：以国家利益为出发点，以长期增长为中心，以经济基础与上层建筑的矛盾与均衡为分析思路。

任何国际贸易争端都是国家利益之争，所以我们以国家利益为出发点。长期增长既代表了国家的长期、整体利益，又决定了国家的实力，所以我们以长期增长为中心。世界秩序是全球上层建筑中最重要的内容，而经济基础与上层建筑的矛盾变化决定了世界秩序的演变，所以我们以经济基础与上层建筑的矛盾与均衡作为分析思路。

国际贸易争端产生的本质原因是：国家之间存在整体、长期与局部、短期的利益冲突。为了更清晰地论证这一观点，我们首先建立国家之间整体、长期利益冲突的分析框架，在第4章，我们再建立国家之间局部、短期利益冲突的分析框架。

1.4 国际贸易争端三大原理

任何经济活动都有两面，一面是资源的有效配置，另一面是各方的利益冲突。国际贸易活动同样也有两面，一面是资源在国家间的有效配置，由经典的比较优势原理决定；另一面是国家之间的利益冲突，分为整体、长期与局部、短期的利益冲突。这一章我们用垄断利润原理来描述国家之间的整体利益冲突，用分工固化的增长陷阱原理来描述国家之间的长期利益冲突。

1865 年，英国经济学家威廉·杰文斯曾说过一段豪情万丈的话："北美和俄国的平原是我们的玉米地，澳大利亚是我们的牧场，南非和澳大利亚是我们的金矿，印度和中国是我们的茶叶种植园，美国南部是我们的棉花种植园。"[①]

我们可以用三大原理来解释杰文斯的这段豪言壮语。一是由比较优势原理确定的国际分工。在这段话中，他罗列了每个区域根据比较优势会生产的产品，但没说英国，那么英国生产什么呢？英国当然分工生产"高级"的工业品，如布料、钢铁等。二是垄断利润原理，北美、俄国、南非、澳大利亚、印度和中国都是"我们的"。国际分工所带来的垄断利润归谁呢？那当然是"我们的"！这些国家的每一分钱的利润都要被英国的垄断权力压榨出来，变成白花花的银子流向英国。三是分工固化的增长陷阱原理。这些穷国在国际分工中只能生产农牧产品，不能"偷"大英帝国的纺织、机械等工业技术，不能与富国竞争生产工业品。这些落后的穷国被固化在农牧业的国际分工上，就不会赶超大英帝国、挑战帝国的工业。

1.4.1 比较优势原理：资源的跨国有效配置

比较优势原理是国际贸易理论中最基本的原理。所谓比较优势，就是各个国家按照其相对成本（或者称之为机会成本）来确定其擅长生产的产品。各国根据自身的比较优势进行国际分工生产。

比较优势原理主要由两个经典模型构成：第一个是大卫·李嘉图提出的技术比较优势模型；第二个是伊·赫克歇尔和贝蒂尔·俄林提出的要素禀赋比较优势模型。除了这两个经典模型，我和美国哥伦比亚大学的魏尚进教授，在 2005 年提出了制度比较优势模型。[②]

举个例子，假设微软的创始人比尔·盖茨写程序比他家的保姆快，做饭也比他家的保姆快，为什么盖茨不既写程序又做饭呢？因为盖茨如果自己做

[①] 钱乘旦，2016. 英国通史 [M]. 南京：江苏人民出版社.
[②] Ju J, Wei S, 2005. Endowment versus Finance：A Wooden Barrel Theory of International Trade [J]. CEPR Working Paper 5109；Ju J, Wei S, 2011. When Is Quality of Financial System a Source of Comparative Advantage? [J]. Journal of International Economics，84：178-187.

饭，那么他写程序的时间就少了。也就是说，相对于写程序而言，盖茨做饭的机会成本大大高于保姆做饭的机会成本。所以按照比较优势的分工，盖茨会专门写程序，保姆会专门做饭。国家之间的分工和这个例子中的原理是一样的。

在国际贸易中，我们用英国和印度在布料和茶叶上的分工来举例说明。假如英国生产布料相对于茶叶的成本比印度生产布料相对于茶叶的成本低，那么，英国在布料行业就具有比较优势。相应地，印度在茶叶行业也具有比较优势。所以，英国就会更多生产并出口布料，而印度会更多生产并出口茶叶，两个国家的产品互相交换。这样大家都可以集中力量来做自己更擅长的事，效率就能得到提高。这样的国际分工会让两个国家的社会福利都得到改善。

技术比较优势模型比较的是两种产品的相对劳动生产率，而要素禀赋比较优势模型则是比较两种产品的生产要素构成。比如，布料是资本密集型的产品，而茶叶是劳动密集型的产品。英国的资本相对丰裕，而印度的劳动力相对丰裕。所以，英国就出口资本密集型的布料，而印度出口劳动密集型的茶叶。

总体来说，比较优势原理的核心逻辑是，各个国家按照其相对成本优势，进行国际分工生产和国际贸易，从而使得每个参与其中的国家都获益，各个国家的社会福利都得到提升。当然，以上这些都是理论，现实世界中的国际贸易又是怎样的呢？

回顾国际贸易的历史，我们发现，国际贸易常常是由战争与征服开道，血与火并行。比如，英国与印度的贸易从 17 世纪就开始了，但是，两国的贸易关系可不是印度拿茶叶换英国的布料这么简单。这个过程一直伴随着冲突和战争。著名的不列颠东印度公司，从 1609 年起就在印度沿海建立起移民的据点，在印度拥有绝对的权威。1858 年，英国政府干脆正式接管了印度，把印度变成了英国在全球最重要的殖民地之一。如果国际贸易对于两个国家都只有好处没有坏处，那么英国为什么会大动干戈去发起殖民呢？要知道，战争和殖民都是要付出巨额成本的。如果参与国际贸易的双方都能获益，印度为什么不张开双臂去欢迎英国人来做生意呢？

这些问题，光靠比较优势原理是解释不清楚的。我们需要引入另外两个原理——跨国垄断利润原理与分工固化的增长陷阱原理——来分析国际贸易争端。

1.4.2 跨国垄断利润原理：整体利益冲突

跨国垄断利润原理是指在国际贸易活动中，一个国家或其企业利用其在世界市场的垄断地位，获取跨国垄断利润。对于跨国垄断利润的争夺会引发国际贸易争端，我们用跨国垄断利润原理来分析国际贸易中国家之间的整体利益冲突。通俗地说，比较优势原理解释如何通过国际分工做大饼，而跨国垄断利润原理解释国家之间如何利用垄断权力分大饼。

还是以英国和印度之间的茶叶和布料的贸易为例。比较优势原理告诉我们，按照比较优势，在国际分工里，英国会生产和出口布料，而印度会生产和出口茶叶。那么茶叶和布料的国际价格又是如何制定的呢？经典的比较优势模型，无论是李嘉图模型，还是赫克歇尔-俄林模型，都假定国际市场是完全竞争的，国际市场的价格也是由完全竞争市场来确定的。但是，这与历史事实并不相符。

我们都知道，国际贸易是由贸易商来推动的，而跨国贸易商在市场的垄断中发挥着重要作用。比如，英国的不列颠东印度公司就不是一个面临完全竞争市场的小公司，它当时在印度拥有庞大的组织机构，甚至拥有军队，完全是一个横行霸道的小帝国。所以英国的布料不是由国际市场的完全竞争来定价的，而是由不列颠东印度公司决定，这就叫垄断定价。英国在和印度的国际贸易中获得的是垄断定价带来的垄断利润。

在此例中，假设英国和印度完全按照比较优势分工，同时按照自由贸易的完全竞争来定价，即1单位布的定价是2块钱，1单位茶叶的定价是1块钱，那么布与茶叶的相对价格就是2，即1单位布的价格是1单位茶叶的价格的2倍。

这里我们假设英国和印度是完全分工的，就是说印度只生产茶叶，不生产布料；英国只生产布料，不生产茶叶。为了保证完全分工的实现，布与茶叶之间的相对价格有一个区间，假设是1~4。这个相对价格不能太低，否则英国的纺织工人就觉得生产布料不划算，就会改行去种茶叶；但是相对价格也不能太高，否则印度的茶农就会改行去织布。

布与茶叶的相对价格为 2 是基于李嘉图的完全竞争假设。事实上，自由贸易假设下的完全竞争定价是不符合实际情况的。实际情况是，两种商品的相对价格取决于英国和印度在国际市场垄断力量之间的较量。如果印度的垄断势力更强大，定价就会偏向于印度生产的茶叶，而布料与茶叶的相对价格就会下降，可以降到最低值的 1；反之，布料与茶叶的相对价格就会上升。历史事实是，英国的征服与殖民使得不列颠东印度公司具备了绝对的垄断权力，所以，英国就会将布料的垄断定价提高到最高点的 4。英国通过垄断定价获取了所有的垄断利润，并把利润全部转移回英国。因此，在开放贸易之后，印度的社会福利甚至有可能比开放之前还要低。印度人民能不起义，能不和英国打仗吗？

印度与英国"自由贸易"的痛苦经历，使得印度人民一直不太支持自由贸易。直到现在，印度的国内市场都不太开放。当然这是后话了。

回顾近代中国和英国之间的国际贸易争端，我们可以更好地理解垄断利润原理。英国在工业革命之后，需要一个广阔的市场来销售商品，而中国刚好符合这个条件。可是，当时的情况是，中国出产的茶叶、丝绸、瓷器等奢侈品在欧洲市场十分受欢迎，而英国出口的羊毛、呢绒等工业制品对中国人的吸引力并不高。中英贸易给英国造成了巨大的贸易逆差，到了 19 世纪二三十年代，两国贸易逆差高达每年两三百万两白银。

英国的资本家无法接受这一局面。他们一开始采取外交途径强烈交涉，发现收效甚微，于是采取了卑劣的手段——向中国大量走私一种特殊的商品，也就是我们熟知的鸦片。鸦片贸易给英国的资产阶级、英国政府、不列颠东印度公司和鸦片贩子带来了惊人的暴利，也打破了中国对英国贸易的产品优势，使得中国对英国两百多年来的贸易顺差变成了贸易逆差。鸦片贸易给中国社会带来了严重的危害，清政府采取了一系列的措施来制止鸦片贸易，比如著名的林则徐虎门销烟。这一切最终导致了英国在 1840 年 6 月对中国发动了第一次鸦片战争。

而在英国，这场鸦片战争则被称为"贸易战争"。本质上，它就是英国为了获得贸易与关税的控制权，进而获得贸易垄断的定价权，通过贩卖鸦片获取暴利而引发的一场战争。这也恰恰解释了我们提出的跨国垄断利润原理的本质：国际贸易不仅仅带来了国际分工，也带来了国家之间对跨国垄断利润的争夺。就是这种争夺，带来了国际贸易争端，而这是比较优势原理以及传统的国际贸易理论很少考虑到的。

英国在 19 世纪通过征服、殖民来攫取跨国垄断利润。那么，现代贸易的跨国垄断利润是通过什么方式实现的呢？以美国为例，美国对跨国垄断利润的追求，不再通过战争和殖民地的方式，而是通过技术垄断、金融垄断、规则垄断和军事垄断这四个方面来实现的。

第一是技术垄断。在 20 世纪 90 年代，中国还不能生产程控电话交换机，必须从国外进口，当时进口的价格是每台 20 万元人民币。后来，华为进行了技术攻关，掌握了程控电话交换机的技术并开始自主生产，价格下降到 2 万元，可见跨国公司通过技术垄断实现的高科技产品的垄断定价所带来的利润有多惊人！

第二是金融垄断。金融垄断的典型例子就是美元垄断。美元是世界货币，美联储不仅可以通过印发美元帮助美国金融机构、企业度过危机，补贴美国的家庭消费，也可以利用美元的国际支付、计价货币的地位，对世界其他国家的企业进行金融制裁。

第三是规则垄断。典型的例子就是"长臂管辖"。"长臂管辖"是指美国可以按照美国国内法规对其他国家的跨国企业实施监管、惩罚。2018 年，美国指控中兴公司向伊朗出口商品，违反了美国的"出口管制条例"，对中兴公司罚款 25.9 亿美元。这相当于中兴公司过去 30 年利润的 80%。

第四是军事垄断。军事是一个大国实力的坚强后盾，哪怕美国不进行大规模的战争，军事垄断也能给美国的技术垄断、金融垄断和规则垄断提供强有力的支撑。

总的来说，一个国家可以从技术、金融、规则、军事四个方面，实现自身的垄断地位。垄断地位的加强会增加这个国家的整体利益，但损害他国的整体利益。

1.4.3　分工固化的增长陷阱原理：长期利益冲突

经济学问题分为静态问题与动态问题。静态问题研究资源在空间维度上的配置，动态问题则研究资源在时间维度上的配置。比较优势原理和跨国垄断利润原理都是研究静态问题，而非动态问题。在本书中，我们关注的最重要的动态问题是，自由贸易能否帮助穷国的经济实现最优增长。更严格地说，即使在完全竞争的假设下，自由贸易一定能帮助穷国的经济更快地增长吗？我们的判断是：不一定！而要解释这个答案，就得介绍第三个原理——分工固化的增长陷阱原理。

传统的经济学增长模型认为，如果各个国家的技术相同，在封闭经济的情况下，各国的人均 GDP 会趋同。主要原因就是资本报酬递减原理——越穷的国家，资本就越稀缺，资本报酬就越高，经济增长就越快。这样，穷国的经济增长就会比富国快，最后各国就会趋同。这是在封闭经济的情况下，也就是在没有国际贸易的情况下。如果在自由贸易的开放经济条件下，又会出现什么情况呢？

自由贸易首先使得产品的价格在国家之间趋同。富国的资本密集型产品卖给穷国，穷国的劳动密集型产品卖给富国。由于产品在世界市场自由流动，产品的价格在各国都趋于一致。在一个完全竞争的市场中，利润为零，也就是产品的价格等于产品的成本。由于各国的产品价格趋同，那么各国的产品成本也趋同。产品成本即要素成本之和，也就是劳动力成本加上资本成本。自由贸易使得各国的产品价格趋同，这样成本就趋同，也就是要素成本趋同。而要素成本等于要素价格，因而要素价格也趋同。因此，自由贸易会使得穷国和富国的工资和资本报酬趋同。这就是著名的要素价格均等化定理。

本来，在封闭经济的情况下，穷国因为资本稀缺，资本回报率更高，它应该想办法努力发展资本密集型产业。但是，一旦开展了自由贸易，基于比较优势带来的国际分工，穷国就会主要生产并出口劳动密集型的产品，进口资本密集型的产品，也就是说，它不需要发展自己的资本密集型产业。而且，穷国的资本回报率也和富国的资本回报率趋同了。

这样一来，在封闭经济中，穷国面临资本回报更高所带来的高储蓄、高投资、高增长的情况，因为自由贸易不复存在了。这就使得自由贸易带来的国际分工陷入了一种固化的状态：穷国只分工生产和出口劳动密集型产品，而富国在资本密集型产业（通常是工业、高科技产业）上的优势则越来越大。

于是穷国固化在劳动密集型产业，失去了向资本密集型产业进行产业升级的动力，长此以往，结果必然是富国恒富，穷国恒穷。所以自由贸易所带来的国际分工，反而成了穷国的增长陷阱。这就是分工固化的增长陷阱原理。

这个原理有没有实际数据的支持呢？我们发现，在自由贸易的国际分工中，大量的非洲、拉丁美洲国家长期陷入贫困、低增长的陷阱里。世界银行称这些国家为"单一产品国家"。它们长期生产单一的资源型产品或农产品，比如矿产品或咖啡。这些国家没能实现工业化，经济始终没能跳出贫困的单一产品的增长陷阱。所以说，如果不能实现工业化，不能实现产品结构升级，自由贸易就有可能使得一个国家掉进分工固化的增长陷阱。

分工固化的增长陷阱原理的第一个应用是人类历史上出现的所谓西方国家与东方国家、工业国家与农业国家的大分流。在英国工业革命之后，东西方国家的发展出现了大分流，西方发达国家走向了工业化、现代化，跳出了"马尔萨斯陷阱"①。而以中国为代表的东方国家始终陷在农业化的"马尔萨斯陷阱"之中。中国的大规模工业化进程从1949年中华人民共和国成立开始，在1978年改革开放之后迅猛发展，直至2010年才基本完成。但是，即使到现在，非洲、拉丁美洲等发展中国家还在跳出增长陷阱、实现工业化的道路上挣扎。

中国为什么没有因为开放掉入分工固化的增长陷阱？工业化与产业升级一直是中国经济发展的中心任务。1978年改革开放之后，招商引资是各级政府，尤其是基层政府的核心考核指标。以深圳为例，1978—2018年这40年的发展可以分为四个阶段：20世纪80年代和90年代前期的加工贸易，与香港形成前店后厂；90年代后期开始的模仿、山寨产品生产；21世纪初开始的加工制造，即"深圳制造"；现阶段的深圳创新。深圳人民、企业、政府没有躺在20世纪80年代的廉价土地和劳动力的比较优势上，而是在开放环境下，抓住机会不断实现产业升级，实现了经济的高速增长。

然而除了中国，世界上富国与穷国的收入差距依然巨大，甚至有可能越

---

① "马尔萨斯陷阱"指人口数量的增长快于粮食数量的增长，因此人类社会一直在生存的边缘挣扎。后文有更详细的讨论。

来越大。值得我们高度重视的是，人工智能革命有可能带来全球经济的第二次大分流，分工固化的增长陷阱以新的形态出现。以美国为主的一些发达国家专注于高科技的研发，并获得高科技产业的垄断利润，而其他大部分国家，尤其是发展中国家则集中分工于制造业和农业，与机器人竞争，只能获得低回报。所以，中国要保持强劲的经济增长，在技术创新、高科技产业上获得突破，实现产业升级就变得至关重要。但是，中国在技术创新上的突破，势必会打破美国在高科技领域的垄断，引起中美在贸易、投资和技术方面的争端。

自由贸易带来的国际分工固然在国际范围内实现了更好的资源配置，提高了全球生产的效率，在完全竞争的条件下，也提高了各国人民的消费水平。但是，从长期来看，自由贸易也有可能使分工固化，使得发展中国家陷入增长的陷阱。所以，对于发展中国家而言，参与自由贸易的意义不仅仅是按照比较优势，实现产品的出口，更重要的是，在自由贸易的过程中向发达国家学习科学技术，打破分工固化，跳出增长陷阱，努力实现产业升级。但是，穷国打破分工固化的增长陷阱的努力，必然带来与富国的产业竞争，带来与富国在长期利益上的矛盾与冲突。

1.5 结语

在结束本章之前，让我把时光拉回到 1999 年 12 月 31 日，太平洋东岸美国中部的俄克拉何马州诺曼市。在那新旧千年的交替时刻，我第一次思考贸易争端与世界秩序问题。

1995 年在宾夕法尼亚州立大学博士毕业后，我就到了诺曼市的俄克拉何马大学工作，住在离校园只有 300 米的一座房龄有半个世纪的老房子麦迪森 4006 号里。房子前是一排参天的银杏树，后院有两棵粗壮的胡桃树：一棵敦实，伞一样的树冠覆盖了整个后院；另一棵挺拔，高高的树枝上结满了胡桃。

1999 年是新旧千年的交替，即使在我们这个宁静的大学城，有关人类大灾难甚至世界末日的传言也不绝于耳。已经是 20 世纪最后一天了，小镇一片祥和，没有任何所谓的大灾难发生。世界各地都在举办庆祝活动，等待新的千年的到来。由于北京时间比美国中部时间早 13 个小时，中午过后，电视里传来了太平洋西岸的欢呼声、礼炮声——北京已经进入新的千年了。和过去相比，新千年的世界会如何变化？新的世界秩序是什么样子？

走进后院，邻居家的狗叫声与电视里的欢呼声此起彼伏。午后的阳光洒在树上的胡桃和满地金黄的落叶上。我情不自禁，写下一首五言。

后　院

1999 年 12 月 31 日于美国

推门闻犬吠，

斜日照胡桃。

青菜蓑衣白，

红豆翠枝摇。

落叶存温暖，

西风送长号。

对面时光匆，

已然是明朝。

第 2 章
经济总量如何增长？

上一章我们讨论了国际贸易争端为什么会发生。答案是国家利益的冲突。那么什么代表一个国家的长期、整体利益呢？答案是经济总量的长期增长，也就是 GDP 的长期增长。GDP 等于人均 GDP 乘以人口数量，所以 GDP 增长有两种方式，一种是广延式增长，也就是人均 GDP 保持不变，但是人口数量增加；另一种是内涵式（也称集约式）增长，即人口数量不变，但人均 GDP 增加。广延式增长代表着简单规模的扩张，而内涵式增长代表着生产力、生活水平的提高。总量增长通常是广延式增长与内涵式增长的组合。

一国的总量增长既可以通过和平、提高生产力的方式来实现，也可以通过战争、掠夺的方式来实现。比如说，通过战争获得其他国家的土地和人口，会使得战胜国的经济总量相对于战败国而言得到增加。经济总量的长期增长既代表了一个国家的实力，也代表了一个国家的根本利益。比如说大英帝国（包括殖民地）GDP 总值的增长既包括了殖民地人口数量、资源的增加所带来的广延式增长，也包括了工业革命所带来的英国生产力的提高。

大国的兴衰、世界秩序的演变，都可以用 GDP 总量这样一个量化指标的长期变化趋势来衡量。想要理解国际争端的发生，就需要能够从经济总量增长角度，看待各国之间长期、整体利益在发展过程中的矛盾。所以，这一章，我们先回顾两千多年来，也就是从公元元年至今世界各国长期增长的历史数据，然后用双轮驱动模型来解释长期增长是如何发生的，再将这个模型应用到全球化的各个阶段，并分析当前全球化的主要特征。

2.1 两千多年来的经济增长

改革开放四十余年来，中国的经济面貌发生了翻天覆地的变化。经过四十余年的高速发展，2018 年中国人均 GDP 为 9 905.3 美元，2022 年超过世界平均水平，达到 12 720.2 美元。但是，这个变化究竟有多大？放在历史的维度来看，中国现在的经济发展水平和 1949 年相比，甚至和两千多年前的公元元年相比，到底属于什么水平呢？

想要回答这个问题，我们需要搞清楚一件事。就是不同国家，或者同一个国家的不同历史时期，价格、货币之间该如何换算。为了还原过去两千多年的经济发展，世界著名的经济历史学家安格斯·麦迪森穷其一生，对世界各国的经济发展历史进行了测算。麦迪森的测算是通过购买力平价的方法，也就是将不同国家、不同历史时期的价格都换算到 1990 年的美元购买力（也称"国际元"），以此为单位来计算。

为什么麦迪森会采用这样的方法来计算呢？

举个例子，武松上景阳冈打虎之前，连吃 18 碗酒，付了 1 两银子，而现在买 1 瓶茅台酒大约 2 000 元人民币。那么，是武松那 18 碗酒更贵，还是 1 瓶茅台更贵？不先搞清楚这个问题，就没法准确衡量当前的经济发展水平。

再举个例子，我于 1990 年 2 月从清华大学去美国宾夕法尼亚州立大学留学。出国之前在清华大学理发，价格是 2 元人民币。出国之后，我在学校所在的小镇上的理发店理发，价格是 10 美元，按照当时的汇率，大约是 40 元人民币。

为了方便比较，我们在研究中把美国、中国和世界各地的理发服务都按 10 美元来计价，再以此为基础衡量其他物品的价格水平。这就是麦迪森采用的方法，"以 1990 年美元在美国的购买力，来衡量各国、各个时期的经济发展水平"。所谓购买力平价，就是将各个国家、各个时期不同的价格水平与货币单位，统一到同样的价格水平与货币单位，从而方便进行合理的比较。通过麦迪森的世界各国增长历史数据库（见表2-1），我们能直观地感受到两千多年来的世界经济增长。

表2-1 两千多年来的世界经济和人口增长

时期	人均GDP平均增长率	人口总数（万人）	人口平均增长率
1—1000年	−0.002%	26 848.27	0.015%
1001—1500年	0.052%	43 737.34	0.098%
1501—1820年	0.052%	104 114.24	0.27%
1821—1913年	0.88%	179 124.64	0.59%
1914—1950年	0.91%	252 417.27	0.93%
1951—2018年	2.94%	746 956.80	1.61%

资料来源：利用麦迪森世界千年经济数据库计算。

我们先考察两千多年来人均GDP的增长数据。按照麦迪森的测算，从公元元年到1000年，人均GDP的增长率是−0.002%，经济发展水平基本处于停滞状态；从1001年一直到大航海时代的1500年，增长率增加到0.052%；从工业革命的1821年到第一次世界大战前的1913年，人均GDP增长率变成了0.88%；而在经历两次世界大战之后，从1951年到2018年，人均GDP增长率达到了2.94%。

我们可以笼统地说：当今世界人均GDP一年的增长，等于1000年前56年的增长。

那么，中国是什么情况呢？按照麦迪森的数据，公元元年的时候，中国的人均GDP是450元，1949年则是447元。这两个数字说明从公元元年到1949年，我们的人均GDP基本上没有变化。1978年我国人均GDP达到978元，比1949年增长了1倍多。从1978年到2022年这44年，我们的人均GDP增长了约10倍。

也就是说，从公元元年算起，中国人均GDP的增长全是靠中华人民共和国成立之后这70多年实现的。

每次看到这组数字，我都会回忆起我的老家江苏如皋的农村。我国的城乡差距比较大，在1978年以前，虽然全国平均的人均GDP比两千年前高一倍，但是在苏北农村，经济发展水平和两千年前差不多。1978年的时候，苏北农村人们点的是油灯，耕地大部分用的是牛，大概还有一半人住茅草房。这些和两千年前比，没什么本质差别。我出生于1963年，我的亲身经历浓缩了2 000年的经济发展水平的变化，其中令我印象最深刻的就是交通。

我于1963年7月在如皋县（现为如皋市）戴庄公社戴庄小学出生。因为早产，我出生时体重不到3斤，我母亲一个人在戴庄小学把我生下来。出生之后，我父亲来接我们回如城外婆家。戴庄小学到如城大约20里远，因为母子都很虚弱，没法坐我父亲的自行车，当然也没有汽车，就找了一条小船走水路。早上从戴庄小学出发，20里的水路，走了5个小时，下午才到外婆家。7月的酷热天气，再加上长时间的行程，导致我中暑了，一度有生命危险。

听我父亲讲，80年前，也就是20世纪40年代，我爷爷从如皋到上海去卖粮食，也走水路，要行整整7天的船。而现在，苏北农村家家盖起了楼房，戴庄早就成了如城的郊区，从如城老城区开车到戴庄20分钟就到了；如果走高速公路，从如皋开车去上海，两个小时也就到了。所以，中国现在的发展速度和过去比，可以套用一句老话："山中方七日，世上已千年。"

2.2 双轮驱动模型

过去两千多年中，人类社会的主要增长就发生在最近这两百多年，而中国的主要增长则发生在最近这七十多年。那么最近两百多年发生了什么呢？是什么样的力量在推动现代文明的高速发展呢？

为了理解GDP的增长，我们首先要理解GDP的概念。GDP是指一个国家在给定时间内使用本国国内的生产要素所生产的全部最终产品与服务的市场价值的总额。GDP既是总产出，也是一国国内要素的总收入，因此，有两种衡量方法。第一种是从支出端来衡量，GDP＝消费＋投资＋政府支出＋（出口－进口）；第二种是从收入端来衡量，GDP＝所有要素收入的总和，也就是技术收入、资本收入、劳动力收入之和。

从收入端来看，GDP的增长来自三个力量，技术进步、资本积累、人口增长，其中最关键的是技术进步。因为没有技术进步，就没有人口增长，也没有资本积累。

为什么会如此呢？我们先来看著名的"马尔萨斯陷阱"：人口的数量是按照几何级数增长的，而生存资源仅仅是按照算术级数增长的，因此资源增长不足以支撑人口增长，多增加的人口总会以某种方式被消灭，比如瘟疫、战争、饥荒等。如此周而复始，整个人类社会一直是在生存的边缘挣扎。如表 2-1 所示，从公元元年到公元 1000 年，世界人口总数几乎没有增长，直到第一次工业革命发生。

再来看技术进步对资本积累的影响。资本积累来自储蓄，若没有技术进步，人类每年创造的资源只够勉强维持当年的生存。所以总体来看，人类社会从公元元年直到第一次工业革命，几乎没有储蓄，也就谈不上资本积累。

2.2.1 "创新—市场"循环

经济学教科书中经典的增长理论，无论是外生增长模型，还是内生增长模型，都明确地将创新作为最关键的增长力量。但是，经典的增长理论往往从完全竞争的理论模型出发，侧重于从宏观上描述技术增长与经济增长的关系，却忽略了实现技术创新的微观机制。打一个比方，经典的增长理论描述了森林的变化，但忽略了每棵树从小到大的生长发育过程。

那么小树是如何长大的呢？企业或者个人的创新以及技术进步是如何实现的呢？

我们从企业的微观角度来探讨。企业首先要有研发的投入才会产生创新，技术才能取得进步；当创新产品能够卖出去，并且占有一定市场规模时，企业才能获得足够多的利润，进而才能支撑后续的研发投入，推动进一步的技术创新，这就是图 2-1 所描述的"创新—市场"循环。

这个"创新—市场"循环强调了市场规模对于利润的重要性，即市场规模越大，创新所带来的垄断利润就越高。而这恰恰是经典的增长理论所忽略的：在经典理论中，无论是完全竞争模型还是垄断竞争模型，都假设技术所带来的利润率是不随规模的大小变化的，重点关注技术进步、资本积累和人口增长三要素对于增长的平均贡献。这样的假设主要是为了理论模型在数学上方便处理，但是忽略了市场规模所带来的垄断利润对于激励创新、推动创

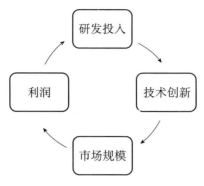

图 2-1 "创新—市场"循环

新的良性循环所起的关键作用。不同于经典增长模型,我们一方面将资本积累与人口增长都总结为市场规模的扩张,另一方面通过"创新—市场"循环强调市场规模带来的垄断利润的重要性,并将"创新—市场"循环从企业层面拓展到国家层面,建立了一个解释经济增长的"创新—市场"双轮驱动模型。

可以想象这么一个画面:一个国家的长期经济增长就像一辆奔跑的双轮马车,一个轮子是"创新",另一个轮子是"市场",只有两个轮子都做得结实,一起向前滚动,才能跑得快、跑得稳,也才能保持长期稳健的经济增长。但是,假如这两个轮子中,有一个出问题了、跟不上了,那这驾马车不但跑不起来,甚至还有翻车的风险。

用双轮驱动模型来分析两千多年来的 GDP 的增长,结论就很清楚了。为什么最近两百多年来,世界经济出现了突飞猛进的发展呢?最根本的原因就是出现了工业革命。工业革命意味着技术的创新,并直接带来了生产力的大幅提高。

第一次工业革命于 18 世纪 60 年代从英格兰中部开始,以蒸汽机、纺织机的发明与市场上的大规模使用为标志。到 19 世纪三四十年代,英格兰的棉纺织业实现机械化,并且机械化从轻工业开始向其他部门发展。这次工业革命使英国等西欧国家率先从农业经济转向工业经济,极大地提高了经济增长速度。

第一次工业革命使人类走进机械化时代,随后发生在 19 世纪下半叶至 20

世纪初的第二次工业革命将人类带入电气化时代,而在第二次世界大战之后、20 世纪后半段开始的第三次工业革命让人类走入信息化时代,现在进行的第四次工业革命则开启了人类的智能化时代。工业革命使得全球经济增长率在 1820 年左右跨过 1% 的门槛,并在进入 20 世纪后飙升至 4%。

2.2.2 两个例子

当然,光有技术创新这个轮子还不够,双轮驱动模型的另一个轮子——市场规模的扩张——也同样关键。如果市场规模不够大,通过技术创新生产出来的产品卖给谁呢?从哪里获得足够的利润呢?没有利润,又怎么持续进行技术研发呢?那技术创新的轮子又怎么能滚动得起来呢?

为了更好地理解这种"创新—市场"双轮驱动模型,我们展示两个例子。第一个例子我们非常熟悉——明代的郑和下西洋。郑和下西洋首次航行发生在 1405 年,比哥伦布发现新大陆早了将近一百年。郑和的船队在规模最大的时候有 63 条大船、27 000 多人,浩浩荡荡,足迹远达非洲的东部、红海和麦加。

郑和下西洋不仅仅是伟大的探险,也是伟大的技术创新。中国当时发达的造船业、罗盘的使用、航海经验的积累、大批航海水手的培养、航海知识的增加,为郑和下西洋提供了必要条件。

根据《郑和航海图》,郑和船队把航海天文定位与导航罗盘的应用结合起来,提高了测定船位和航向的精确度,人们称之为"牵星术",这项技术代表了那个时代天文导航的世界先进水平。由于船上储存淡水、船的稳定性、抗沉性等问题都得到了合理解决,郑和的船队能够在"洪涛接天,巨浪如山"的险恶条件下,"云帆高张,昼夜星驰",很少发生意外事故。

郑和下西洋这样伟大的探险、创新,为什么没有像一百年之后的哥伦布发现新大陆那样,有力地促进明代海上贸易,进而推动经济和民生的发展呢?

因为郑和下西洋的性质是外交活动,也就是到各个地方去"握手"和"剪彩",以朝贡贸易为主,"政治挂帅"而忽视实际经济利益,有"厚往薄来"之说,并没有以经济活动为载体,也没有大规模地推动民间贸易。用图 2-1 来分析,郑和下西洋只有航海技术的创新,但是这种创新并没有贸易、经济活动相伴随,当然也没有带来市场规模的扩张及创造利润,所以无法反哺更进一步的创新并形成"创新—市场"的良性循环。郑和只有一个创新、探险的轮子,没有另一个市场规模的轮子来一起驱动经济增长这驾马车,因此这种蔚为壮观的社会活动在七下西洋之后戛然而止。

当然,光有市场规模的扩张也不够。第二个例子是13世纪初的大蒙古国扩张。大蒙古国在极盛时期,国土面积曾达3 300多万平方公里,超越世界陆地面积的五分之一,势力延伸到西亚和北亚地区,最远一度到达东欧和埃及。在人类历史上,它是仅次于大英帝国的第二大帝国。

可是为什么它仅仅延续不到一个世纪就解体了呢?从不同视角来分析,原因当然很复杂,但是从经济学角度来看,有一个不容忽视的因素就是大蒙古国只有征服,没有经济增长。

大蒙古国的人口和疆域的扩张,并没有带来市场的繁荣,用双轮驱动模型来分析,大蒙古国的疆域扩张没有技术创新这个轮子的支撑。大蒙古国对欧亚大陆的征服主要依靠强大的军事力量,表现为重装骑兵兵团强悍的战斗力和对占领地区残酷的杀戮。但是大蒙古国的征服并没有伴随着民用科技的创新与发展,相反战争带来的被占领地区的人口急剧下降,反而使得民用技术退步、经济衰退、民不聊生。没有"创新—市场"双轮驱动所带来的经济繁荣与发展,大蒙古国在不到百年间迅速瓦解也就是必然的。

以上两个例子表明,对于经济的长期增长来说,技术创新和市场规模这两个轮子是缺一不可的。

反观哥伦布、麦哲伦的航海探险,就是典型的"创新—市场"双轮驱动模型。哥伦布发现了由于进入西半球而出现的磁针偏西现象,首次远航探险历时220多天,行程往返8 000多海里,单向行程4 000多海里,不见陆地地跨洋航行30多天,把近海靠陆地的远洋航行推进到远离陆地跨洋航行的新阶段,为以后的麦哲伦环球航行奠定了重要的基础,这是航海技术的创新。

除了技术创新,更重要的是,以哥伦布、麦哲伦为代表的航海探险的动机是香料,是黄金,是征服,是殖民。在利润的驱动下,他们发现了美洲新大陆,带来了殖民地的扩张和国际贸易的发展。所以,在哥伦布、麦哲伦的大航海中,技术创新和市场规模这两个轮子是一起转动的,这直接推动了全球化的进程和世界经济的发展。

2.3 增长定理

"创新—市场"双轮驱动模型描述了经济增长的微观机制,而增长定理则描述了经济增长的中观机制,建立了长期增长与可持续产业结构升级的等价关系。

增长定理:一个经济体保持长期增长的充分必要条件是其产业结构的持续升级。

长期增长的源泉是创新,而创新一定伴随着新产品(或者新技术、新产业)的涌现。每个产品(或产业)都有其生命周期,经历进入市场、扩张、到达顶点、收缩、退出市场的过程。图 2-2 描述了伴随着经济增长,产业结构的一种持续升级过程,其横轴代表人均 GDP,纵轴代表产品(或产业)的市场份额(用该产品或产业的产值与 GDP 之比来衡量)。随着经济增长,一方面,人均 GDP 不断增长;另一方面,产业结构从产品 1 升级到产品 2,再从产品 2 升级到产品 3,并一直持续下去。在人均 GDP 为 k_1 时,产品(或产业)1 是经济的主导产品(或产业),其在 GDP 中的份额达到顶点,然后开始收缩;当人均 GDP 增加到 k_2 时,产品(或产业)2 在 GDP 中的份额达到顶点,然后开始收缩……伴随着人均 GDP 的增长,每个产品(或产业)在 GDP 中的份额呈现出倒 U 形。

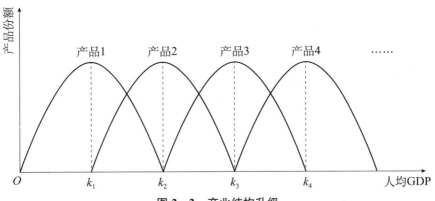

图 2-2 产业结构升级

产业结构升级可以分为技术升级与产品升级。技术升级一定会带来劳动生产率的提高，比如说在农业生产中大规模地使用农业机械，在工业生产中大规模地使用工业机器人。产品升级即生产更好的产品，可以分产业内升级与跨产业升级，前者比如从生产低附加值的小麦到生产高附加值的面包，后者比如从生产低附加值的农产品到生产高附加值的工业品。

无论是技术升级还是产品升级，一般都伴随着产品在生产过程中资本密集度，也就是资本劳动比的上升。鞠建东、林毅夫和王勇在《禀赋结构、产业动态和经济增长》中分析了美国从 1958—2005 年的制造业数据，按照资本劳动比将美国制造业分为 100 个行业，发现美国制造业确实经历了从劳动密集型产业向资本密集型产业不断升级的过程；每个具有一定资本劳动比的行业都呈现出倒 U 形的生命周期，经历了进入市场、扩张、到达顶点、收缩、退出市场的过程；越是资本密集的行业，其到达顶点的时间越晚。[①]

增长定理可以帮助我们理解在第 1 章讨论的分工固化的增长陷阱原理：没有产业结构升级就没有经济增长。举例而言，快速增长的深圳经济清晰地展示了产业结构升级的过程，从加工贸易到模仿产品生产，到深圳制造，再到深圳创新；相反，非洲"单一产品"国家长期生产单一的资源型产品或农产品，没有实现产业升级，因而也没有经济增长。

2.4 全球化的四个阶段

全球化带来了国际贸易的活跃和全球市场规模的扩张，而全球市场规模的扩张又使得技术创新的成果源源不断地转化成真金白银的利润，利润的增加再反馈到新的创新……"创新—市场"的双轮推动着全球化的浪潮向前奔涌，一浪高过一浪。

图 2-3 展示了人类经济活动的四个阶段——创新、生产、交换（贸易）、消费（市场）。

---

① Ju J, Lin Y, Wang Y, 2015. Endowment Structures, Industrial Dynamics, and Economic Growth [J]. Journal of Monetary Economics, 76: 244-263.

图 2-3　经济活动的四个阶段

在长期的农耕时代，创新、生产、交换、消费四个阶段都捆绑在一起，在一国内部、一个村庄内部甚至一个家庭内部完成。家庭里的主妇设计衣服的样式，自己缝制衣服，供全家人消费。市场规模的扩张首先从发现其他消费者，也就是发现市场开始。家庭主妇发现自己缝制的衣服，其他家庭也感兴趣；一个国家生产的衣服，其他国家的居民也感兴趣。市场规模扩张的第二阶段是生产与消费的解绑，衣服可以在一个国家生产，通过国际贸易卖到另一个国家消费。市场规模扩张的第三阶段是生产过程不同阶段的解绑，一辆汽车的发动机可以在德国生产，轮胎在泰国生产，而整车在中国组装。市场规模扩张的第四阶段将是创新过程不同阶段的解绑。

相应的全球化进程按照市场规模扩张四个阶段的逆序逐步实现。首先是市场的全球化，也就是全球发现时代；其次是贸易的全球化，即全球贸易时代；再次是生产的全球化，即全球生产时代；最后是创新的全球化，即全球创新时代。

这一节，我们用双轮驱动模型来依次分析全球化的这四个时代。

2.4.1　全球发现时代：1500—1819年

在这个阶段，哥伦布、达伽马、麦哲伦等著名的欧洲航海家，依靠国家和政府对航海家的支持，开始扬帆远航，开创了全球发现时代。

这个时代最突出的特征是美洲新大陆的地理大发现。伴随着新大陆的发现，欧洲和美洲之间开始有了棉花、香料、丝绸、象牙等商品的流通和国际贸易。美洲新大陆的发现，使得欧洲的商品第一次可以卖到全球每一块土地，是全球市场的发现。在大航海时代，葡萄牙、西班牙、荷兰、英国等国家依靠殖民打开了国际贸易的大门，推动了自身的经济发展。大航海时代的地理大发现在广延上拓展了全球的市场规模，增加了对欧洲产品的市场需求，而需求的增加使得技术创新的动力也增加了。这一时期纺织机械等机械技术的萌芽与发明，因为全球市场规模的扩大而有可能带来更加丰厚的利润，这种"创新—市场"在全球市场的良性循环，是推动第一次工业革命诞生、全球化浪潮滚滚向前的关键要素。

2.4.2 全球贸易时代：1820—1978 年

在全球市场被发现之后，全球化按照图 2-3 逆序而上，从全球发现时代进入全球贸易时代。这是一个技术创新突飞猛进的时代，第一次工业革命与第二次工业革命相继发生，蒸汽机、纺织机械、铁路、汽车和电力技术的出现与发展使得生产力大幅提升。

这个阶段之所以叫全球贸易时代，是因为交通运输技术尤其是航海运输技术的出现，大大降低了远距离运输成本，从而使得生产与消费出现第一次"解绑"：大部分工业品在欧美工业化国家生产，但是通过国际贸易在全球消费。全球性的贸易由大型跨国公司推动，比如大名鼎鼎的不列颠东印度公司。以这些跨国公司为媒介，世界各地的劳动力、资源和市场被盘活了，全球贸易得以发展和成熟。

我们通常把产品分为两类，第一类是以消费为目的的产品，比如说面包、葡萄酒、茶叶、丝绸制品、衣服、汽车等，我们称这一类产品为"最终品"；第二类是以生产为目的的产品，比如说面粉、棉花、汽车零部件，我们称这一类产品为"中间品"或"投入品"。国际贸易也相应地划分为"最终品贸易"和"中间品贸易"。全球贸易时代是以最终品贸易为主的时代。

全球贸易时代又可以分为上下两个半场。上半场是从 1820 年到 1913 年，由英国主导。在这个上半场，英国一方面积极发展海外贸易，进行殖民统治，积累了丰富的资本，拓展了广阔的海外市场和最廉价的原料产地；另一方面，进一步推行"圈地运动"，获得了大量的廉价劳动力。蓬勃发展的工场手工业，虽然积累了丰富的生产技术知识，增加了产量，但还是无法满足不断扩大的市场需要。于是，一场生产手段的革命——第一次工业革命——从萌芽到发展，进而主导英国与全球经济。英国作为第一次工业革命的发源地、全球贸易的霸主，也变成当时的全球主导大国。

随着资本主义经济的发展，自然科学研究取得重大进展。1870 年以后，新技术、新发明层出不穷，并被应用于各种工业生产领域，从而促进了经济的进一步发展，带来了第二次工业革命的蓬勃兴起，人类也进入了电气化时代。在第一次工业革命和第二次工业革命的交替阶段，大国力量、世界秩序发生改变。两次世界大战以后，英国结束了霸主地位，把头把交椅让给了美国，全球贸易时代也从由英国主导的上半场，转为由美国主导的下半场。

在美国主导的全球贸易时代下半场，全球货币由英镑变成了美元。"国家要独立，人民要革命，民族要解放"，从全球发现时代开始的英、法、德、意、西等帝国对全球落后国家的殖民也在第二次世界大战之后落幕，美国对世界的霸权转而以"技术霸权、金融霸权、规则霸权、军事霸权"为特征。

2.4.3 全球生产时代：1979—2018年

如图2-3所示，在经济活动的第三阶段，交换也就是贸易的全球化完成之后，全球化再次逆序而上，进入全球生产时代。这个时代的技术创新，主要是以互联网和计算机为代表的第三次工业革命，也被称为"信息工业革命"。信息技术的发展大大降低了生产过程中远程信息交换的成本，使得远距离的生产协作成为可能，这也就带来了生产过程的"第二次解绑"，实现了生产的全球化。

全球生产时代最大的特征，是形成了所谓的"全球价值链"，也就是把全球大部分国家都拉在一张网上，布局跨国的生产和分工。在这个阶段，全球贸易逐步从以最终品贸易为主转变成以中间品贸易为主，即从面包、衣服、汽车的贸易转变成面粉、棉花、汽车零部件的贸易。中间品贸易在全球贸易中的占比不断提升，到2008年已达到54.86%。

2.4.4 全球创新时代：2019年至今

在生产的全球化完成以后，全球化递进到创新的全球化，也就是全球创新时代。这一时代的经济增长与以往的经济增长有着根本的不同：以往的经济增长以物质资本为主要推动力，而全球创新时代以人力资本、技术创新为主要推动力。这两种经济增长方式的根本差别主要源于物质资本与人力资本、知识技术的天然差别，具体表现在三个方面。

第一,物质资本的分布较集中,人力资本的分布相对更分散。金融资本(如股票、债券、银行贷款)代表着物质资本(如机器、厂房)的所有权,而金融资本可以在全球高度集中,造成富国与穷国、国家内部富人与穷人的高度不平等。但是,人力资本——以两年制大专以上受教育人口来代表——却天然地分布在全球。

第二,物质资本一般是私有品,而知识、技术在本质上一般是公共品。私有品与公共品的区别在于两个方面:排他性与竞争性。一种物品具有排他性是指该物品具有可以阻止其他人使用的特性,比如说具有密码的 Wi-Fi(移动热点)是排他的,而广播、国防是非排他的。一种物品的竞争性是指一个人使用该物品将减少其他人对它的使用,比如说普通食品、衣服具有竞争性,而国防、天气预报是非竞争性的。私有品是指具有排他性和竞争性的产品,而公共品是指不具有排他性与竞争性的产品。知识和技术属于全人类,任何人对知识、技术的掌握都不排除其他人对知识和技术的掌握;任何人对知识、技术的使用都不会减少其他人对知识、技术的使用。

第三,物质产品的生产一般具有规模报酬递减的特性,而知识、技术等虚拟产品的生产一般具有规模报酬递增的特性。所谓规模报酬递减,是指生产规模越大,生产效率就越低,因而平均成本就越高;而规模报酬递增是指规模越大,生产效率就越高,因而平均成本也就越低。比如说,人脸识别技术,流量越大,技术也就越好。这种规模报酬递增的属性使得市场具有自然垄断的特征,企业越大,生产的效率也就越高,因而催生了像亚马逊、谷歌、微软、阿里巴巴、腾讯等超大型的企业。

以规模报酬递减的私有物质产品的生产为主要内容的经济形态,逐渐演变成以规模报酬递增的公共虚拟产品的生产为主要内容的创新时代。无论是在实践上,通过"看不见的手"调节的资本主义市场,还是在理论上,完全竞争的市场竞争模型,都不再是全球创新时代的基准实践与理论框架。在实践上,如果放任市场不管,那么基准的市场形态就是全球垄断。而全球垄断一方面会带来极度的贫富差距,另一方面垄断企业倾向于滥用市场垄断地位获取超额利润,"大树底下寸草不长",反而扼杀了全社会的创新。所以,创新时代的基准经济形态必然是有效市场和有为政府相结合,通过政府的力量平衡市场垄断，从而达到相对有效的资源配置与相对平等的收入分配。在理论上，完全竞争模型不再是基准的描述模型，我们的"创新—市场"双轮驱动模型成为一个更加贴切的分析框架。

2.5 全球垄断形态的演变

当全球化从市场发现阶段向贸易阶段、生产阶段、创新阶段层层推进时，霸权国家在全球垄断的形态也在逐步演变，每一阶段的全球化所伴随的是霸权国家在这一阶段垄断形态的解放。

在全球发现时代和全球贸易时代上半场，葡萄牙、西班牙、荷兰、英国等世界霸权国家垄断着全球经济活动的全过程，技术创新由霸权国家在国内垄断，生产在霸权国家国内完成，贸易由霸权国家主导的跨国公司垄断，消费所在地也由霸权国家以殖民的方式征服、垄断。

当全球化进行到全球贸易时代下半场时，尤其是第二次世界大战之后，殖民地纷纷独立，其他国家得以从霸权国家在全球消费端的垄断中解放。从1978年开始，全球化进入生产时代，贸易自由化席卷全球，其他国家得以从霸权国家在全球贸易端的垄断中解放。

1978年至1991年，世界前三大经济体分别是美国、苏联和日本。而在苏联解体之后，其继任者俄罗斯的经济一落千丈，美国、日本和德国占据着世界GDP的最大比重。在20世纪90年代以后，中国经济增长加速，在21世纪的前十年里从世界第七上升到世界第二。在经济总量上，2021年美国经济总量占世界经济总量的24%，中国占18%，欧盟27国占17%。经济上，美、中、欧三足鼎立的局面初步形成。

全球化在2018年进入创新时代，技术创新依然由美国等发达国家所垄断，但全球生产端得以从美国等发达国家的垄断中解放，取而代之的是美、中、欧三足鼎立的全球生产格局。

全球化的进程终于进入创新阶段，随着时间的推移，美国等发达国家在技术创新阶段的垄断，是否也应该、也会被打破呢？

第 3 章
大国如何竞争？

在世界秩序中，大国竞争是永恒的主题之一。大国间的关系在平稳的表面之下暗藏着玄机，争端与冲突看似突然，其实在很早以前就有了预兆。

2017 年 11 月，特朗普还带领全家访华，自豪地秀他外孙女用中文背诵《三字经》。几个月后的 2018 年 3 月，在特朗普的主导下，美国突然发动对中国的贸易争端。2018 年爆发的这次中美争端，为什么会从贸易延伸到投资、技术、人员交流、金融甚至军事、意识形态等各个方面，成为全方位的争端？为什么美国总统拜登认为中国是美国"最严峻的竞争对手"？中美为什么而竞争？

从 1913 年全球贸易时代下半场开始，由美国主导的世界秩序——更进一步地说，是从 1820 年开始持续近两百年的由英、美主导的全球贸易时代与全球生产时代的世界秩序——发生变化了。一个新的时代——全球创新时代以不可阻挡之势，排山倒海、呼啸而至；一个新的世界秩序，宛如立于高山之巅可以望见的东方喷薄欲出的一轮朝日，它是躁动于母腹中的快要成熟的婴儿。

推动全球经济增长、人类发展的"创新—市场"的双轮，都在 2018 年驶上了新的赛道。全球化进入创新时代，天变了，道、秩序当然也要随之而变。

简单来说,这一切问题的本质原因就是经过中国二十多年的快速发展,中美终于进入了大国竞争阶段,而中美竞争的核心就是世界秩序的变革。

该怎样理解中美关系的演变呢?在这一章,我们将用"六领域、三要素、五阶段"的理论框架,来分析过去、现在与未来的大国竞争,理解中美关系在各个阶段的演变,梳理当下中美竞争的特点,并推演中美竞争的未来。

3.1 竞争的六个领域

所谓大国竞争,就是世界主导大国(或称守成大国)与追赶大国(或称崛起大国)之间的竞争。自1500年以来,大国竞争已经发生了多次,比如西葡之争、英荷之争、英法之争、英德之争、英美之争、美苏争霸、美日贸易争端,以及正在进行的中美贸易争端。由于数据的限制,本节仅对近百年来的英德、英美、美苏、美日、美中五次大国竞争进行经验总结。我们发现:竞争主要集中在制造业、经济总量、科技、金融、军事和全球治理这六个领域,并依次展开。

制造业代表一个国家的工业水平,一般是追赶大国最先实现突破的领域。随着经济发展,主导大国的劳动力成本不断提高,往往会转移出部分制造业生产能力,因此追赶大国能够首先在此领域获得突破。

经济总量代表一个国家的经济实力,科技代表一个国家的创新能力,金融则代表一个国家的融资,尤其是在国际市场融资的能力,而军事代表一个国家的军事实力。

最后,一个国家在全球秩序中的软实力,包括文化、意识形态影响力,全球与区域规则制定权、影响力,在国际组织中的地位与影响力,世界舆论、政治话语权与影响力,对其他国家(包括殖民地、盟国、有紧密关系的国家)的影响力等,统称为一国在全球治理体系中的位置。

回顾这五次大国竞争的历史数据,我们发现:除了美苏争霸中的苏联,追赶大国都曾经在制造业上超过主导大国,而在经济总量上达到主导大国的60%。因而,我们将制造业和经济总量两个领域定义为大国竞争的前提领域,并将追赶大国的制造业水平逼近甚至超过主导大国,且前者的经济总量达到后者的60%以上,作为两国进入竞争阶段的前提条件。否则,两国之间的竞争关系就还称不上大国竞争。

进入大国竞争阶段之后,两国会在制造业、经济总量、科技、金融、军事和全球治理六个领域展开竞争。如图3-1所示,制造业、科技、金融和军事是核心竞争领域,两国会在这四个领域中的某一个领域展开激烈竞争;而经济总量和全球治理,分别作为内部和外部的大环境,对竞争起到辅助与加持的作用。

图3-1 大国竞争的六个领域之间的内在关系

经济总量和全球治理这两个领域的竞争优势,能很好地帮助一个国家在制造业、科技、金融和军事上的竞争中处于有利地位;而制造业、科技、金融和军事的竞争优势,又能帮助这个国家在经济总量与全球治理方面取得优势。

从历史来看,大国竞争的成败,与上述六大领域的追赶情况密切相关。以20世纪展开的四场大国竞争为例,即第一次世界大战前的英德竞争、美国内战后至第二次世界大战前的英美竞争、苏联解体前的美苏竞争和广场协议签订前后的美日竞争,其中仅美国对英国世界主导地位的挑战成功了。其他三场竞争——德国对英国的赶超、苏联对美国的赶超以及日本对美国的赶超——则均以失败告终。那么,失败的原因是什么呢?

历史经验表明,追赶大国只有在上述这六个领域都超过主导大国,世界秩序才会发生改变,如果只在部分领域甚至大部分领域实现赶超,主导大国依然有可能依靠其在剩余领域的优势击败追赶大国。

表3-1总结了在上述四场大国竞争及正在发生的中美竞争中，追赶大国在六个领域的赶超状态。

表3-1 追赶大国在六大领域的赶超情况

	主导大国—追赶大国				
	英—德	英—美	美—苏	美—日	美—中
制造业	1910年德国工业产量赶超①	1886年美国钢产量赶超	未赶超	日本工业总产值在1995年赶超	2010年中国制造业赶超
经济总量	1890年前后德国赶超	1880年前后美国赶超	未赶超，1968年苏联GDP达到美国的60%	未赶超，1992年日本GDP达到美国的60%	未赶超，2016年中国GDP达到美国的60%
科技	第二次工业革命前后，德国赶超	第二次工业革命前后，美国赶超	持平，苏联的军用、太空技术在20世纪60年代一度追上美国	持平，日本在20世纪80年代电子、汽车等行业技术一度追上美国	未赶超
金融	未赶超	1944年布雷顿森林体系建立，美国赶超	未赶超	未赶超	未赶超
军事	赶超，德国在第二次世界大战之前军事实力超过英国	美国在二战前后军事实力超过英国	二战之后苏联与美国在军事上持平	未赶超	未赶超
全球治理	未赶超，德国殖民地数量大幅落后，同盟国数量少	二战之后，美国赶超	持平	未赶超	未赶超
实现追赶领域数	4赶超，2落后	6赶超	3持平，3落后	1赶超，1持平，4落后	1赶超，5落后

注：表中英德、英美、美苏的经济总量基于麦迪森世界千年经济数据库中的GDP（PPP）数据。

---

① 1910年，美国在世界工业生产中占比35%，德国占16%，英国占12%；参见：王绳祖，1983. 国际关系史（上册）[M]. 武汉：武汉大学出版社。

3.1.1 英德竞争

19世纪上半叶,借助第一次工业革命,英国建立日不落帝国,成为世界霸主。英国的欧洲大陆战略是维持欧洲大陆各大国之间的均势,不出现一个可以挑战英国的欧洲大陆霸权。由于拿破仑时期的法国在欧洲大陆处于主导地位,英国当时主要的竞争者是法国和俄国。而对于德国,英国在早期则更加亲近。但随着德国实力的增长,英德的关系也相应发生了变化。

制造业方面,1913年英国在世界制造业产量中所占的相对份额为13.6%,而德国为14.8%,德国已经超过英国。经济总量方面,1890年德国的经济总量超过了英国本土。[①]

科技领域,德国和美国是第二次工业革命的主要领导者,而英国在新科技的发明和应用方面则表现相对落后。第二次工业革命的核心科技进步主要包括电力的广泛应用、内燃机和新交通工具的发明、新材料和化学品的发明、电报和无线电等通信技术的革新等。其中,1866年德国工程师西门子发明了世界上第一台大功率发电机,卡尔·本茨等人在19世纪80年代发明了内燃机和汽车;而德国的化学工业实力更是占据全球主导地位,1913年,德国公司几乎占据了全球90%的染料供应。而英国在第二次工业革命的科技成果主要为炼钢法和蒸汽机的改进,表现远不如德国突出。

军事方面,1880年德国陆海军人数总和为42.6万人,超过了英国的36.7万人。但在海军战舰吨位方面,德国一直弱于英国,第一次世界大战之前最接近英国的水平是在1914年,德国的战舰吨位数达到130.5万吨,而英国为271.4万吨,德国仍不足英国的一半。总体来看,可以认为德国的陆海军综合军事实力在第一次世界大战之前与英国持平,而在第二次世界大战之前则超过英国。

金融是英国的强项。1689—1805年,英法间的7场大战是持久战。在这

---

① 经济总量数据来自麦迪森世界千年经济数据库,制造业数据来自法国学者 Bairoch 的测算,见 Bairoch P, 1982. International Industrialization Levels from 1750 to 1980 [J]. Journal of European Economic History, 11 (2): 269。

花费巨大和资源耗竭的战争中,各方迫切需要的是,"钱,钱,更多的钱"。这种需要引发了17世纪末和18世纪初的"金融革命",英法为支付其战争费用,都发展了一套复杂的银行和信贷系统。尤其是英国,有效地建立了金融的"信誉",确立了比任何其他大国更强大的金融优势,并一直保持这个优势到第二次世界大战之后。德国则远不及英国的全球金融中心地位,甚至与法国也有较大差距。1910年,在英、法、德发行的外国证券金额分别约为2亿英镑、1亿英镑和2 800万英镑,这个差额反映了英国与法国、德国在金融领域的巨大差距。①

在全球治理领域,英国利用殖民地资源和外交中的优势地位合纵连横,先是加入法俄联盟,后又获得美国的支持,最终在第一次世界大战中较德国处于上风。从两大阵营在1913年的工业实力来看,英、法、美(俄国因十月革命退出了一战)三国在世界制造业的占比为51.7%,远胜德国和奥匈帝国的19.2%;英、法、美的合计钢产量为4 410万吨,而德国与奥匈帝国合计仅为2 020万吨。在第二次世界大战中,随着苏联和美国在战争中发挥越来越积极的作用,英国所在的同盟国的总实力也胜过了以德国为首的轴心国。仅在军事领域,同盟国1943年的军火生产量为625亿元,远超轴心国的183亿元。通过两次世界大战,英国最终击退了德国的挑战。

综上所述,在英德之争中,德国在六个领域中的四个领域——制造业、经济总量、科技和军事领域——都赶超了英国,只在金融与全球治理两个领域落后于英国。英国依靠在这两个领域的优势,依然击退了德国的挑战。但英国在击退德国挑战的同时,也失去了世界霸主的地位,最终将世界主导国家的位置交给了美国。

3.1.2 英美竞争

19世纪后期,英国仍然稳居世界霸主的地位,但美国在结束南北战争之后,也在经济方面快速发展和追赶。制造业和经济总量方面,19世纪70年代

---

① Bersch J, Kaminsky G L, 2008. Financial Globalization in the 19th Century: Germany as a Financial Center [Z]. Working Paper, 24.

后，由于资本大量输出和技术设备陈旧等问题，英国工业发展速度放缓，逐步丧失世界垄断地位。而美国废除了奴隶制度，及时应用新技术，工业迅速发展。

美国的经济总量在 1880 年前后超过了英国，其工业产量在 1894 年超过英国，居于世界首位。[①] 其间，英美之间在争夺和瓜分殖民地以及海外贸易等问题上矛盾加剧，但英国与欧洲大陆德国的矛盾更加尖锐。英国最终选择拉拢美国，依靠美国的支持抗衡德国，因此美国得以不受干扰地迅速发展。

在科技领域，美国与德国同为 19 世纪下半叶展开的第二次工业革命的领导者，美国发明了电灯、电话、飞机，推进了电力的广泛应用，而这段时间英国在科技领域的建树则相对较少。到 1910 年左右第二次工业革命结束时，美国在科技领域已经对英国实现全面赶超。

军事方面，第一次世界大战为美国提供了全面实现霸权计划的机会，第二次世界大战则奠定了美国在全球军事领域的超级大国地位。在 1941 年，美国的飞机产量为 26 277 架，英国为 20 094 架，美国首次超过英国。1943 年，美国的军火产值为 375 亿美元，英国为 111 亿美元，美国大幅超越英国。毋庸置疑，第二次世界大战期间，美国的军事实力超过了英国。[②]

金融与全球治理方面，在两次世界大战前后，美国一直在相关领域寻求突破，希望凭借其强大的经济力量在战后建立美利坚式的世界和平。随着 1929 年开始的世界经济大萧条，各国间关系更加复杂，冲突愈演愈烈。美国最终借助两次世界大战的机会，于 1944 年建立了布雷顿森林体系。此外，以 1956 年的苏伊士运河事件为代表，第三世界国家民族独立运动等相关事件打击了以英国为代表的老殖民主义强国，削弱了其在发展中世界的力量，美国反而得以大幅强化其影响力。最终美国成功在金融与全球治理两大领域全面超越英国，从而成为世界主导大国。

---

① 经济总量数据来自麦迪森世界千年经济数据库。
② Kennedy P, 2010. The Rise and Fall of the Great Powers: Economic Change and Military Conflict from 1500 to 2000 [M]. New York: Vintage.

3.1.3 美苏竞争

在第二次世界大战中，由于美国与德、日矛盾尖锐，美国认为援助苏联参战可以削弱德国，为美国争霸世界创造条件，于是英美苏在经济和军事上逐渐联合起来，成为世界反法西斯同盟的基础。第二次世界大战之后，世界划分为以美、苏为首的两大阵营，冷战开始，美、苏也在各个领域展开激烈竞争。

苏联在军事、科技等领域的实力一度匹敌美国。军事方面，第二次世界大战以后，苏联虽然在海军等方面的军事实力逊于美国，但一直保持着比美国更大的陆军规模，同时在核投射能力方面实力突出。1974 年，苏联拥有洲际弹道导弹 1 575 枚（美国同期仅 1 054 枚）、潜射弹道导弹 720 枚（美国同期为 656 枚），都超过了同期的美国。科技方面，虽然美国在基础科学和大多数尖端科技方面更强，但苏联在航空航天等少数领域一度领先，例如苏联率先成功发送卫星（苏联为 1957 年，美国为 1958 年）、航天员进入太空、探月等。

全球治理方面，20 世纪 60 年代末 70 年代初，美国深陷越南战争的泥沼之中，与经济复苏的西欧、日本关系也日趋紧张，同时国内经济滞胀，苏联得以缩小与美国的经济差距。这一时期，苏联大量援助第三世界国家，在全球增强影响力，在全球治理体系中的地位一度超过美国。

制造业方面，苏联从来没有超越美国，但是在重工业领域，有相当一段时间与美国并驾齐驱。20 世纪 60 年代末苏联经济总量发展至最高点，达到美国的 60%。而在金融领域，苏联没有能建立一套开放的金融体系，在世界金融市场上远远落后于美国。

最终由于苏联国内经济发展停滞，制造业过于侧重重工业，且对外扩张过度，在 1979 年入侵阿富汗之后的十多年中，苏联国内经济、社会和政治矛盾日益激化并最终解体，从而在大国竞争中落败。

3.1.4 美日竞争

日本在第二次世界大战中战败后，经济一度瘫痪，生产急剧下降。此后日本经济得到美国的扶植，并得以快速恢复。美国先是给予了日本数十亿美元的直接援助，然后在朝鲜战争和越南战争中，给予了日本巨额"特需"订单。由此，日本经济迅速发展，1992年日本GDP达到了美国的60%，1995年日本制造业产值超过美国，美日进入了大国竞争阶段。

军事和全球治理方面，第二次世界大战后，日本战败，美军占领日本。1951年和1960年，日本和美国分别签订了《日美安全保障条约》和《新日美安全条约》，使得美国一直保留着在日本的军事基地和大规模驻军。

金融方面，20世纪70年代到80年代中期，日本开放本国金融市场，减少金融管制，推进日元国际化发展。1995年，日元在全球储备货币中的占比为6.77%，而美国为58.96%，日元与美元的国际地位不可同日而语。在1997年亚洲金融危机过后，日元国际化的战略从直接追求日元成为贸易、金融交易计价货币和国际储备资产，转向通过推动日元区域化间接实现日元国际化。日本政府提出了以日本为中心组建亚洲货币基金组织的构想，向遭受亚洲金融危机冲击的国家和地区提供金融支援，遭到国际货币基金组织和美国的强烈反对，这一构想被迫放弃。

美日竞争主要表现在贸易和科技领域。在先进制造业与科技方面，日本在部分领域实现了对美国的追赶。日本的钢材和汽车产量1980年超过美国，半导体DRAM（动态随机存取存储器）产量1982年超过美国，这些可以视作日本在部分领域赶上美国的标志。随着日本产业的快速发展，日美两国间的贸易摩擦开始激化。第二次世界大战后初期，日美经济实力差距较大，但随着日本的发展，1965年，日本与美国之间的贸易格局发生逆转，美国开始出现对日贸易赤字。到了1980年，美国对日贸易赤字已达124亿美元，占据了美国贸易逆差的三分之一。[①] 日美贸易摩擦也逐步从纺织品、钢铁等领域一路扩展到彩电、录像机等半导体和机电产品行业以及汽车行业。基于双方不平等的政治地位，美国采取了一系列措施对日本进行打压。例如，1981年，美国和日本达成协议，日本为缓和美国政府的不满而对汽车行业实行"自愿出口限制"；1985年，美国迫使日本增加牛肉和橙子等美国农产品的进口；1985

---

① 数据来自联合国统计年报。

年，美国、日本、英国、法国和德国五国签署广场协议，允许美元对日元等主要货币贬值；1986年，美国迫使日本设置半导体对美国出口价格下限，保证不在美国销售廉价芯片，还要日本保证进口半导体的市场份额；1987年，美国政府对来自日本的电视、计算机等电子产品征收100%的重税等。最后在广场协议的影响下，日元大幅升值，日本出口减少，最终导致泡沫经济的破灭。

总结日美竞争，日本在制造业上赶超了美国，在科技上与美国一度持平，而在经济总量、金融、军事和全球治理上则一直落后于美国。美国借助其在军事、金融、经济总量和全球治理方面对日本的优势，逼迫日本在贸易和技术竞争方面不断让步，使其丧失贸易、技术方面的竞争优势，最终导致日本经济增长停滞，失去了追赶美国的能力，从而在美日的大国竞争中落败。

3.1.5 中美竞争

2010年，中国制造业赶超美国，而经济总量按照名义GDP在2016年也已达到美国的60%，两国进入大国竞争阶段。中美现在的竞争态势是，中国在制造业领先，美国在经济总量、科技、金融、军事和全球治理领域都还处于领先地位。中美的大国竞争才刚刚开始，这无疑将是21世纪惊天动地的大事件，其结果将决定21世纪之后世界秩序的走向。

从历史中的大国竞争来看，除非追赶国在六个领域中均能实现对领先国的赶超，否则就有较大的被遏止风险。从追赶进程来看，制造业、军事、经济总量的竞争比较容易被大众关注，追赶国相对容易集中国力，在这些方面实现赶超。然而，科技、金融、全球治理方面的赶超则更为艰难，主导大国即使失去在制造业、军事、经济总量方面的优势，依然可以凭借在科技、金融、全球治理方面的优势反败为胜。

3.2 竞争的三个要素

什么力量决定了国家之间的冲突或者合作水平呢？"谁是敌人，谁是朋友"固然很重要，但是国家之间没有永恒的朋友，也没有永恒的敌人。国家利益,也只有国家利益,才是决定国家之间冲突或合作水平的最终考量。那么在保证国家利益最大化的前提下,影响两国冲突或合作的最重要因素又有哪些呢?

我们的研究表明,两国之间的冲突或者合作水平主要取决于三个要素:第一个要素是两国之间的相对实力;第二个要素是两国的政治和文化认同度;第三个要素是第三方效应,也就是第三方对两国关系的影响。

3.2.1 相对实力

日常生活中两人有了矛盾、起了冲突,会有警察维护秩序,有政府相关机构调解矛盾。国家之间的冲突和日常矛盾略有不同,因为不存在一个维护秩序、调解矛盾的世界政府。国家之间的冲突更像野人打架。想象这样一个场景:野人之间为了争抢食物而起冲突,冲突既有收益,也有成本。收益是更多的食物,而成本是可能会受伤。决定两个野人之间冲突的剧烈程度的首要因素是相对实力——只有双方实力相当,冲突才有可能变得激烈。

国家之间冲突的收益是在总产出(通常用两国 GDP 之和来代表)下获得更大的份额。国家之间冲突的成本,一是直接成本,比如说人员伤亡;二是冲突对于经济带来的负面影响,比如说俄乌冲突会影响乌克兰的农业生产。

相对实力如何影响一个国家与他国的冲突水平呢?这可以分小国、大国和实力相当三种情形讨论。

(1)当一个国家是小国,也就是相对于对手国来说实力弱小时,有可能做出两种截然不同的选择。当小国的国内经济情况恶化时,一方面它会选择与大国冲突,转移国内矛盾;另一方面,它会铤而走险,希望通过国际冲突获得更多的份额来缓解国内矛盾。而当小国的国内经济增长良好时,它往往会选择与大国合作,专注于国内经济发展,容忍与大国的矛盾,推迟与大国的冲突,即所谓的"韬光养晦"。

(2)当一个国家是大国时,与小国发生冲突带来的收益不大,所以它也倾向于与小国合作。

(3)当两国都是大国且实力相当时,相互之间就会变得更具有攻击性。理由很简单,所谓"一山不容二虎"。

以中美为例，在 20 世纪 80 年代，中国的实力相对于美国还很弱小，和美国起冲突几乎无法影响美国市场，也得不到什么大的收益。而且中国经济增长很快，维持一个良好的国际环境，有利于中国专注于国内建设。从美国的角度考虑，美国的实力远强于中国，中国不会挑战美国在全球市场的垄断地位，美国和中国冲突也不会获得较大收益。因此在当时，无论是中国还是美国，从相对实力而言，选择合作对中美双方都是利大于弊。但是 2018 年之后，中国的经济总量已经超过美国的 60%，美中分别成为世界经济第一、第二大国。无论中国主观愿望如何，客观上，中美在国际市场上已成为竞争对手，相互之间的摩擦、竞争甚至冲突大大增加。

再以中日为例，在 20 世纪 80 年代，中国经济相对于日本也同样很弱小，中日关系总体来说是友好、平稳的。2010 年前后，中国经济总量追上日本，中日成为亚洲经济的第一、第二大国；而中日钓鱼岛争端恰恰在 2010 年前后爆发，两国关系也变得紧张。10 年之后的 2020 年，中国的经济总量已经是日本的三倍，如果不考虑日本作为美国的盟国加入中美竞争的话，中日关系会渐趋缓和。

一个发展良好的小国就一定会选择和大国合作吗？答案是不一定。选择合作还是冲突，还取决于另外两个要素：政治、文化认同度与第三方效应。

3.2.2　政治和文化认同度

"朋友来了有好酒，若是那豺狼来了，迎接它的有猎枪"，这句经典的歌词生动地说明了，朋友之间容易合作，而敌我之间更多的是冲突。和关系亲密的、认同度高的人发生冲突，收益小而成本高，因此双方会尽量避免冲突。而和自己认同度低的人、痛恨的人、敌人发生冲突，虽然成本高，但获得的收益大，因此双方会忍受较大的冲突成本。

类似地，如果两个国家政治、文化认同度高，冲突的收益就低，而成本高；反过来，如果两个国家政治、文化认同度低，意识形态差异大甚至互相为敌，那么冲突的收益高，而成本低。因此，当两个国家政治、文化认同度高的时候，两国更倾向于合作；反之，则更倾向于冲突。

3.2.3 第三方效应

在绝大部分情况下,两国(双边)关系是多国(多边)关系的一部分,会受到两国之外的第三方势力的影响,这种情况称之为第三方效应。第三方对两国关系的影响比较复杂,可以分为以下三种情况:

第一种,冲突双方是大国,而第三方是小国。比如在美苏争霸中,美苏两国是大国,而西欧的比利时、东欧的匈牙利都属于第三方小国。在这种情况下,第三方对于大国冲突没有实质性的影响。

第二种,冲突双方是大国,第三方也是大国。比如说第一次世界大战之前的法德之争中,法德是大国,作为第三方的英国也是大国。在这种情况下,作为第三方的英国越是中立、强大,法德任何一方想击败对手、称霸欧洲就越难,因此法德冲突的强度就相对较低;相反,当英国偏向于一方时,法德就容易起冲突。实际情况是在作为第三方的英国放弃中立,选择加入法国阵营,成立了法俄英联盟之后不久,第一次世界大战就爆发了。

第三种,冲突双方是小国,而第三方是大国。这个时候,当第三方大国在小国之争中保持中立时,两个小国之间的冲突水平取决于它们的相对实力和政治、文化认同度。当第三方大国与两个小国处于同一阵营时,两个小国在第三方大国主导的阵营秩序下倾向于合作;当第三方大国只与其中一个小国结盟时,那么两个小国的冲突水平服从于大国主导的阵营之间的冲突水平。

3.3 中美关系五阶段

按照以上大国竞争的六个核心领域、三个要素的分析框架,可以将1949年中华人民共和国成立以来的中美关系及其未来走向划分为如表3-2所示的五个阶段。

表3-2 中美关系五阶段划分

阶段	年份	特点
对抗阶段	1949—1978	● 政治认同上,中美意识形态对抗 ● 相对经济总量上,中国远逊于美国,且发展较慢

(续表)

阶段	年份	特点
小国—大国阶段	1979—2015	● 政治认同上，中美建交，关系正常化 ● 相对经济总量上，中国 GDP 不足美国的 60%，相比于美国是小国；同时，两国产业结构高度互补，中国经济快速增长 ● 第三方效应上，苏联、日本、反恐、金融危机等轮流吸引着美国的注意力
大国竞争阶段Ⅰ	2016—2035	● 政治认同上，美国保护主义抬头，2018 年之后中美贸易争端爆发 ● 相对经济总量上，中国 GDP 超过美国的 60%，中国已成为世界第二大经济体，对美国逐步追赶；产业结构上，中国逐步进军高技术产业，与美国形成竞争关系 ● 第三方效应上，缺乏突出的第三方牵制
大国竞争阶段Ⅱ	2036—2060	中国 GDP 超过美国，中美在科技、金融、军事、全球治理等领域展开竞争
竞争共存阶段	2061 年之后	中国 GDP 总量达到美国的 1.5～2 倍，中、印、美、欧成为世界主要经济体，世界秩序进入竞争共存阶段

在中美关系的这五个阶段中，第一、二阶段是历史，第三、四、五阶段是现状与展望。对于历史与现状，我们通过一个两国关系指数①来进行量化的分析。

3.3.1 中美关系指数的历史演变

如图 3-2 所示的中美关系指数中，横坐标代表时间，纵坐标代表两国关系指数，数值越高，表明国家之间对抗越严重，关系越差；数值越低，表明两国关系越好。数值范围从 -9 到 9，表明的两国关系如下：-9～-6 是友好，-6～-3 是良好，-3～0 是正常，0～3 是不和，3～6 是紧张，6～9 则是对抗。

---

① 指数来源：阎学通，周方银，2004. 国家双边关系的定量衡量[J]. 中国社会科学，(6)：90—103+206。指数后续更新于清华大学国际关系研究院官网（http://www.tuiir.tsinghua.edu.cn/info/1145/5980.html，访问时间：2023 年 11 月 27 日）。此处用阎学通指数的相反数作为中美冲突的代理变量并作图 3-2。

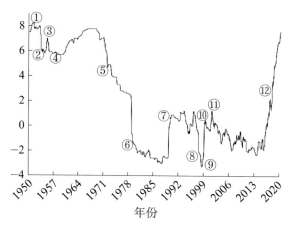

图 3-2 中美关系指数及主要事件

数据来源：阎学通指数。

图 3-2 中标注的主要事件为：①朝鲜战争第一次战役；②签订朝鲜战争停战协议；③美国与我国台湾签署《共同防御条约》；④中美决定将领事级会谈升格为大使级；⑤尼克松访华，签订《上海公报》；⑥中美建交；⑦美国对华全面制裁；⑧江泽民主席访美；⑨克林顿总统访华；⑩美国轰炸中国驻南斯拉夫大使馆；⑪中美撞机；⑫中美贸易争端。

先看 1949—1978 年的第一阶段，即"对抗阶段"。从图 3-2 中可以看出，1950—1971 年，中美关系指数在 4~8 之间，表明中美关系是对抗的；1972—1978 年是第一阶段向第二阶段的过渡阶段，1972 年尼克松访华，两国关系开始缓和；1979 年中美建交，中美关系开始好转。

按照六领域、三要素理论来分析，中美在第一阶段处于对抗状态的原因有以下三点：第一，从政治、文化认同度来看，中美之间政治上对立，所以倾向于冲突。第二，从相对实力来看，在大国竞争的六个领域中，中国在制造业、经济总量、科技和金融这四个领域都无法与美国竞争。但是，中国的军事力量在朝鲜战争、越南战争中得到强有力的体现。在全球治理方面，中国在第三世界具有强大的影响力，这使中国成为世界范围内不容忽视的力量。第三，从第三方效应来看，中美关系其实是美苏中三角关系的一部分。1950年朝鲜战争爆发，当中国选择站到苏联阵营时，中美就是冲突关系；而 1972 年尼克松访华，在中国脱离苏联阵营之后，中美关系趋于正常。

第二阶段是 1979—2015 年，即"小国—大国阶段"。1979 年中美建交之后，两国的政治关系正常化，这一阶段中美关系是合作的、良好的，原因主要有三个。

第一，从经济实力方面来说，中国是小国，美国是大国。1980 年，中国的工业产值只有美国的 11%，中国的 GDP 只是美国的 6%。对比大国竞争的前提条件，两国远未达到大国竞争的状况。由于和美国的经济实力相差太大，而且中国经济高速发展，中国的最优策略就是韬光养晦、埋头发展。

第二，中美处于不同的发展水平，中国的劳动力成本低，资本和技术稀缺；美国的劳动力成本高，技术先进，资本丰富，因此两国的产业结构高度互补。

第三，这一阶段国际上还有其他大国、地区冲突在牵扯美国的注意力，也就是所谓的第三方效应，比如 20 世纪 80 年代的苏联、90 年代的日本以及"9·11"恐怖袭击事件之后美国主导的全球反恐。因此，从 1979 年到 2015 年的中美关系是相对平稳、正常的。

第二阶段中美关系总体上是正常、良好的，但是从图 3-2 来看，中美关系指数也不时出现波澜。1989 年，美国对中国进行全面制裁，中美关系指数从 -2 上升到 1，但依然保持在正常范围内。此后每过一段时间，就会有一些升温或者小冲突。比如说，1998 年克林顿总统访华前后，中美关系迅速升温；而 1999 年美国轰炸我国驻南斯拉夫大使馆、2001 年 4 月 1 日的南海撞机事件等，又使得中美短期关系紧张。不过在 2018 年之前，中美关系指数都处于正常区间。

如图 3-2 所示，2016 年中美进入"大国竞争阶段Ⅰ"，2018 年中美贸易争端爆发，中美关系指数值随即大幅上跳，2019 年 6 月以后的指数值已经大于 6，也就是两国处于对抗状态。总的来看，在 1949 年到 2022 年的这 73 年间，中美关系指数近似一个 U 形曲线。中美关系的未来会如何演变呢？

3.3.2 中美关系的现状与展望

中美关系目前处于第三阶段，即"大国竞争阶段Ⅰ"。2010 年，中国制造业产值超过美国；2016 年，中国 GDP 超过了美国的 60%，成为全球第二大经济体。2016 年之后，中国满足了大国竞争的前提条件，从此中美进入大国竞争阶段。在这个阶段，中国的主要任务是经济总量的追赶。2021年中国名义GDP是美国的76%，到2035年前后要争取追平美国。

假设美国名义GDP此后几年按照2%的速度增长，如果中国要在2030—2040年实现经济总量赶上美国的目标，接下来这几年，中国GDP年均增长率就要比美国大约高3%。也就是说，要顺利实现大国竞争第一阶段的目标，中国在今后十几年GDP的平均年增长率要达到5%。

如果到2035年中国的GDP追平了美国，那么中美关系就会进入第四阶段，即"大国竞争阶段Ⅱ"。第四阶段的主旋律依然是大国竞争。在这一阶段的初期，中国制造业、经济总量都已超过美国，但在科技、金融、军事以及全球治理这四个领域依然落后，因此这一阶段中国的主要任务是在以上四个领域展开全面追赶。按照估算，大约还需要30年的时间，也就是到2060年左右，中国才能在这四个领域赶超美国。如果中国在大国竞争的六个领域都成功赶超美国，中国的GDP最终大约能达到美国的1.5~2倍。这个时候，也就是从2061年起，中国和美国的关系就进入"竞争共存阶段"。

中国如何在大国竞争阶段保持经济总量的持续发展，实现第三阶段和第四阶段的目标呢？这一问题，将在后面各章中做详细的分析。

一个有意思的问题是，如果中国在2060年经济总量达到美国的两倍、成为世界第一，中国是不是就能取代美国，成为新的世界霸权国家呢？答案是不太可能。为什么呢？

按照联合国、世界银行、经济合作与发展组织（OECD）等国际组织的预测，2060年中国人口总数的乐观预测/中间预测约为14亿/12亿，而2100年则为12亿/10亿。因为有稳定的移民，美国人口预计将保持较稳定的增速，2060年的中间预测为4亿，2100年为5亿。按照中间预测，到2060年，中国人口总数是美国的3倍。假设中国人均GDP在2060年达到美国的70%左右，那么中国的GDP总量就会在2060年大约达到美国的2倍。

按照对经济总量排序的乐观预测，2060年世界前四大经济体分别为中国、印度、美国、欧盟，各自经济总量的世界占比分别为29%、18%、16%、16%。即便如此，中国的经济总量世界占比在峰值时也不到30%。而英国（含殖民地）在成为世界主导国家的1860年的工业总产值世界占比超过50%，美国在第二次世界大战结束的 1945 年的经济总量世界占比也超过 50%。中国的经济总量世界占比与建立类似于英国、美国那样世界霸权国家所需的 50% 相比,还有较大差距。而且,由于人口总数下降,中国经济总量世界占比在 2060 年达到峰值之后,将会缓缓下降。即使在 2060 年,中国经济总量达到世界第一,但是,排名第二、第三、第四的印度、美国、欧盟中任意两个经济体的总量之和都超过中国。所以,2060 年之后的世界秩序中不太可能出现一个类似于英、美的霸权国家,更加可能的局面是前几大经济体相互竞争、相互合作、竞争共存的世界秩序。

从现在一直到 2060 年中美两国处于大国竞争阶段,一方面,中国经济的增长使得中国在经济总量、科技、金融和军事上逐步赶超美国,这也在客观上必然带来全球治理体系的变革;另一方面,美国将利用它依然具有的在经济总量、科技、金融、军事与全球治理五个领域的优势地位,遏制中国的发展,维护其主导大国的地位。这样的大国竞争将会持续 40 年之久,按照国家冲突三要素理论,在今后 40 年,中美关系出现冲突甚至激烈的对抗,并不奇怪。

3.4 我亲身经历的中美关系变迁

到目前为止,中美关系历经了政治对立、"小国—大国"和大国竞争 I 三个阶段。有意思的是,我恰好是中美关系这三个阶段的亲历者。在此分享一些各个阶段我亲身经历的小故事,为宏观的分析补充微观的个人视角。

第一阶段的小故事

我记忆中关于美国的第一个印象是一句口号:打倒美帝国主义!

1970 年 5 月 20 日,当时我上小学 3 年级,50 万名首都群众在天安门广场集会,声援越南、柬埔寨、老挝三国人民的抗美战争。在集会上,毛泽东主席发表"520 声明",号召全世界人民团结起来,打倒美帝国主义。当时我的一个小学同学,天天爬到村里的电线杆子上,学着拉长音喊口号:"打倒美帝国主义及其一切走狗!"记得我们小学开誓师大会,声援越、柬、老三国人民抗美,校长念完稿子之后就喊这句口号。我记忆中的小学开大会喊口号,也一定会喊这句。这个小故事说明,当时的中国和美国在政治上是对抗关系。

第二阶段的小故事

1979年邓小平访美,中美外交关系正常化。以美国为主的西方发达国家向中国打开了大门,中国经济也借此机会,迅速融入了世界经济体系。中美在政治上的建交,给中国带来了经济腾飞的机遇。

但是,当时中国最主要的特点就是穷,没见过世面,尤其是跟美国、日本这些发达国家比。

1980年我在南京大学数学系读书,班上有个同学搞来了一台日本的三洋录音机。录音机是单卡的,只有一本书那么大。当时班上其他人哪见过这个?所以一大帮同学就拥到那位同学的宿舍,围观他的录音机,你瞧瞧、我摸摸,稀罕得不行。正闹成一团的时候,有一个同学按下了播放键,邓丽君的歌声就飘了出来,那种温柔、绵软的声音,是我们从来没听过的。所有同学瞬间安静了。这是我第一次见到进口电器,听到这种"靡靡之音",至今印象深刻!

1984年我在南京农业大学工作,有一个同学来找我玩。他穿了一件高领毛衣,毛衣外面打了一条领带,看起来很潇洒。我和他一起到食堂吃饭,好多女孩子看他。他很得意地说,这条领带是出口转内销的,漂亮!我也觉得这条领带确实漂亮。后来过了一段时间,我们又遇到了,他说搞错了,女孩子看他不是因为领带漂亮,是因为领带不能打到毛衣外面。

这不由得让人感叹,80年代刚刚改革开放时,中国和发达国家的经济实力、人民的生活方式之间的差距,实在是太大了。

1990年年初我拿到了美国宾夕法尼亚州立大学的全额奖学金,于是准备去美国留学。出国之前我在清华大学做教师,每月工资是115元人民币。而我到美国读研后,每月的奖学金是800美元,大约是我在中国做教师收入的30倍。

当时,在美国人眼里,中国是非常没有存在感的。那时美国电视上几乎没有中国的新闻。我去美国一个多月,第一次看到电视新闻报道中国,是在介绍西安兵马俑。新闻中兵马俑一晃而过，从头到尾都是西安街头几个老太太小脚的镜头，气得我差点把电视摔了。

在美国读研的第一天，我用结结巴巴的英文介绍自己从中国来，并说中国人口比美国多，是大国。我的美国同学杰克马上打断我说，美国是大国，中国是小国。于是我和杰克第一天见面就因为这个问题争论了好久，而且后来每过几天就围绕这个问题争论一次。再后来，杰克拿出了数据，说中国的GDP总量还不到美国的十分之一，所以是小国。我无法反驳，只能沉默。

随着1992年邓小平去南方视察，中国加大开放步伐，一方面，中美关系迅速升温；另一方面，以外包为主的全球生产分工迅速发展。当时我印象最深的就是美国超市里的电器柜台上，中国制造（Made in China）的产品越来越多。

1995年以后，我在俄克拉何马大学工作，买的小冰箱、吹风机、电视机等电器产品都是中国制造的，这在以前是没法想象的。

在全球化生产的背景下，因为中国的劳动力便宜，美国大量的跨国企业把工厂转移到了中国。一方面，这使得美国跨国企业的利润大幅增加；另一方面，这也导致美国国内的制造业整体规模下降，很多美国工人失业。于是引发了美国国内对自由贸易和全球化的不满，以及对中美关系的争论。不过，这些不满和争论都在2001年因为"9·11"恐怖袭击事件戛然而止了。

2007年，我到位于美国首都华盛顿的国际货币基金组织工作。这时中国已经成为美国最大的贸易顺差国。2008年，奥巴马赢得美国总统大选，关于"中美关系战略调整"的议题，再一次充斥华盛顿的大小会议。电视里，几乎每天都有关于中国的新闻，世界银行和国际货币基金组织的会议，无论规模和主题，拐个弯总要讨论中国。

从我分享的这些亲身经历里就能感受到，中美两国关系的变迁其实一直受到两国相对实力、政治和文化认同度以及第三方效应的影响，这三个动态的变量决定了中美关系的走向。

写到这儿，再和大家分享一个小花絮——当初跟我争论中国是大国还是小国的杰克，2017年与我在华盛顿重逢了，而且我们又发生了一次争论。不过这一次他不再坚持"中国是小国"的观点，而是坚持要用购买力平价来计算，认为中国的经济总量已经超过美国了。

这次，我同样没法反驳。事实确实如此：2014年，国际货币基金组织按照购买力平价计算，中国的经济总量已经超过美国；同时，中国也从一个加工大国变成了制造大国，并从"世界工厂"变成了"世界市场"；更重要的是，"中国制造"升级成"中国创造"——2015年中国的科技研发投入已经超过欧盟，在全世界排名第二。

第三阶段的展望

到2035年之前，中国的主要任务是什么呢？按照大国竞争的规律，答案就一句话：想尽办法保证长期的经济增长。你可能会说，这不是常识吗？哪个国家不想做好经济增长工作呢？

其实，还真不一定。当国家之间发生争端的时候，场面一乱，注意力就很容易放错地方。比如说，大家都想着办法去"秀肌肉""比拳脚"，可能就会忘记，在这个阶段，其实自己的第一任务是集中力量"长个儿""练内功"。回顾美国当年成功挑战英国霸主地位的经验，美国做对了什么？就是在第一次世界大战前后，集中力量发展经济！

所以，中国在这个阶段最重要的目标，就是要在2035年前后追上美国的GDP总量。如前文提到的，实现这个目标需要中国GDP年均增长率达到5%。

一方面，这个目标是现实的。需要注意的是，2022年前后，美元兑人民币的汇率大概为6.5~7.5。实际上，由于美元的国际货币地位，美元兑人民币的汇率高估了美国的实力，低估了中国的实力。所以，从长期看，人民币会升值。考虑到人民币长期的升值趋势，中国的GDP在2035年赶上美国的目标是能够实现的。

另一方面，这个目标也是一个富有挑战性的目标。中国的GDP要想保持年均5%的增长率，需要科技、金融甚至军事、全球治理等领域的相应发展来支撑，而在这些领域，美国都具有一定的优势。可以预期，2024年到2040年，中美之间的大国竞争将会波澜壮阔地展开，而中国能否"咬定青山不放松"，保持GDP年均5%的增长率，将决定中美竞争与世界秩序的未来。

第 4 章
解析关税争端

为什么会有国际贸易争端呢？这源自国家之间整体、长期或者局部、短期的利益冲突。在本书第 1 章，我们讨论了三大原理，从整体、长期利益的角度分析国际贸易争端。进入这一章，我们讨论国家之间局部、短期的利益冲突，即国际贸易争端的三大定理，斯托尔珀-萨缪尔森定理、最优关税定理、技术竞争的希克斯定理。然后，我们以中美贸易争端中的关税争端为例，用这样一个"整体—局部""长期—短期"的利益冲突框架进行解析。

2018 年 3 月，美国贸易代表办公室发布了"301 调查报告"。在报告中美国政府提出了四个表面原因：市场准入；贸易不平衡；知识产权保护与所谓的强制技术转让；产业政策与国有企业。但是，这些表面原因站得住脚吗？如果站不住脚，那么美国发起贸易争端的深层原因究竟是什么呢？下面我们先介绍理论，即关于局部利益冲突的斯托尔珀-萨缪尔森定理和关于短期利益冲突的最优关税定理、希克斯定理。

4.1 局部利益冲突：斯托尔珀-萨缪尔森定理

斯托尔珀-萨缪尔森定理（以下简称"SS 定理"）[1]是国际贸易政治经济学的基本定理。SS 定理指出，自由贸易虽然对国家总体上来说是有好处的，但是国家内部不同的利益集团一定有赢家和输家，也就是说，自由贸易一定会带来局部利益的冲突。

一个国家有哪些不同的利益集团呢？最主要的就是不同要素的所有者：劳动力的所有者工人，资本的所有者资本家，进一步还包括技术的所有者，土地的所有者，等等。虽然自由贸易对国家整体有利，也就是赢家所得会大于输家所失，但是如果没有相应的国内政策来将一部分赢家所得用来补贴输家所失，那么输家所代表的利益集团就一定会反对自由贸易。

哪些利益集团是国际贸易的赢家，哪些是输家呢？SS 定理证明了一个国家中丰裕要素的所有者可能是赢家，稀缺要素的所有者可能是输家。以中国和美国为例，中国的劳动力丰裕，但是技术、资本稀缺，而美国恰恰相反。通过自由贸易，中国出口劳动密集型的产品，进口技术、资本密集型的产品；而美国出口技术、资本密集型的产品，进口劳动密集型产品。比如说，从 20 世纪 90 年代开始，很多美国的加工工厂关闭，产品外包到中国广东、浙江、江苏等沿海地区来生产。这样一来，中国的劳动力需求上升，农民工纷纷到沿海地区的出口加工企业打工，这些普通工人得益于中国的开放。而美国制造业企业就会少雇用自己国家的普通劳动力，所以，美国普通工人的利益有可能受到了损害，他们就会反对自由贸易。

更进一步地，跨部门的要素流动是有成本的，比如进口软件、出口钢铁，进口的软件行业会收缩，而出口的钢铁行业会扩张。短期内收缩的软件行业的部分企业会破产，工人会失业，工资与投资回报率都会下降。而出口的钢

---

[1] SS 定理是由沃尔夫冈·斯托尔珀和保罗·萨缪尔森两位美国学者在 1941 年提出的。斯托尔珀是密歇根大学的经济学教授，萨缪尔森是麻省理工学院的经济学教授，后者不仅是诺贝尔经济学奖获得者，还是新古典经济学最重要的代表人物之一。

铁行业会有新企业进入，就业和投资会扩张，工资和投资回报率都会上升。总而言之，短期内国际贸易对于一个国家的出口部门有好处，但是会损害进口部门的利益。

再来看美国的那份"301调查报告"，用 SS 定理可以解释中美贸易争端中的市场准入和贸易不平衡，它们实际上说的都是中国对美国的出口大大地高于从美国的进口，因此对美国普通劳动力的就业形成了冲击。这一观点有部分学术研究作为支持，被称为"中国冲击"。所以，减轻中国出口对美国制造业就业的影响，是美国发起对华贸易争端的第一个理论解释。

4.2 短期利益冲突

所谓短期，通常是指一年以内，投资、厂房等固定资本还没有来得及变化的时候。比如说，中美贸易争端爆发之后，有些出口美国的江苏纺织品工厂打算搬到越南去生产，没有搬到越南之前属于短期，搬到越南之后就属于中长期了。什么样的指标反映一个国家的短期利益呢？当然是短期出口价格相对进口价格的变动。如果贸易政策使一个国家的出口价格上涨或者进口价格下跌，那么这个国家就获益，否则就受损。在国际贸易理论中，出口价格与进口价格之比也被称为贸易条件。新闻里偶尔报道的"贸易条件恶化"就是指出口价格下跌或者进口价格上涨。影响贸易条件的主要贸易政策有两个，第一个是关税，第二个是技术竞争。相对应的就是两个定理——最优关税定理和希克斯定理。

经济学分析分为动态分析与静态分析，动态分析是指在多个时间段上的跨时间段的分析，而静态分析是指在单个时间段上的分析。在不引起误解的情况下，在本书里我们也称动态为长期、静态为短期。动态（长期）研究增长，静态（短期）研究价格。国家之间的长期利益冲突可总结为第 1 章的分工固化的增长陷阱原理，而短期利益冲突则表现为国家之间在进出口价格上的利益冲突。

4.2.1 最优关税定理

在中美贸易争端中,关税问题是一个焦点。从 2018 年到 2019 年,美国对从中国进口的几乎所有产品都增加了关税。增加关税对美国有好处吗?

一个国家征收关税,比如美国征收从中国进口洗衣机的关税,会影响三个方面的利益相关方:一是消费者,关税使美国国内洗衣机价格上涨,消费者利益受损;二是美国国内生产厂商,价格上涨,美国国内洗衣机生产厂商获益;三是政府,征税使美国政府的关税收入提高。因此,一个国家的最优关税取决于这三方利益的平衡情况。

这三方利益的平衡情况又可以总结为两个指标:一是进出口价格,也就是贸易条件;二是贸易量。贸易条件的改善会增加一个国家的社会福利,而贸易量的下降通常会降低一个国家的社会福利。

经济学里将国家区分为大国和小国,大国能影响世界价格,而小国不能,小国只能接受世界价格。一个国家的最优关税很大程度上取决于这个国家是大国还是小国。

一个大国如果增加关税,一方面会使本国市场对进口产品的需求下降,连带世界市场对该进口产品的需求下降,从而降低该进口产品的价格,这样就改善了本国的贸易条件,提升了本国的利益;但是另一方面,增加关税会减少贸易的总量,从而降低本国人民的福利。因此,征收关税的多少就取决于贸易条件和贸易量这两种效应的相对大小。

而所谓最优关税,就是指一种关税水平能使一个国家改善贸易条件所带来的收益,减去贸易量减少所带来的损失,所得到的净收益实现最大化。

因此,一个国家是否征收关税,取决于这个国家能否通过关税来降低进口商品的价格。换句话说,如果一个国家能够通过关税操纵世界价格,那么这个国家的最优关税是大于零的;反之,这个国家就应该设置零关税。

最优关税定理告诉我们以下三个结论:

第一,大国的最优关税往往大于零,这是因为大国的国内市场比较大,可以通过关税来操纵世界市场的价格,打压进口产品的价格。

第二,小国无法操纵世界市场的价格,即使加征关税,也对世界市场几乎没有影响，无法降低进口产品的价格，所以对于小国而言，最优关税一般为零。

第三，大国征收最优关税的前提是他国不报复，因为如果对方也是大国，对本国征收的关税进行报复，也提高关税，就会发生关税战。关税战会使两国的社会福利都下降，对双方都没有好处，因此还不如双方都实施零关税。

所以，美国对中国加征关税这个动作可以理解为，美国的最优关税比它现有的关税水平要高，因此对美国来说，提高关税似乎是有好处的。

那么，美国对中国进口产品的最优关税到底是多少呢？为什么特朗普要加征25%的关税呢？从最优关税定理可以知道，美国的关税水平取决于美国对世界市场价格的操纵能力。对于有些产品，比如说生活必需品，像打火机、皮带，美国大量从中国进口，没有太大的议价能力，所以最优关税应该接近于0。而对于另外一些产品，比如洗衣机，美国的议价能力就强一些，所以洗衣机的最优关税就会高一些。但是无论如何，美国不可能对所有类型的产品都加25%的关税。从中国方面来说，宣布25%的反制关税，主要是考虑与美国增加关税的对等报复，也不一定是中国对美国进口商品的最优关税。

不过，新闻报道过一个有趣的细节：特朗普政府在和中国谈判的时候，提出了一个奇怪的条件，就是美方在增加关税之后要求中国不能报复。中方媒体觉得很气愤，也很好笑，觉得这个特朗普政府也太不讲理了，只许你打我，不许我还手。

但实际上，美国政府的这个条件，恰恰是可以用最优关税定理来解释的。美国对中国产品增加关税后，如果中方报复，也对美国的出口产品增加关税，那就变成关税战了，这不符合美国的利益。美国一方面要增加关税，另一方面又要避免关税战，因此"不许报复"这个无理要求是符合最优关税定理要求的。

当然，中国政府答不答应，就是另一回事了。

4.2.2 希克斯定理

美国发起贸易争端的另外两个理由，即知识产权的保护与所谓的强制技术转让、产业政策与国有企业。这两个理由实际上都和两国的技术竞争有关。

要分析这两个理由,我们需要介绍第三大定理——关于技术竞争的希克斯定理。

希克斯定理[①]源自英国经济学家希克斯在 1953 年提出的一个问题:他国会从一个国家技术水平的提高中获益还是受损?

问题的核心还是对进出口价格(也就是贸易条件)的影响。技术进步通常会降低产品的成本,从而降低产品的价格,那么一个国家的技术进步就有三个可能的结果:第一,本国整体技术水平提高,会同时降低出口产品与进口产品的价格,一般来说,这样会提高外国的社会福利;第二,本国在具有比较优势的出口产品上提高技术水平,会降低本国的出口价格,因此提高外国的社会福利;第三,本国在不具备比较优势的进口产品上提高技术水平,会降低外国进口产品的价格,从而降低外国的社会福利。

就中美贸易而言,假设中国在纺织品上具有比较优势,生产并出口纺织品,而美国在半导体芯片上具有比较优势,生产并出口芯片。那么运用希克斯定理可以发现,如果中国在纺织品的生产上提高技术水平,就会增加纺织品的供给,降低纺织品的出口价格,因而提高美国的社会福利。如果中国在半导体芯片的生产上提高技术水平,就会降低芯片的进口价格,从而降低美国的社会福利。

举一个例子说明。2010 年前后,中国国产汽车的售价一般是 10 多万元,但是,当时汽车的无级变速器国内生产不了,需要进口。一台无级变速器的进口价格大约是 6 万元,占了一辆汽车售价的一半左右。后来,中国开始自主生产无级变速器,每台的价格是 5 000 元左右。这样,进口无级变速器的价格一下子就从 6 万元降到了 1 万元以内。从这个例子可以看出,中国在高新技术产品上提高技术水平,势必会降低进口产品的价格,这确实会损害进口

---

① 萨缪尔森研究了"当中国技术水平提高时,美国是受益还是受损"这一问题,参见:Paul S, 2004. Where Ricardo and Mill Rebut and Confirm Arguments of Mainstream Economists Supporting Globalization [J]. Journal of Economic Perspectives, 18 (3): 135 - 146. 鞠建东和杨学兵对这个问题进行了系统的讨论,并把它总结为希克斯定理,参见:Ju J, Yang X, 2009. Hicks Theorem:Effects of Technological Improvement in the Ricardian Model [J]. International Review of Economics and Finance, 18: 239 - 247。

产品生产国的利益。

4.3 美国对中国出口的结构：反比较优势之谜

在解析2018年爆发的中美贸易争端之前，需要先考察美国对中国出口的结构。中美贸易结构的一大特点就是美国对中国有大量的贸易逆差。2022年，中国对美国出口5 370.13亿美元，而美国对中国出口1 557.85亿美元，美国对中国的贸易逆差达到3 812.28亿美元，占据了美国贸易逆差总额1.18万亿美元的32.30%。[①] 2022年，中国的贸易顺差总额是8 776.03亿美元，其中对美贸易顺差占46%。[②]

其实，中国的贸易顺差在2021年只是GDP的3.82%，已经大大低于2007年7.44%的峰值。[③] 那么，2007年前后，中美贸易结构的变化有什么特点呢？

美国对中国的贸易逆差可以有另外一个角度的解释，就是美国对中国出口的产品太少了。为什么少呢？美国对中国出口的主要产品是哪些呢？

表4-1是2011年美国对中国出口产品按份额进行的行业排序，如果将美国对中国出口产品价值前十的产品按照美国对中国出口占其对世界出口总量的份额排序，美国对中国出口的前三大产品是什么？是芯片、大豆吗？都不是。

表4-1 2011年美国对中国出口产品份额最大的十个行业

HS产品代码	对中国出口总量百分比	占世界出口总量百分比	对中国出口总量百分比排序	占世界出口总量百分比排序	产品名称
760200	2.63%	71.28%	4	1	废铝
740400	3.37%	69.43%	2	2	铜废料和废铜
470710	1.04%	67.93%	9	3	回收（废碎料）未漂白牛皮纸/纸板/瓦楞纸/板纸

---

① 数据来源：美国国家统计局。
② 数据来源：中国海关总署。注：由于统计方法不同，美国国家统计局与中国海关总署的进出口金额有一些出入。
③ 数据来源：中国国家统计局，世界银行。

(续表)

HS产品代码	对中国出口总量百分比	占世界出口总量百分比	对中国出口总量百分比排序	占世界出口总量百分比排序	产品名称
120100	10.09%	59.66%	1	4	大豆，不论是否破碎
520100	2.45%	30.43%	5	5	棉，未梳/梳
720449	1.53%	17.11%	8	6	黑色金属废料
854231	2.44%	15.09%	6	7	电子集成电路、处理器和控制器
870323	2.82%	12.53%	3	8	载人车辆，气缸容量1 500～3 000cc
870324	1.77%	10.39%	7	9	载人车辆，气缸容量大于3 000cc
270112	0.84%	5.63%	10	10	烟煤

如表4-1所示，排第一的是废铝，美国对中国出口的废铝占它对世界总出口的71.28%；第二是铜废料和废铜，占它对世界总出口的69.43%；第三是各类废纸板，占它对世界总出口的67.93%。这三种废品共占美国对中国出口总量的7.04%，再加上黑色金属废料等垃圾，共占美国2011年对中国出口总量的8.57%。所以，2011年，按照美国对中国出口产品占其对世界出口总量的百分比排序，美国对中国出口的最大宗"产品"，居然是垃圾！

1992—2011年是中美贸易突飞猛进的20年。中美贸易总额增长了25倍，美国从中国的进口占美国总进口的份额快速上升，从5%增长到20%。但是，美国产品占中国的进口份额不增反降，从1992年的11%降到2011年的8%。相对应地，自然是美国对中国贸易逆差增加到约162倍，从14.5亿美元增加到2 350亿美元。

无独有偶，在美国国会的"2009年美国对中国经济与安全报告"中，列举了美国2008年对中国出口的前五大产品，如表4-2所示。

表4-2 美国对中国主要出口产品　　　　　单位：美元

产品种类	2000年	2004年	2008年	2000—2008年的百分比变动
废物废料	744 066 048	2 508 358 341	7 562 048 093	916.31%
油籽和谷物	1 048 701 398	2 829 082 559	7 316 134 864	597.64%

（续表）

产品种类	2000 年	2004 年	2008 年	2000—2008 年的百分比变动
半导体与电子产品	1 317 471 147	3 565 224 098	7 475 310 291	467.40%
树脂、橡胶、人工或合成纤维	660 381 419	1 630 867 508	3 523 942 811	433.62%
飞机及其零部件	1 770 620 438	2 111 452 705	5 470 691 773	208.97%
美国对华出口总量	16 253 029 349	34 721 007 883	71 457 072 597	339.65%

资料来源：美国国际贸易协会官网。

虽然美国产品占中国进口产品的份额下降，但美国对中国出口的绝对数额还是在增加，从 2000 年的 162.53 亿美元增加到 2008 年的 714.57 亿美元。其中，美国对中国出口增加排名第一的是废物废料，从 2000 年的 7.44 亿美元增加到 2008 年的 75.62 亿美元，增加了 9.16 倍。排在废物废料之后的另外四大产品才是我们熟知的油籽与谷物，半导体与电子产品，树脂、橡胶、人工或合成纤维，飞机及其零部件。

2012 年之后，中国开始限制并逐步禁止从国外进口固体垃圾，美国的废品出口占对中国出口比例开始下降，但是随着 2018 年中美贸易争端爆发，美国更加严控对中国高科技产品的出口，美国的废品出口占对中国出口比例又开始上升。以废铜料为例，从 2011 年的 3.37% 降低到 2019 年的 0.38%，2021 年又回升到 0.98%。

在本书第 1 章中讨论的比较优势原理认为，一个国家的出口结构与其产品的相对生产力一致，即相对生产力越高的产品，出口越多。清华大学的五位学者[①]分析了美国对中国出口的结构，发现中国对美国的出口结构符合比较优势，但是美国对中国的出口结构不符合比较优势，而且美国相对生产力越高的产品，对中国出口越少！他们将美国对中国出口的这种反常现象称为"反比较优势之谜"。

美国对中国出口为什么违反比较优势呢？这是因为美国不愿意且限制对

---

① 鞠建东，马弘，魏自儒，等，2012. 中美贸易的反比较优势之谜[J]. 经济学（季刊）（4）：805-832.

中国出口其最具比较优势的高科技产品，只愿意且大力出口垃圾到中国。那么美国对中国的出口怎么能提高呢？中美贸易怎么能平衡呢？

4.4 中美关税争端的事实解析

第 1 章的三大原理（比较优势原理、跨国垄断利润原理、分工固化的增长陷阱原理）和本章讨论的三大定理，构建了一个解析贸易争端的完整的框架，即整体—局部、长期—短期利益冲突的分析框架。跨国垄断利润原理描述了国家之间对全球垄断利润的争夺，而斯托尔珀-萨缪尔森定理则描述了国家内部的不同利益集团在贸易利益上的冲突；分工固化的增长陷阱原理描述了穷国与富国在产业升级与长期增长上的利益冲突，而最优关税定理与希克斯定理则从关税与技术竞争两个方面描述了国家之间在贸易条件（进出口价格）上的利益冲突。一个国家的整体利益和局部利益既可能是一致的，也可能是背离的，长期利益和短期利益也是如此。一个国家的贸易政策反映着这个国家的整体—局部利益、长期—短期利益的平衡与矛盾。

中美贸易争端从 2018 年 3 月的"301 调查报告"开始，至 2022 年 6 月的《2022 年美国竞争法案》进入一个新的阶段，基本上代表了美国对中国战略从合作到竞争的政策转型。在"301 调查报告"为中美贸易争端提出的四个表面原因的背后是整体—局部利益、长期—短期利益框架下的真实原因，而这些真实原因在《2022 年美国竞争法案》中有比较清晰的阐述。

4.4.1 事实与表面原因

在 2018 年 3 月 23 日美国贸易代表办公室发布"301 调查报告"后，美国总统特朗普随即宣布将对中国 500 亿美元的商品加征关税，并于 2018 年 7 月 6 日正式实施。

中美第一次互相加征的关税各有侧重，都力求集中火力打到对方痛点。美方第一批对中国加征 25% 关税的 500 亿美元商品集中于高科技产业，这也是美国重点打击的中国与美国形成竞争的领域。中国第一批对美国加征 25% 反制关税的 500 亿美元商品则集中于农产品和汽车产业，这些是对美国国内政治具有较大影响力的领域。美国对中国加征关税之后却坚决反对中国的报复措施，由此双方矛盾升级，引发了第二轮乃至第三轮覆盖面更广的关税加征措施。自2018年7月6日中美相互实施第一轮加征关税的措施，到2020年1月15日中美第一阶段经贸协议在美国华盛顿签署，其间中美双方互相加征了五轮关税。

根据美国国会研究服务处报告，中美相互加征关税期间，有约67%的美国自中国进口的产品面临关税增长，幅度在15%~25%；约60%的中国自美国进口的产品面临关税增长，幅度在5%~25%。初步估算，由中美贸易争端引发的关税战涉及超过4 500亿美元的商品[①]，堪称史上规模最大的关税战。虽然中美第一阶段经贸协议暂时中止了中美双方相互加征关税所导致的前所未有的经贸紧张局面，然而，两国关税争端并未实质性消失。美国对中国进口关税平均税率从贸易争端前的3.1%大幅上升到19.3%，中国对美国进口关税平均税率也从贸易争端前的8%显著上升至21.2%。

中美相互加征关税对双方乃至全球经济均产生了不利影响。数据显示，2019年虽然我国货物贸易依然保持3.4%的较好增长态势，但受关税影响，我国对美国货物进出口值同比大幅下降10.7%。截至2019年12月，由于受到中国和其他国家的报复性关税打击，美国商品对中国出口量与2017年相比下降了20.33%。被中国加征报复性关税的美国出口商品较2017年减少了26%。其后，2020年美国对中国商品出口量相比2017年下降12.4%，直到2021年才超过2017年的水平。

当我们重新审视美国在"301调查报告"中提出的四个原因时，能够看到有很多地方与事实不符，主要包括以下几部分：

第一，所谓4 196亿美元的贸易逆差这个数字实际上有着巨大的水分。按照中国商务部的计算，2018年美国对中国总体贸易的逆差大约是1 536亿美元，仅为美国公布数字的37%。而且，按照世界银行提供的数据测算，中国贸易顺差占GDP的比例已经从2007年的10%下降到2018年的2.5%。所以，

---

① Fajgelbaum P D, Khandelwal A K, 2022. The Economic Impacts of the US-China Trade War [J]. Annual Review of Economics, 14: 205-228.

2019年，国际货币基金组织已经认为中国的贸易基本上是均衡的。

第二，中国的出口是不是加剧了美国制造业劳动力的失业呢？关于这个问题，是有不同的研究结论的。比如说美国哥伦比亚大学的魏尚进教授，中国对外经济贸易大学的王直、余心玎、祝坤福等教授的研究，就发现以前的研究只考虑中国的出口对出口行业的直接影响，但是没有考虑它对该行业的上下游行业的间接影响。如果考虑到中国对美国的出口改进了美国该行业的劳动效率，从而增加了上游产业和下游产业的劳动力就业的话，那么，中国对美国的出口不仅没有降低，反而提升了美国制造业的劳动就业率。比如说，中国钢铁出口美国，确实降低了美国钢铁行业的劳动就业率；但是中国的出口钢铁降低了美国钢铁的价格，使得大量使用钢铁的美国房地产行业的生产效率大幅上升，从而增加了房地产行业的劳动力就业。如果将美国钢铁行业与房地产行业的劳动力就业加总考虑，中国的钢铁出口不仅没有降低，反而增加了美国的劳动力就业。

第三，"301调查报告"指控中国偷窃美国技术，强制美国公司转让知识产权，也有很多不实之处。比如说，美国指责中国核工业集团剽窃了美国西屋电气公司7万份技术资料。但实际上是怎么回事呢？是西屋电气公司把在美国已经卖不出去的AP1000核电站卖给了中国核工业集团下的中国核能电力股份有限公司（以下简称"中核电"），根据双方的协议，西屋电气公司提供给中核电相应的7万份技术资料。这是中核电花钱买的，怎么成了偷窃呢？

第四，"301调查报告"指责中国通过产业政策补贴高科技产业、国有企业，是"不公平"的竞争，这实在是一个"不公平"的指责。高科技行业因为需要大量的研发等固定投入，是一个市场失灵的行业，各国政府都对高科技行业予以支持。美国和中国在全球价值链中所处的位置不同，美国的政府补贴主要在研发阶段，中国的政府补贴主要在制造阶段，而制造阶段的补贴必然就有对企业的直接补贴。美国认为对研发、创新的补贴是"公平"的，而对制造企业的补贴就是"不公平"的。即使如此，美国现在也开始对企业进行直接补贴。在《2022年美国竞争法案》里，美国以"与中国竞争"的名义，计划财政拨款520亿美元，支持芯片产业的私人投资与生产。所以，美国对中国通过产业政策支持高科技产业的指责，存在很大偏见。

综上所述，美国提出的表面理由，不仅带有偏见，还常常与事实不符。那么加税的真实原因是什么呢？我们可以从整体—局部、长期—短期的角度来分析。

美方第一批对中国加征25%关税的500亿美元商品集中于高科技产业。从垄断利润原理来看，美国对中国的高科技产业出口征税可以限制中国高科技产业的市场规模，从而遏制中国高科技产业的技术进步，维护美国在高科技领域的世界垄断地位。从长期利益来分析，遏制中国高科技产业可以减缓中国产业升级的速度，降低中国经济增长的速度，从而最大可能地保持美国全球第一大经济体的地位。从技术竞争的希克斯定理来分析，美国对中国高科技产业的遏制，可以提高美国对中国高科技出口产品（如芯片）的价格，使美国的芯片生产企业（如高通公司）获利。[①]

从局部利益来分析，美国加征关税可以削弱中国出口对其制造业劳动力就业的冲击，增加美国政府的关税收入，保护受到中国出口产品冲击的美国国内生产企业。从短期价格操纵来看，美国希望通过关税来打压中国出口产品的价格，从而改善美国的贸易条件。但是，美国的这些目标达到了吗？

4.4.2 关税争端对社会福利与贸易平衡的影响

对于这场贸易争端带来的影响，时任美国总统特朗普一直宣称美国从关税争端里赚到了数百亿美元。但矛盾的是，在2020年9月，包括特斯拉、福特汽车在内的3 000多家美国企业联手起诉美国政府，认为美国政府的加税增加了从中国进口的产品和零部件的成本，给它们造成了经济损失，所以，这些企业联合要求美国政府退还税款，并且支付利息。拜登政府的财政部长珍妮特·耶伦也赞成取消特朗普所加关税，认为取消关税有利于美国消费者，有利于缓解美国的通货膨胀压力。而拜登政府的美国贸易代表戴琦则要求保留特朗普关税，认为关税有助于美国工人利益。那么，特朗普、耶伦、戴琦

---

① Ju J，Ma H，Wang Z，et al.，2024. Trade Wars and Industrial Policy Competitions：Understanding the US-China Economic Conflicts [J]. Journal of Monetary Economics，January：42－58.

和这 3 000 多家美国企业，到底谁对谁错？特朗普关税对中美双方到底造成了什么影响呢？

举个例子，从 2018 年 7 月到 2019 年 6 月，美国对从中国进口的 2 500 亿美元商品大约增加了 25% 的关税，粗略计算，关税收入大概是 625 亿美元。中国对从美国进口的价值 1 100 亿美元的商品也大约加征了 25% 的关税，关税收入是 275 亿美元。

从关税收入来看，美国比中国要多 350 亿美元，难怪特朗普多次在演讲里宣称，这标志着在关税的博弈中，美国赢了，而且是赢了 300 多亿美元！

那么，特朗普说得对吗？最优关税定理告诉我们，关税的增加会对一国经济在三个方面产生影响：消费者福利、生产者福利、政府的关税收入。

以洗衣机为例。第一，美国增加洗衣机的进口关税，会使美国国内洗衣机的售价上涨，增加美国消费者购买洗衣机的成本。第二，由于洗衣机的价格提高，美国国内的洗衣机生产者的利润就有可能提高。第三，由于增加了洗衣机的关税，美国政府的关税总收入显然会增加。

所以，对于洗衣机这一种商品来说，美国政府增加关税以后，美国洗衣机生产者和政府的收入上升了，而消费者的利益受损了，所以，特朗普说美国赢得关税博弈，并不准确。关于加税产生的总体影响，关键要看这三方的损失和收益的总值哪个大。

同时，最优关税定理告诉我们，如果一个国家没有办法通过提高关税来影响世界价格、降低进口价格，那么，关税的成本就会转移给本国消费者或者进口企业。这样一来，相当于政府向消费者多收了税，那结果一定是消费者的损失要大于国内生产者收入和政府关税收入的增加，也就一定会损害总体的社会福利。

特朗普只提到了政府的关税收入，但是，对美国的消费者和生产者的影响都没有提及，所以，他的计算方式是有问题的。分析美国关税增加对美国总体福利的影响，不能只看政府关税收入增加的那 625 亿美元，关键是要看关税由谁承担，是中国的出口企业，还是美国的消费者或者进口企业。按照最优关税定理，关键点在于美国能否通过关税来影响世界价格。

美联储的经济学家玛丽·阿米蒂、普林斯顿大学教授斯蒂芬·雷丁、哥伦比亚大学教授大卫·温斯坦分析了美国 2018 年加征关税对世界市场价格及美国社会福利的影响。他们发现，加征关税之后，美国国内价格同比例地提升，但是这对世界市场价格的影响几乎是零。也就是说，美国 2018 年的加征关税没有降低世界市场价格，这是一个令人惊讶的发现。

为什么呢？一般认为，美国是大国，国内市场巨大，似乎应该有影响世界市场价格的能力。但是，这三位经济学家的研究发现，美国市场在短期内显现出来的是小国市场的特征，它影响不了世界市场价格。因此，美国加征关税的成本几乎全部转移到了本国消费者身上。

他们发现，截至 2018 年 12 月美国的几次关税提升中，有 140 亿美元的关税收入由美国消费者和进口商承担，因为中国出口商的价格没有降低，特朗普加征关税不仅没有增加美国的社会福利，而且还造成了大约 82 亿美元的无谓损失。①

更进一步地，最优关税定理告诉我们，加征关税对美国有利的前提条件是中国不报复。但是，美国增加关税之后，中国进行了同步反制（如加征了对美国大豆的进口关税），这就进一步使美国的出口企业（如农民）的利益受到了损害。

除了这三位学者，美国其他学者的大量研究都有类似的发现，即美国加征关税并没有降低从中国进口产品的价格，所以关税的成本几乎全由美国消费者、进口企业所承担。特斯拉、福特汽车等进口中国零部件的美国企业以及美国财政部长耶伦等认为特朗普加征关税降低了美国的社会福利的观点，得到了学术研究的支持。

再来看看美国增加关税对美国贸易逆差的影响。贸易平衡也就是经常账户平衡。② 中国对美国的经常账户顺差有了大幅下降，从 2017 年到 2018 年，一年之内下降了 1 460 亿美元。但是，美国的经常账户逆差不仅没有下降，反而上升了 722.3 亿美元。这是为什么呢？

---

① Amiti M, Redding S J, Weinstein D E, 2019. The Impact of the 2018 Tariffs on Prices and Welfare [J]. Journal of Economic Perspectives, 33 (4): 187 - 210.

② 经常账户的平衡包括贸易平衡和投资的利息收入。因为投资利息收入比较小，所以经常账户平衡主要就是贸易平衡。

通过数据可以看出，2018 年 8 月，美国对中国加征关税，当月中国向美国的出口减少了 8.5 亿美元。但是，同时，墨西哥向美国的出口增加了 8.5 亿美元。所以，美国从中国减少的进口几乎都转移到从墨西哥增加的进口中，出现了明显的贸易转移现象。2018 年，美国对中国的贸易逆差是显著减少了，但是对墨西哥、日本、德国等国的贸易逆差却显著增加了。从较长期来看，美国的商品贸易逆差仍在持续增加，从 2017 年的 7 993 亿美元增加到 2021 年的 10 902 亿美元，其中仅 2019 年略有缩减，其他年份均持续扩大。总体来说，与他国的贸易争端并没有改善美国的贸易逆差，反而使其有所增加。

美国加征关税能改变贸易不平衡吗？答案是否定的。为什么呢？因为美国的贸易逆差实际上就是美国从全世界借钱。特朗普上台之后大幅减税，政府收入减少，从而美国的政府收入和支出之间出现了巨大的敞口。2020 年的新冠疫情更使得美联储大量印钞，美国的政府债务达到了空前的水平。

美国利用美元的国际地位，增发美元填补美国政府收入和支出之间的敞口，这是美国贸易逆差的根本原因。只要美元的国际地位不变，美国就会薅全世界的羊毛，美国贸易逆差的基本态势就不会改变，无论中美贸易关系如何变化。

4.4.3　关税争端对贸易结构的影响

上面我们分析了关税争端对一国社会福利和贸易平衡的影响。一般来说，因为增加关税涉及消费者、生产者、政府三方的利益，既有赢家也有输家，对三方利益的净影响才是对社会福利的影响，所以，通常认为关税争端对社会福利的静态影响不大，在 GDP 的 1% 之内。但是，关税争端对生产结构、贸易结构的影响是巨大的。

一个国家加征关税，对生产和贸易结构的影响主要是所谓的"替代效应"。比如说，在美国增加从中国进口的关税之后，美国国内的生产或者从其他国家的进口会替代从中国的进口。我们通常称加征关税使进口从一个国家转移到其他国家的现象为贸易转移，而贸易转移对于贸易结构的影响有可能是巨大的。

继续举洗衣机的例子。2013 年 2 月，美国对从韩国和墨西哥进口的洗衣机征收反倾销或反补贴关税，导致这两个国家向美国出口洗衣机的数量急剧下滑。韩国洗衣机制造商为了弥补损失、降低成本，把生产基地转移到中国。两年之内，中国占美国洗衣机总进口量的份额从2011年的7%飙升到67%。但是，中国向美国出口的这些洗衣机大部分依然是韩国品牌，比如LG和三星。因此，韩国的洗衣机品牌在美国市场的份额不仅没有下滑，甚至在2012—2014年还出现了上升。美国于是在2017年正式对中国制造的洗衣机征收反倾销关税，此后，中国对美国洗衣机的出口量就大幅下滑。不过，韩国品牌的洗衣机生产基地再一次转移到越南及泰国，依然大量出口至美国。

美国通过增加贸易关税的方式，将洗衣机的进口从韩国先转移到中国，然后又转移到越南及泰国。与此同时，由于洗衣机进口价格的提高，美国国内的洗衣机价格也上升了。但是，由此推高的成本全都转嫁给了美国的消费者。

再来看大豆的贸易情况。2017年，美国和巴西是中国主要的大豆供应国。中国在2018年6月对美国大豆加征25%的关税，随后，美国对中国的大豆出口几乎下降到0。而巴西对中国的大豆出口走高，由此导致美国大豆价格下跌，而巴西的大豆价格上涨。甚至到2018年10月，在世界市场上，巴西大豆比美国大豆的价格居然高出了25%。所以，中美贸易争端严重地影响到了美国农民的利益。

以上两个关于贸易转移的例子中，关税争端使美国的洗衣机进口从韩国转移到中国，再转移到越南；使中国的大豆进口从美国转移到巴西。这些都说明关税争端有可能对一个国家的贸易结构产生巨大的影响。

在本章的最后我们总结一下，怎样理解2018年爆发的中美关税争端？其本质原因为何？有什么影响？会如何发展？

美国"301调查报告"所提出的市场准入、贸易不平衡、知识产权保护与所谓的强制技术转让、产业政策与国有企业，过去是、现在是、将来还会是表面的、带有偏见的甚至误导的原因，而中美贸易争端的本质原因是中美整体—局部、长期—短期的利益冲突。我们可以得出以下三个结论：

第一，正如美国国会在《2022年美国竞争法案》中明确表达的那样，限制中国高科技产业的市场规模，维护美国在高科技领域的世界垄断地位，有利于美国的整体利益；遏制中国高科技产业发展可以减缓中国产业升级，最大可能地保持美国全球第一大经济体的地位，这有利于美国的长期利益；对中国高科技行业的限制，可以提高美国对中国高科技出口产品的价格，使美国高科技出口企业获利，这有利于美国的短期利益。从这三方面看，美国都倾向于对中国高科技行业征收较高的进口关税。

第二，拜登政府提出了"产业安全"的概念，认为在一些重要行业，比如说半导体、大功率电池、稀土、医药与化工原料等，美国太依赖中国制造了，要求降低这些行业从中国的进口。解决的办法就是将这些行业的中国制造部分从中国转移到美国本土或者中国以外的所谓"友好"国家。关税虽然对社会福利影响不大，但是对贸易转移可能影响巨大，因此，在那些需要"产业安全"的行业，美国可能倾向于征收较高的关税。

第三，美国关税政策是利益集团博弈的结果。特朗普加征关税或许保护了美国制造业工人的利益，但是伤害了美国消费者和从中国进口零部件的美国企业。为了这些美国消费者、企业的利益，为了缓解通货膨胀的压力，美国或许不得不在一定程度上取消特朗普加征的关税。毕竟，当新冠疫情、气候变化、区域冲突等因素带来全球通货膨胀时，美国政府或许不得不向在生产成本、生活成本高涨中挣扎的企业和消费者低头？

利益的冲突是客观存在的，而利益的演变亦然。于无声处听惊雷，争端起处，或许才是答案的去处。

第 5 章
镜像策略：如何避免对抗？

　　国际争端的策略、战术是指导和实施行动的具体方法、措施，是实现目标的方案、路径。什么是中国在国际争端中的目标呢？答案很简单，就是避免对抗，争取合作。本章讨论的就是在国际争端中避免对抗、实现合作的最优方法、路径。

　　在第 3 章中，我们分析了中美关系的五个阶段，认为现在中美关系进入了第三个阶段，也就是大国竞争阶段。那么美国又是怎么理解中美竞争的呢？2018 年中美贸易争端爆发之后，时任美国总统的特朗普和国务卿迈克尔·蓬佩奥多次强调要"美国优先"和"击败中国"。2021 年拜登任美国总统之后，虽然系统性地改变了特朗普的其他国际、国内政策，但在对华关系上却全面延续了"遏制中国"的政策基调，并提出了三点意见：(1) 认为中国是美国最严峻的竞争对手，保证在其任上不让中国领先美国；(2) 为了应对中国的竞争，美国需要付出成本，比如重建基础设施的成本；(3) 确保由美国及其盟国，而不是中国来制定 21 世纪全球贸易、技术规则。

　　美国国务卿安东尼·布林肯在 2021 年先是提出所谓"合作、竞争、对抗"的三点意见：中美两国在应该竞争的地方竞争，在能够合作的领域合作，在必须对抗的领域对抗。布林肯接着在 2022 年又提出"投资、结盟、竞争"

的三点意见,即投资于美国国内产业的竞争力、创新能力与民主体制;与盟友和合作伙伴保持一致,利用区域治理体系和盟友关系对中国施压;通过投资与结盟构筑美国优势,在技术、产业、国防、地缘政治等领域与中国全面竞争。

美国国会通过的《2022年美国竞争法案》《通胀削减法案》《2022年芯片与科学法》等法案更是将"遏制中国"的口号变成系统的法律和行政政策。那么,面对美国"遏制中国"的政策,我们应该如何应对呢?

5.1 战术原则

对抗与合作的策略选择可以用博弈论模型分析。贸易争端中的对抗与合作、企业竞争中的扩张与收缩、体育竞赛中的进攻与防守、军事冲突中的战争与和平,都可以用类似的博弈模型的最优策略来分析。

我们所熟知的革命战争时期的成功经验,可以提炼成最优博弈的原则,并应用到大国竞争。

在抗日战争时期,中日是敌我矛盾,而国共是民族内部矛盾,国共两党合作抗日。然而,国民党不断制造摩擦,挑起内斗,毛泽东在如何避免国共冲突、一致团结对外方面提出过著名的16字原则;在如何赢得战争胜利方面,毛泽东也总结了8字原则,我们陈述如下:

1. 人不犯我,我不犯人;人若犯我,我必犯人。
2. 你打你的,我打我的。

现在的中美争端和国共合作时期的国共摩擦在最优策略选择上有相似之处。一方面,虽然美国政府、国会的一些人将"遏制中国"作为与中国竞争的政策基调,但我们认为,中美两国人民在世界和平与发展这个长远的、根本的目标上是一致的,就好像在抗日战争时期,国共两党在抗日这个大方向上是一致的。另一方面,美国有些人的"遏制中国"的政策,和抗战时期蒋介石的"限制异党"政策又有相似之处。因此,毛泽东提出的争取和平的16字原则——"人不犯我,我不犯人;人若犯我,我必犯人",也同样可以成为我们在中美争端之中避免对抗、争取合作的第一个战术原则。

毛泽东将自己二十多年领导革命战争并取得胜利的根本方法总结为"你打你的，我打我的"，其核心就是始终掌握战争的主动权。1965 年 3 月，他在与巴基斯坦总统阿尤布·汗谈话时指出："我们打仗的方法是，你打你的，我打我的。日本人也好，美国人也好，统统打不过我们。""打仗并没有什么神秘，打得赢就打，打不赢就走，你打你的，我打我的。什么战略战术，说来说去，无非就是这四句话。"

国家之间的经济贸易争端、企业竞争或者体育比赛，其实和军事战争很像。《孙子兵法》说过："兵无常势，水无常形，能因敌变化而取胜者，谓之神。"也就是说，取得胜利的关键，就是按照对方情况的变化而做出最优决策。"你打你的，我打我的"，不仅仅要求因敌变化而变化，而且要求牵着对手的"牛鼻子"走，创造战场主动，创造出我方的局部优势，积小胜为大胜，化被动为主动，逐步积累局部优势为整体优势，并赢得最后的胜利。所以，我们将"你打你的，我打我的"作为大国竞争的第二个战术原则。

5.2 理论模型

"人不犯我，我不犯人；人若犯我，我必犯人"可以概括为"镜像策略"，因为我方的策略看起来就像对方策略的镜像，像照镜子一样。转化成"合作—对抗"的博弈模型策略就是"你合作，我就合作；你对抗，我也对抗"。

我们把镜像策略称为向对方的承诺，那么这个博弈模型可以按三步进行分析：第一步，分析如果没有承诺（即不实行镜像策略）会有什么结果；第二步，分析如果有承诺会有什么结果；第三步，分析在前两者之间，何为最优。

5.2.1 镜像策略的博弈模型

第一步，没有承诺的情况。我们考虑两个国家，即本国和外国。外国有两个选择——合作或对抗。在没有承诺的情况下，本国也有两个选择——合作或对抗。表 5-1 描述了这个博弈矩阵，本国的合作和对抗两个策略用行来代表,外国的合作和对抗两个策略由列来代表。本国与外国的收益由矩阵内的四对数字(x, y)表示,第一个数字 x 代表本国的收益,而第二个数字 y 代表外国的收益。

表 5 - 1　博弈矩阵 1

		外国	
		合作	对抗
本国	合作	(0, 0)	(−10, 10)
	对抗	(10, −10)	(−5, −5)

我们将合作设为基准状态,当双方都选择合作时,双方收益都设为 0。当本国选择合作而外国选择对抗的时候,那么外国收益为 10,而本国收益为 −10,也就是损失 10。当本国选择对抗而外国选择合作时,本国收益是 10,而外国收益是 −10。当双方都选择对抗时,双方都受损失,但双方都受到对方的攻击而及时止损,因而双方的损失比 −10 要好一些,我们假设此时双方收益都是 −5。

据此,本国和外国的最优策略是什么呢?当本国选择合作时,收益分别是 0、−10,取决于外国选择合作或对抗:如果外国合作,本国的收益是 0;如果外国对抗,本国的收益是 −10。而当本国选择对抗的时候,收益分别是 10、−5,取决于外国选择合作或对抗。因此,对于本国而言,无论外国选择合作还是对抗,本国的最优选择都是对抗。外国的选择同样如此。也就是说,这个博弈的最优均衡就是双方都选择对抗,得到 (−5, −5) 的收益。

熟悉博弈论的读者此时应该发现了,上述"没有承诺"的博弈模型就是著名的囚徒困境[①]。虽然双方选择合作可以得到最好的结果 (0, 0),但是在非合作的环境下,双方的最优选择都是对抗,并得到一个坏的结果 (−5, −5)。理由实际上很简单:如果一方选择合作,另一方一定会违背约定,选择对抗,从而得到 10 的高收益。为了防止对方违约给自己带来巨大损失,双方的最优选择都是对抗,因而对抗不可避免,合作共赢无法实现。

[①] 指两个被捕囚徒之间的一种特殊博弈,说明在非合作的环境下,个人的最优选择无法实现团体的最优选择。

为了打破囚徒困境，本国只能选择承诺"你合作，我就合作；你对抗，我也对抗"。

第二步，有承诺的情况。我们假设一旦宣布承诺，就要信守承诺。如果违反承诺，会有违反信用的惩罚成本，它可以是本国因为信用丧失而带来的直接社会成本，也可以是本国不遵守承诺造成的负外部性带来的间接成本。我们假设本国违反承诺的惩罚成本是 -15。

在本国承诺"你合作，我就合作；你对抗，我也对抗"的情况下，外国还是有两个选择：合作和对抗。本国的选择变成"信守承诺"和"违反承诺"，表5-2描述了这个博弈矩阵。

表 5-2 博弈矩阵 2

本国 \ 外国	合作	对抗
信守承诺	(0, 0)	(−5, −5)
违反承诺	(−5, −10)	(−25, 10)

当本国选择"信守承诺"时，外国合作，本国也合作，由表5-1可知，双方的收益是 (0, 0)；外国对抗，本国也对抗，由表5-1可知，双方的收益是 (−5, −5)。当本国选择"违反承诺"时，外国合作，本国对抗，此时外国的收益是−10，本国的收益变成10，加上惩罚成本−15，总共是−5；外国对抗，本国合作，此时外国的收益是10，本国的收益是−10，加上惩罚成本−15，总共是−25。

在本国可以承诺的情形下，双方的最优策略是什么呢？先考虑本国的收益，比较表5-2收益矩阵的第一行与第二行。当本国选择"信守承诺"的时候，收益分别是0、−5，取决于外国选择合作或对抗；而当本国选择"违反承诺"的时候，收益分别是−5、−25，取决于外国选择合作或对抗。因此无论对方选择合作或对抗，本国的最优选择都是"信守承诺"。而在本国选择最优策略"信守承诺"的情形下，外国选择合作的收益是0，而选择对抗的收益是−5，所以合作是外国的最优选择。综上所述，本国选择"信守承诺"，外国选择合作，也就是说，双方都选择合作是这个博弈模型的最优均衡策略。

熟悉博弈论的读者应该发现,"信守承诺/合作"是在有承诺情形下双方的纳什均衡①。

第三步,在"无承诺"和"承诺"之间的策略选择可以用图 5-1 表示。

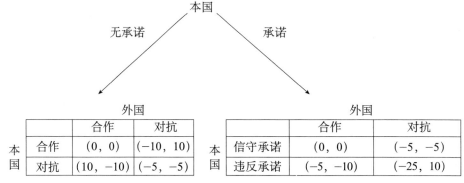

图 5-1 策略选择

如果本国选择"无承诺",进入"无承诺"子博弈模型,则双方陷入囚徒困境,最优策略是"对抗/对抗",得到均衡收益(−5,−5)。如果本国选择"承诺",进入"承诺"子博弈模型,则双方的纳什均衡是"信守承诺/合作",得到收益(0,0)。所以本国的最优选择是"承诺",从而得到收益 0。综上所述,承诺"你合作,我就合作;你对抗,我也对抗",成功地避免了双方都选择"对抗"的坏结果,实现了合作。

5.2.2 利益结构不对称

最优策略是由博弈双方的利益决定的,我国的利益就是人民的利益。但是对方的利益是谁的利益呢?答案是对方不同利益集团的利益。

中国的贸易政策是由中央政府制定的,代表中国人民的最大利益;而欧美的贸易政策是由参议员、众议员、政客在推动。议员、政客代表着不同的利益集团,不同的行业工会、地方、党派、企业,哪个利益集团给的政治捐款多,他们当然就会帮着这个利益集团说话。不同利益集团可能是冲突的,

---

① 纳什均衡是非合作博弈的一种基本均衡。如果任意一位参与者在其他所有参与者选择了均衡策略的情况下,其选择的策略是最优的,那么这个策略组合就被定义为纳什均衡。

比如工人利益与资本家利益、进口行业利益与出口行业利益；美国各个州的利益、欧盟各个国家的利益、日本各个党派的利益也有可能是相互冲突的。因此，它们整体、长期与局部、短期利益之间就有可能是相互冲突的，这样就给中国的策略选择带来了充分的空间与周旋余地。

中、美、欧的根本利益冲突在于世界秩序的变革。中国的复兴、发展符合世界发展的潮流，所以，一方面，中、美、欧人民在中国复兴、新世界建设这个根本的、长远的利益上是一致的。但是，另一方面，中国复兴将结束美、欧几百年来对世界的统治。重建世界秩序，当然会触动美、欧一部分念念不忘统治世界的利益集团的"奶酪"，也必然产生和这些利益集团的矛盾冲突。但即使是这些利益集团，他们的长期—短期利益、整体—局部利益也是矛盾的：他们的长期、整体利益支持世界发展、中国复兴，而他们的短期、局部利益可能反对中国复兴。

镜像策略，就要求最大可能地团结一切可以团结的力量，团结利益一致的集团，争取中间集团，打击采取对抗措施的集团，争取合作、避免对抗。

5.3 实例分析一：中欧光伏/葡萄酒关税争端

我们来看一个镜像策略的成功例子——中欧光伏/葡萄酒关税争端。2012年开始，欧洲要求对从中国进口的光伏产品征收惩罚性关税。中国的光伏产品大量出口到欧洲本来对欧洲的消费者是一件好事。但是，欧洲的光伏生产厂商觉得中国冲击了他们自己的市场，于是就去游说欧盟各个国家的政府，进而游说欧盟，要求对中国的光伏产品增加惩罚性关税。2013 年，欧盟发起对中国光伏产品的反倾销调查，威胁将对中国出口的光伏产品加征 47.6% 的关税。

中国怎么办？我们也去限制欧洲对中国出口的光伏产品吗？这个不太容易做到，为什么呢？欧洲基本没有光伏产品出口到中国。这个时候我们的镜像策略应该怎么应用呢？

所谓的"你合作，我就合作；你对抗，我也对抗"，不一定是同一个产品的绑定。"你打你的，我打我的"，你选择对抗我的光伏产品出口，我不一定也要对抗你的光伏产品出口，我可以对抗你的其他产品的出口。我们发现，当时中国商务部几乎在同时发起了对欧洲葡萄酒进口的反倾销调查。尽管中国不从欧洲进口光伏产品，但是大量进口葡萄酒。中国对欧洲葡萄酒的反倾销，虽然不会影响欧洲的光伏生产厂商，但是可以通过影响葡萄酒厂商影响欧洲的议员、政客。议员、政客从光伏生产商那里接受捐款，也从葡萄酒生产商那里接受捐款。

从中欧贸易争端的解决过程来看，我们发现，当欧盟调查中国的光伏产品时，中国就调查欧盟的葡萄酒；当欧盟停止调查中国的光伏产品时，中国也就停止调查欧盟的葡萄酒。从事后来看，中国的策略就像欧盟策略的一个镜像。中欧的光伏和葡萄酒关税争端前后持续了五六年，双方步骤基本上都是一致的。最后，光伏产品和葡萄酒的关税都回归正常。从发生的过程来看，这可以看成中国成功地应用镜像策略来制止关税争端的一个例子。

5.4 实例分析二：美国对跨国公司的长臂管辖

中欧光伏/葡萄酒关税争端是中国运用镜像策略制止关税争端的一个成功案例。然而，中美贸易争端却实际发生了，中美双方不仅在数千亿的进出口产品上展开关税争端，而且贸易争端还延伸到技术、金融、全球治理等诸多纵深领域。镜像策略为什么没有能阻止中美贸易争端？在这一节，我们集中分析中美争端的另一个重要领域，即美国对跨国公司的长臂管辖，并以此为例，探讨如何在更为复杂的中美贸易争端中应用镜像策略。

国际贸易与金融活动包括产品与服务的进出口贸易、跨国投资和跨国的金融资本流动。中美在贸易与金融方面的争端，除了上一章所讨论的关税争端，还有对境外跨国公司的直接监管和制裁。什么样的国家能够对跨国公司进行有效的监管与制裁呢？当然是具有全球主导性的国家，主要就是美国。美国对跨国公司的监管与制裁就是所谓的长臂管辖。

我们最熟悉的美国长臂管辖就是美国对华为的制裁。2019年5月15日，美国总统特朗普签署行政命令，宣布美国进入国家紧急状态。随后，美国商务部工业与安全局将华为及其附属公司列入所谓的实体清单①,这就意味着华为的通信产品无法在美国销售,同时也禁止美国企业向华为提供零部件,比如芯片、操作系统。2020年9月15日,美国商务部更对华为实行极限禁运,美国境外的公司利用美国软件进行的技术设计、利用美国部件生产的产品出口到华为和关联公司,都需要美国商务部批准。这实际上禁止了所有跨国公司对华为软件和零部件的出口。同时,美国政府几乎是全体出动,不仅要求美国的同盟国,而且也要求世界上其他国家,停止购买华为的5G产品,在全球范围内封杀华为。

美国为什么要打击华为呢?华为在美国的极限打压之下前景如何呢?

华为公司创立于1987年,经过30多年的发展,成为全球领先的通信技术公司,主要致力于信息与通信基础设施和智能终端产业。目前,华为是全球最大的专利持有企业之一,投入5G研究超过10年,在5G方面比同行至少领先12~18个月。2019年华为超过苹果,成为全球第二大智能手机的销售商,仅次于三星。

关于打击华为的原因,时任美国总统特朗普说得非常清楚:华为在5G技术上是全球领先的公司,中国是美国在人工智能领域最大的竞争对手,美国为了保持在通信技术领域的垄断地位,绝不能在5G的竞争中落后。所以,美国一方面加大对本国通信技术和服务市场的开发,另一方面竭尽全力打击华为。因此,美国打击华为是从自身的长期与整体利益出发,是为了保持美国在全球通信技术,尤其是5G行业中的垄断地位。

根据美国历史数据来测算,技术进步对美国经济增长贡献了大约三分之二。美国高科技产业的增加值占美国GDP总值的39%,其中信息技术相关产业的增加值虽然仅占同期美国GDP总值的1.7%,但是对经济增长贡献了7.6%,对生产力的提升贡献了32.8%。因此,信息技术相关产业对美国经济的长期增长至关重要。

按照我们的分析框架,从垄断利润原理与分工固化的增长陷阱原理来看,

---

① 实体清单是美国出口管制的"黑名单",被列入实体清单的企业需要获得美国商务部颁发的许可证,才能购买美国技术。

打击华为有利于保持美国在全球高科技领域的垄断地位，因而符合美国的整体利益；有利于推动美国的高科技产业升级、遏制中国的高科技产业升级，从而加快美国相对于中国的长期经济增长，因而符合美国的长期利益。从希克斯定理来看，美国可以通过打压华为在世界市场的出口价格，提高美国高科技企业产品在世界市场的出口价格，改善美国的贸易条件，因而符合美国的短期利益。从局部利益来看，一方面，美国打击华为帮助了美国的半导体生产企业；但另一方面，打击华为损害了美国那些使用华为通信设备的消费者，损害了美国的华为设备供应商。

回到中欧光伏/葡萄酒关税争端的例子，欧盟对中国光伏产品的贸易争端主要受欧洲光伏生产商的局部利益驱动，当我们找到欧洲葡萄酒生产商这样另一个欧洲局部利益的杠杆时，利用镜像策略比较容易制止贸易争端扩大。但是，华为公司在通信技术上的卓越发展触动了美国保持高科技领域垄断地位这一极其敏感的神经，影响了美国的长期、整体利益。这个时候，仅仅寻找局部利益的杠杆（比如说美国的华为设备供应商）来阻止美国对华为的打击，就远远不够了。

5.4.1 美国政府如何实施长臂管辖

美国政府是怎样对华为等中国企业实施长臂管辖的呢？

第一步，限制政府采购。通过所谓的《国防授权法案》，禁止美国政府采购华为的产品。

第二步，全面禁售。通过把华为列入实体清单，禁止华为产品在美国市场上销售，同时限制美国企业向华为出口关键零部件，比如芯片、操作系统。美国甚至搞极限禁售，不仅美国企业，凡是用美国技术、零部件生产的外国企业，也不能向华为出口。

第三步，行政如果还不能奏效的话，就要通过司法程序了。比如，美国在加拿大拘押了华为的副董事长孟晚舟，对华为的高管进行打击。不仅如此，美国政府还几乎动用了举国之力，美国的政府官员，比如时任美国国务卿蓬佩奥，到每个国家都会游说该国不要使用华为的产品，在全球市场封杀华为。

结果如何呢？美国对华为的打击遭到了华为的顽强抵抗。但是，我们绝

第 5 章 镜像策略：如何避免对抗？

不能低估美国保护高科技领域的力度和手段。需要指出的是，华为的顽强抵抗是美国对境外企业长臂管辖仅有的例外。

就在华为之前，美国对中国中兴公司的打击导致中兴公司的生产经营活动一度处于休克状态。中兴公司创立于 1985 年，是中国第二大通信设备公司，仅次于华为。由于中兴公司的关键零部件（比如芯片）完全依赖从美国进口，一旦美国宣布禁运，中兴公司的生产就会休克。后来经过两国的磋商，美国对中兴公司开出了 14 亿美元的巨额罚单，而且还派出监管人员监督中兴公司的高层改组与战略调整。美国对于中兴公司的罚款前后两次加在一起是 25.9 亿美元，超过了中兴公司在过去 30 年净利润总和的 80%。

我们可以明确地看到，当某个企业的发展对美国的技术垄断产生威胁的时候，企业所面临的挑战就不再单纯地来自商业领域了，美国会动用政府的力量，对企业实施严厉的打击。

美国的长臂管辖是不是专门针对中国企业呢？事实上不是。美国多次使用长臂管辖，对境外企业进行打击，对美国的盟国，比如德国、法国、英国、日本的公司也毫不手软。其中非常著名的就是美国对法国阿尔斯通公司的长臂管辖。

法国的阿尔斯通公司是世界上领先的基础设施设备提供商，自 20 世纪 50 年代以来，一直是法国高科技的象征。阿尔斯通的业务涉及能源、输配电、运输、工业设计、船舶设备等领域，业务遍及全国 70 多个国家和地区。从 2010 年起，美国司法部一直在调查阿尔斯通对印度尼西亚政府官员的行贿事件，认为阿尔斯通公司违反了美国的《反海外腐败法》。2013 年 4 月 14 日，阿尔斯通公司的前高管皮耶鲁齐在纽约的肯尼迪机场被捕，5 年之后的 2018 年，皮耶鲁齐才出狱。出狱之后，他写了一本书，书名叫《美国陷阱》。[①]

在这本书中，他宣称自己在印度尼西亚的这起腐败案件中一分钱也没有拿，并且认为这件事是公司行为，他不应该被逮捕。但是，美国当局把他关进监狱，过了 5 年才释放。他认为，对他的逮捕是彻头彻尾的敲诈，目的是帮助阿尔斯通的竞争对手美国通用电气公司打击阿尔斯通公司。美国司法部

---

① 皮耶鲁齐，阿伦，2019. 美国陷阱 [M]. 法意，译，北京：中信出版集团.

前后逮捕了阿尔斯通的三位高管，一直到阿尔斯通支付了 7.72 亿美元的罚金，并将公司出售给通用电气公司之后，皮耶鲁齐才被释放。

近 20 年来，美国为了维护自身在全球经济上的超级大国地位，一直勒索欧洲公司，德国、法国、英国、日本等国的最大公司相继被定罪，数百亿美元的罚款进了美国的国库。

全球哪些企业是在美国的长臂管辖范围之内呢？举个例子，2011 年，美国证券交易委员会和司法部联合向匈牙利电信公司开了一张数百万美元的罚单，主要是惩罚它在马其顿和黑山市场上的贪污行为。可是，匈牙利电信公司在马其顿和黑山市场上的贪污行为和美国有什么关系？这起案件和美国本土没有任何关联，匈牙利电信公司也和美国没有任何业务来往，美国凭什么对它进行长臂管辖？美国司法部的"理由"是，匈牙利电信公司被捕的高管使用了在美国有服务器的电子邮箱，发送了一封承认贪污行为的邮件，所以，美国有权管理。

这就意味着，只要使用了在美国有服务器的电子邮箱，美国司法部就可以摧毁一个企业。美国采取长臂管辖，不仅可以打击挑战美国垄断地位的外国企业，还有巨额的罚款进入美国司法部门利益集团的腰包。更加复杂的是，美国的长臂管辖已经使美国司法部门的利益集团通过对海外公司进行打击，形成了一个完整的利益链条，巨额罚款被合法化并且由利益集团瓜分。这种行为使美国司法系统对境外企业的打击变得贪婪、残酷，而且不择手段。

5.4.2 美国为什么能够监管全球的跨国企业

美国的国内法怎么能监管全球几乎所有的跨国企业呢？从上面的几个例子我们可以看到，美国之所以能够用国内法对全球的跨国企业进行监管，主要是利用了几个方面的优势地位。

第一，有巨大的美国市场作为后盾。如果境外企业受到惩罚，就有可能被踢出美国市场。比如说华为、中兴的产品都被禁止在美国市场上销售。第二次世界大战之后，美国市场一直是全球最大、最前沿的市场。一家中等规模以上的跨国企业，一旦被踢出美国市场，不仅会在利润上遭受巨大的损失，而且很难继续保持在全球市场的竞争力。

第二，美国在全球高科技领域的垄断地位。受到惩罚的企业有可能被禁售生产所需的关键零部件，比如华为、中兴，它们的美国供应商都被禁止向这两家公司销售零部件。绝大部分跨国企业，尤其是跨国的高科技企业，总有一些关键零部件是由美国企业提供的。一旦遭到禁售，像中兴，就会立刻陷入休克状态。

第三，美国司法部门具有在全球的执法能力。由于美国长期在全球政治、经济、贸易中居于主导地位，大部分国家和美国都有司法合作，这使得美国司法部门在全球有着广泛的影响力和协作执法能力。

第四，美国在全球信息情报领域的主导地位。美国利用在全球通信、互联网的垄断地位，对全球的跨国公司进行有效监控。

第五，美国在全球金融市场的垄断地位。美国最严厉的制裁是通过美元在跨境支付中的垄断地位，禁止外国企业在美元体系里的跨境支付。

面对这五重打压，绝大部分境外企业一旦被美国司法部门盯上，就很难反抗，只有交钱认罚。被美国长臂管辖的跨国企业都有一段血泪史。其他国家在反抗美国的长臂管辖、保护本国的利益方面，尽管都有各自的策略，但是效果甚微。加拿大、墨西哥、欧盟，都有相应的法律对抗美国的长臂管辖。比如欧盟在1996年就通过了"阻断法令"，严禁本国国民屈服于美国法律的命令，要求本国国民和企业忽视美国的审判决策和结果，并实施反制措施。

但是，这些反抗大多是字面上的。二十多年来，尽管遭到其他国家的反对，美国依旧顽强地推进对境外企业的长臂管辖。美国的《反海外腐败法》被成功地推向了全球，世界上绝大部分的经济主体都加入了美国的反腐败体系。联合国于2003年通过的《联合国反腐败公约》，基本上是美国《反海外腐败法》的翻版，目前签约国已经达到一百七十多个。这个公约允许跨国执法，而有能力在海外执法的只有美国。虽然"阻断法令"禁止欧盟国家遵守美国的《出口管制条例》对伊朗的制裁，但是，绝大部分欧洲企业还是遵守了美国对伊朗的制裁。目前，欧盟和伊朗的贸易基本上是实物贸易，无法使用以美元为主的贸易结算体系。

美国的长臂管辖能否受到有效抵抗呢？美国过去惩罚德国、英国、法国、日本的跨国企业，基本上没有遇到有实质意义的抵抗。一直到华为，美国才遇到了顽强的抵抗。在美国断供不到半年，华为就宣布生产并出售完全没有美国零部件的 5G 产品，安装华为自己的芯片、操作系统的手机也已经上市了。2019 年，华为的销售收入为 8 588 亿元，同比增长 19.1%；净利润为 627 亿元，同比增长 5.6%。

2019 年，美国没能让华为屈服；2020 年，美国的第二棒、第三棒不得不又打下来。按照任正非的说法，美国打第一棒，华为还认为是合规的问题；美国接着又打第二棒、第三棒，华为终于认识到美国是要把自己打死。中国人民也认识到美国是要全面遏制中国的高科技企业。华为为了生存，要顽强抵抗。中国为了发展，也会全力以赴发展自己的高科技产业。2020 年年底，华为断臂求生，卖掉"荣耀"的手机业务；2021 年华为成立五大军团，2022 年华为又成立十大军团，在美国的极限打压下不断开拓新的业务。

2023 年 9 月，华为发布 Mate 60 Pro 和华为 Mate 60。随着华为新手机的发行，2023 年华为销量同比涨幅高达 84%，出货量重回全球前十、中国市场前五。这意味着出口管制并没有完全限制住中国的技术进步，而是倒逼中国企业实现自主创新。

美国不仅长臂管辖华为，也将大疆、中芯国际以及中国各个行业的高科技领头企业列入出口管制的实体清单。到 2023 年，美国出口管制的实体清单已经有 765 家中国高科技企业，涉及数字通信、芯片制造、生物医药、计算机科学等高精尖行业，但是目前所有这些中国高科技企业不仅顽强地活着，而且绝大部分经营良好。

为应对欧美的长臂管辖和制裁措施，中国商务部在行政规章层面迅速出台了《不可靠实体清单规定》和《阻断外国法律与措施不当域外适用办法》，作为初步的反制裁措施。2021 年 6 月 10 日，全国人民代表大会常务委员会表决通过了《中华人民共和国反外国制裁法》。该法反击外国政府的政治性、歧视性制裁措施，是中国反制裁、反干涉、反制长臂管辖、维护国家利益的有力举措。

比较中欧光伏/葡萄酒关税争端和美国对华为等中国高科技企业的长臂管辖，我们发现，美国对于中国高科技企业的遏制，已经不仅仅在于局部利益冲突的战术层面，而且涉及中美在高科技领域的全面竞争，关系到中美双方的长期、整体利益之争。中欧光伏/葡萄酒关税争端,按照"你合作,我就合作;你对抗,我也对抗"的镜像策略,在战术层面是能够避免对抗,实现合作的。但是,美国对中国高科技企业的遏制,是双方战略的竞争,关乎世界秩序的变革,不仅需要战术策略的选择,更重要的是战略方向的制定与实力的竞争。

从下章开始,我们进行大国竞争的战略方向的讨论,首先在第6、7、8章介绍全球经济基础与上层建筑的结构变化与矛盾冲突。

第6章
三足鼎立：全球价值链的结构变化

6.1 世纪之交的问题

让我再把时光拉回到 1999 年 12 月 31 日下午，太平洋东岸的美国中部，俄克拉何马大学所在的诺曼市，我居住的老房子的后院。我搬了把椅子，坐在后院的胡桃树下，脚下是满地金黄的落叶，午后的斜阳照着挂满树枝的胡桃。学校放假了，邻居都各自在家里准备过新年夜，小区里静悄悄的，只有偶尔传来狗的叫声，风、阳光似乎都静止了。电视里北京庆祝新世纪的礼炮声、欢呼声在我这个还留在旧世纪的后院冲击、回荡。美国社会一直在鼓噪的 1999 年人类大灾难、世界毁灭，看来是不会来了。大概我还来得及把树上的胡桃打下来，明天烤上胡桃蛋糕，庆祝新世纪的到来。一想到烤胡桃的美味，我禁不住嘴角上扬，但思绪却透过胡桃树，飘上蓝天、冲向遥远的宇宙：未来大灾难还会来吗？世界秩序会如何演变？人类能实现永久和平吗？什么样的世界秩序能实现人类的永久和平呢？

我眺望着遥远的、蔚蓝的天空，忽然从脑海的四面八方、绵绵不断地涌来声音：三足鼎立，三足鼎立，三足鼎立……三足鼎立意味着大国之间互相

第6章 三足鼎立：全球价值链的结构变化

竞争、制约、合作达到均衡，从而支撑世界的永久和平，这是一个简单的逻辑，并不深奥。问题是，几千年来的人类历史一直充满着血腥的战争，新千年有什么特别之处，会使得人类停止相互绞杀、争斗，走向和平，而不是战争、混乱、灾难甚至毁灭呢？

太阳快落山了，我走出院子。小区前面是一大片草地，向西望去，旧世纪最后的晚霞映红了俄克拉荷马州的大草原。草地上的石油钻探机（俗称"磕头机"）的大锤头上下摆动，锤头摆到上方的时候被晚霞照成红色，摆下来的时候又变成草地的黄色，仿佛在天地之间不断切换。草地上三三两两的奶牛悠闲地甩着尾巴，那尾巴也在晚霞的映照下变换着颜色，甩上去的时候被晚霞照成红色，甩下来的时候又被草地映成黄色。

我决定写一篇展望新千年的文章来回答这些问题。为方便起见，我将新千年称为"新世界"，之前的历史用"旧世界"来代表。首先要回答的问题是，新世界和旧世界有什么本质不同，新世界的人类会停止相互绞杀，走向和平吗？

新世界最典型的特征是创新驱动，而创新是由知识、技术、人力资本等创新性资源所推动的。那么知识又是从什么地方来的呢？知识是从想法来的。芝加哥大学的诺贝尔经济学奖获得者卢卡斯教授将想法描述成"想法云"，云从天上来，就像我头顶不断变幻着的晚霞。而决定旧世界发展的是物质资本——土地、机器、牲畜，比如我面前的草地、磕头机、奶牛。

那么知识和土地又有什么区别呢？知识是公共品，一个人拥有了"1+1=2"这样的知识，并不妨碍其他人也拥有同样的知识；而土地是私有品，一个人占有了我前面的草地，其他人就不能占有了。旧世界的战争、杀戮最重要的原因之一就是争夺土地。新世界无限的"想法云"，本质上要求人们合作，共同创造知识，推动经济发展；旧世界有限的土地，本质上带来占有与剥夺、斗争与战争，这就是新旧世界的本质区别，简直是天壤之别！

在一个充斥着占有与剥夺、斗争与战争的旧世界中，必然是赢者为王，世界秩序也必然是国强必霸。而一个知识创新的新世界的生存法则，难道不是合作、学习与共享吗？新世界的秩序难道不是由人力资本的分布所决定的吗？人力资本，也就是大专以上的受教育人口，难道不是天然地分散在全球、而不是只集中在少数霸权国家吗？所以，新世界的治理体系应该是一个多极体系，而一个稳定的多极体系至少需要三个大国（经济体）来支撑。欧元已经在 1999 年 1 月 1 日发行，经历了两次世界大战之后，欧洲在一体化的道路上迈出了实质性的步伐。美国不甘落后，也和加拿大、墨西哥建立了北美自由贸易区。欧洲、北美无疑是两大主要经济体，那世界的第三极在哪儿呢？亚洲，一定在亚洲！

1991 年苏联解体之后，美国在全球的主导地位如日中天。约翰斯·霍普金斯大学政治学教授弗朗西斯·福山出版了他著名的《历史的终结与最后的人》，宣称意识形态的演化到美式自由民主的阶段已形成了稳定的社会均衡。随着生产外包、全球化、全球价值链的发展，美国主导的世界秩序将在相当长一段时间内保持稳定。稳定多久呢？是一万年、一千年，还是十年？新世界到底是稳定于"已经终结了历史"的美国主导的全球经济结构，还是会向三足鼎立、多元竞争的结构演变？简而言之，新世界秩序是继续霸权迭代的历史循环，还是进入竞争共存的崭新范式？

6.2 全球价值链的概念

世界秩序是全球上层建筑的核心内容。我们都知道，"经济基础决定上层建筑"，而且，上层建筑的改变通常滞后于经济基础的改变。追本溯源，想要知道全球上层建筑的变革方向，我们先要探究全球经济基础的变革方向。

什么是全球经济基础呢？在一个全球网络化时代，全球经济基础就是全球生产、消费、贸易（流通）网络，通常被称为全球价值链（或供应链）。而上层建筑则是建立在这一基础上的国际货币体系与全球治理体系以及其中蕴含的国家之间的结构关系。

在分析全球价值链的结构变化之前，我们先对全球价值链的概念做一个简单的介绍。

以面包生产为例，比如说，小麦在美国生产，面粉在中国加工，面包在俄罗斯烤制出来，然后被运送到各地进行销售。这种分布在全球，彼此上下游相连的,从产品研发、零部件制造、组装、营销零售到最终实现产品价值的整个过程,就是全球价值链。通过全球价值链的运作,这个面包作为最终产品,实现了价值的创造和流动。

需要说明的是,全球价值链,也称供应链或者全球生产网络。经济学家一般用全球价值链这个名称,因为它更加强调价值的创造、流动与实现;而管理、工程领域的研究人员从生产的步骤与过程及其地理分布角度出发,常常使用供应链和生产网络这两个名称。

全球价值链有一个重要特征,叫作"微笑曲线"(见图6-1),它解释了全球价值链的各个部分对产品价值的贡献度。

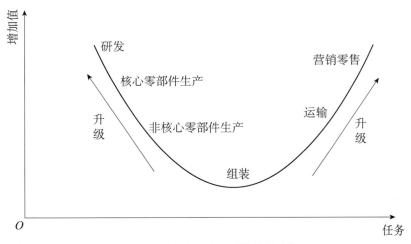

图 6-1 全球价值链"微笑曲线"

图 6-1 从左到右地列出了全球价值链上下游的各个中间生产环节,最左边的是研发,然后是核心零部件生产,再后是非核心零部件生产,之后依次是组装、运输、营销零售。

我们可以看到,最左边的研发、核心零部件生产,和最右边的营销零售,往往占据了最高的增加值;而中间的非核心零部件生产、组装、运输的增加值就比较低。

一般而言,每个产品的全球价值链都有一个核心跨国企业,它往往控制着图 6-1 中最左边的研发、核心零部件生产和最右边的营销零售这些高增加值生产环节。而相对增加值较低的生产环节,如非核心零部件生产、组装、运输等，则在全球外包生产。

以苹果手机为例，一部苹果手机有 1 000 多个零部件，分布在全球大约 200 家企业进行生产。在 2017 年以前，苹果手机主要由中国的富士康公司组装。但是，每装配一台 iPhone，富士康公司的增加值只有 6.5 美元，只占整个 iPhone 3G 手机价值的 3.6%。

到了 2018 年的 iPhone X，苹果手机的研发、营销零售都由苹果公司控制；手机的核心零部件，也就是处理器，由苹果公司生产；它的动态存储器是高通公司的，NAND 闪存是韩国三星公司的，摄像头是日本索尼公司的。除了富士康依然组装苹果手机，电池、扬声器、部分摄像头、外壳等非核心零部件，甚至一些核心零部件，都开始由中国公司生产。中国公司对 iPhone X 贡献的增加值已经达到 53 美元，大约是手机总价值的 13%。

从苹果手机的例子我们就能看出来，一部分商品的生产已经实现了高度全球化，全球价值链就像一张遍布全世界各地的网络，实现着无缝的连接和协作。那么这样一张网络到底是什么样的结构呢？

6.3 三足鼎立的全球价值链结构

我们从全球贸易结构、全球生产结构以及全球消费结构三个方面分析全球价值链结构的变化。通过分析这三种结构变化，我们可以看清全球经济基础在 21 世纪以来的结构变化。

6.3.1 全球贸易的结构变化

我们先分析全球贸易的结构变化。看两个时间点，一个是世纪之交的 2000 年，一个是中美贸易争端爆发之初的 2019 年。这 19 年间，全球贸易结构发生了什么样的演变？为了将全球贸易结构可视化，我们画出了如图 6-2 和图 6-3 所示的贸易网络图。在图中，各国与其最大的贸易伙伴相连。箭头所指的国家，即为该国最大的贸易伙伴。如何寻找中国最大的贸易伙伴呢？计算公式如下：

第6章 三足鼎立：全球价值链的结构变化

$$\frac{\text{中国对某国的}}{\text{贸易依赖度}} = \frac{\text{中国从某国进口额} + \text{中国对某国出口额}}{\text{中国进口总额} + \text{中国出口总额}}$$

中国对某国的贸易依赖度由一个分数来计算，分母是中国的进出口总额，分子是中国从某国的进出口额。对中国所有的贸易伙伴进行一个排序，依赖度最高的就是中国最大的贸易伙伴。在样本选取上，我们选取了全球贸易总额前60的国家，再加上东亚和东南亚所有的国家。在2000年，有66个国家；在2019年，有67个国家。样本国家的贸易总额占全球贸易总额的90%以上，具有很强的代表性。

首先看图6-2所示的2000年全球贸易网络。以中国（CHN）为例，有一条线将中国和美国（USA）相连，并且箭头的指向为美国，这表明美国是中国最大的贸易伙伴。美国（USA）和加拿大（CAN）由一个双箭头的直线相连，说明美国与加拿大互为最大的贸易伙伴。从图6-2中可以看出，全球贸易形成了四个集团。第一个是欧洲，第二个是亚洲，第三个是美洲，第四个是其他国家。

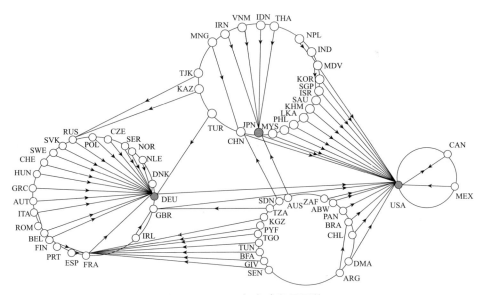

图6-2 2000年全球贸易网络

从图6-2中可以看出，几乎所有的欧洲国家，如法国（FRA）、意大利（ITA），箭头的指向都是德国（DEU）。我们得出第一个结论，即相对于其他地区而言，欧洲国家最大的贸易伙伴基本都是德国，而且欧洲区域箭头指向其他区域的情况比其他地区更少。因此在 2000 年，欧洲的贸易相对来说比较内向、区域化。当然也有例外，如英国（GBR）的最大贸易伙伴是美国，德国的最大贸易伙伴是美国。从亚洲来看，一些亚洲国家，比如泰国（THA）、印度尼西亚（IDN）等，最大的贸易伙伴是日本（JPN）。但是，亚洲更多国家的最大贸易伙伴都是美国，如日本、中国、新加坡（SGP）等。与此同时，在美洲，加拿大和墨西哥（MEX）都以美国为最大的贸易伙伴。世界其他地区的国家，比如智利（CHL）、巴西（BRA）的箭头也是指向美国。

从图 6-2 中可以发现，2000 年的全球贸易网络大致分成两个团体。在欧洲，德国为贸易核心国；在亚太地区，美国为贸易核心国。在亚洲地区，日本是一个次要的核心国家，但是不像德国那么强有力，因为美国是更多亚洲国家最大的贸易伙伴。可以说，2000 年全球贸易呈现以美国为核心的亚太区块和以德国为核心的欧洲区块的两极结构。更进一步地，欧洲的核心国家德国和亚洲的核心国家日本都以美国为最大贸易伙伴，而且美国在德国、日本都有军事基地。所以在 2000 年，可以说，美国是全球贸易的核心国家。

那么 19 年以后，到了 2019 年，也就是中美贸易争端之初，全球贸易网络发生了什么变化呢？图 6-3 描述了 2019 年的全球贸易格局。

与 2000 年相比，欧洲没有发生显著变化。大部分欧洲国家还是以德国为最大贸易伙伴。但是欧洲核心国家德国的最大贸易伙伴由美国变成了中国。亚洲则发生了巨大变化。几乎所有亚洲国家的箭头都指向了中国，中国取代了日本和美国在亚洲的位置，成为大部分亚洲国家的最大贸易伙伴。世界其他地区的国家，如智利、巴西、埃及（EGY）等，其箭头也都指向了中国。在美洲，墨西哥、加拿大的箭头还是指向美国。

将图 6-2 和图 6-3 作比较，可以得出结论：全球贸易网络发生了结构性变化，由以美国为主导的贸易格局演变成以美国为核心的美洲贸易网络、以中国为核心的亚洲贸易网络、以德国为核心的欧洲贸易网络三足鼎立的贸易格局。

一个在世纪之交时似乎"终结了意识形态的进化历史"的由美国主导的

第6章 三足鼎立：全球价值链的结构变化

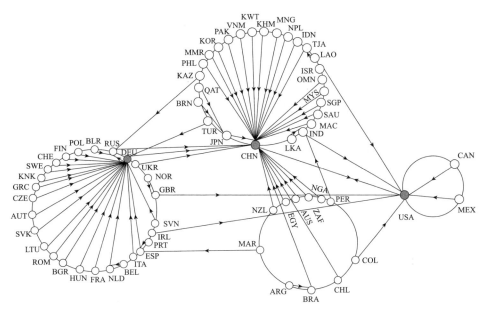

图 6-3　2019 年全球贸易网络

全球贸易格局，在进入新世纪仅仅 19 年之后，就从美国主导变革为美、中、德三足鼎立的格局。事实胜于雄辩，一个据说将会"万岁"的世界秩序之经济基础的结构，居然仅仅在 19 年之后就改弦更张了。

6.3.2　全球生产与消费的结构变化

接下来分析全球生产网络。基于跨国投入产出表，利用全球价值链网络中的生产分解方法，我们可以计算出一国生产中对其他各个国家增加值的利用程度，对各国 GDP 中每单位增加值的最初来源地、最终购买地进行识别。对中国而言，类似地，中国的零部件依赖度＝中国对某国零部件的进出口额/中国零部件进出口总额。我们可以用数据分析零部件依赖度的大小，依赖度最高的就是中国最大的海外零部件依赖国。图 6-4、图 6-5 分别展示了 2000 年和 2019 年的全球生产网络。箭头所指代表着一个国家最大的海外零部件依赖国。比如说，中国的箭头指向美国，说明美国是中国最大的海外零部件依赖国。

数据表明，在 2000 年，德国是欧洲大部分国家最大的零部件依赖国，日

大国竞争与世界秩序重构

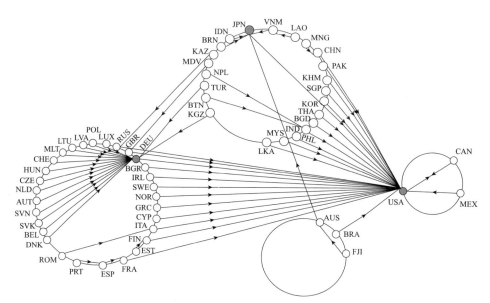

图 6-4　2000 年全球生产网络

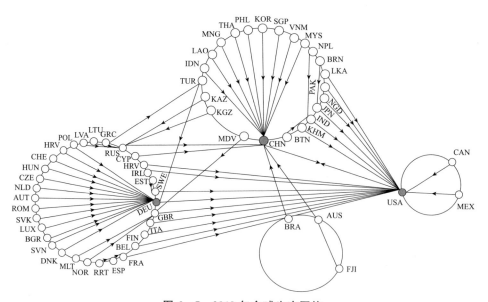

图 6-5　2019 年全球生产网络

本是几个亚洲国家最大的零部件依赖国，但不是一个强有力的核心国家，而美国是亚太地区大部分国家最大的零部件依赖国。与全球贸易格局类似，全球生产网络也呈现欧洲和亚太的两极格局，然而作为欧洲核心的德国的最大

98

零部件依赖国是美国，因此，全球生产网络同样以美国为核心。

到了 2019 年，德国还是欧洲大部分国家的最大零部件依赖国，亚太生产网络分裂成亚洲生产网络和由美国、加拿大、墨西哥组成的北美生产网络。中国取代日本，成为亚洲大部分国家的最大零部件依赖国，而美国则退化成北美生产网络的核心，成为加拿大、墨西哥等北美国家的最大零部件依赖国。随着中国在全球生产地位的提升，亚洲区域与美国之间的关联收缩至中、美两个核心节点国之间，全球生产网络自两极格局向三足鼎立格局的转变再度出现。

那么全球消费网络又有了什么样的改变呢？在分析消费网络时，同样将各个国家与其最大的消费伙伴相连。我们利用跨国投入产出表来测算某一个国家的海外最大的最终产品市场。我们发现，2000 年时德国是欧洲大部分国家的海外最大消费品市场，而美国是大部分亚洲、美洲和世界其他国家的消费品市场。到了 2019 年，德国还是欧洲大部分国家的海外最大消费品市场，而中国成为亚洲大部分国家的海外最大消费品市场，美国退化为北美国家的海外最大消费品市场。

总结一下，我们通过对贸易、生产、消费网络结构的演变进行分析，可以发现，在 2000 年，全球价值链呈现以德国为核心的欧洲网络与以美国为核心的亚太网络，而美国是全球价值链的主导国家。到 2019 年，全球贸易、生产、消费已经形成了欧洲、亚洲、北美三足鼎立的格局——欧洲以德国为核心，亚洲以中国为核心，美国则退化成北美网络的核心。

6.4 核心国家（中、美、德）与区域结构分析

接下来，我们进一步分析欧洲、亚洲、北美价值链的内部结构。具体而言，价值链的内部结构可以呈现两种模式：第一种是"轮轴—辐条"模式，即"大国—小国"模式，价值链内部有一个核心国家，其 GDP 超过区域 GDP 的 50%，对区域经济拥有绝对影响力，占据"轮轴"位置，其他国家则是"辐条"；第二种是"多国合作"模式，核心国家 GDP 小于区域 GDP 的 50%，区域内的几个大国共同合作，主导区域经济。

欧洲价值链包括所有欧盟国家,亚洲价值链主要是东亚及东南亚国家,包括东盟10国加上中、日、韩,而北美价值链包括美、加、墨三国。通过分析中、美、德各自GDP在区域中的比重在1971—2021年的变化,我们发现美国在北美价值链的GDP占比一直处于88%左右的高位,因此美国在北美价值链网络具有绝对影响力。而中国在东亚及东南亚价值链的GDP占比在1980年只有12.36%,在2000年也只有16.44%,却在2021年达到63.62%,从而形成对区域的绝对影响力。到2021年,北美与东亚及东南亚两个价值链分别形成了以美国和中国为核心国的"轮轴—辐条"模式。德国GDP一直维持在欧盟GDP的25%上下,自2000年以来略有下降,这表明德国对于欧洲价值链没有绝对的影响力,而是和法国、意大利等国一起共同主导欧盟经济。所以,欧洲价值链呈现"多国合作"的模式。

表6-1给出了中国、德国、美国三个核心国在GDP总量、贸易、生产、消费四个方面的区域占比更为细致的数据。

表6-1 中国、德国、美国三国区域经济指标占比

年份	国家	GDP占比	出口占比	进口占比	中间品消费占比	中间品提供占比	最终品消费占比	最终品提供占比
2000	中国	16.44%	22.32%	22.37%	27.01%	26.51%	17.21%	17.82%
	德国	26.77%	25.92%	25.67%	25.18%	25.68%	26.14%	26.14%
	美国	87.59%	88.31%	88.75%	88.07%	88.12%	89.28%	88.45%
2010	中国	40.56%	50.98%	50.97%	57.31%	56.83%	41.27%	42.67%
	德国	23.36%	23.17%	22.45%	22.83%	23.67%	22.06%	22.67%
	美国	84.91%	84.80%	85.05%	83.88%	84.02%	85.90%	85.38%
2021	中国	63.62%	70.52%	70.48%	74.65%	74.30%	64.20%	65.23%
	德国	24.78%	23.59%	23.37%	22.99%	22.89%	23.78%	24.34%
	美国	87.69%	88.35%	88.54%	88.39%	88.32%	88.65%	88.36%

数据来源:根据2000年、2010年和2021年的世界银行GDP数据和亚洲开发银行跨国投入产出表核算得出。

1980年,中国在东盟10国及中日韩的亚洲价值链区域内的GDP占比仅为12.36%,出口7.0%,进口7.3%,完全不是核心。即使到2000年,中国在以上三个指标的区域内占比也只达到16.44%、22.32%、22.37%。到了

2021年，中国在区域GDP占比上达到63.62%，进出口占比大约71%，中间品提供与消费上占比达到约74%，最终品市场上占比达到64%左右。这是什么概念呢？中国在东亚及东南亚市场无论是GDP总量、中间品投入、最终消费品市场的份额都超过50%，也就是说区域内国家的生产、消费、贸易的一半份额依赖中国市场。所以，从这个意义上讲，中国市场与东亚及东南亚国家的经济发展是休戚相关的，这些国家在经济上无法与中国市场脱钩。

6.5 三足鼎立格局的动因与展望

以上分析展示了2000年和2019年全球贸易、生产、消费网络发生的根本性变化，三足鼎立的全球价值链格局已经形成。那么这种格局变化的动因是什么呢？未来会如何发展呢？

6.5.1 动因

三足鼎立格局的形成动因主要来自市场、生产两方面。首先，从市场角度分析1960—2021年三大区域（欧洲、北美、亚洲）的世界GDP占比变化，我们发现，1960—2000年，亚洲区域的市场份额相对最低，全球经济的构成以北美和欧盟市场为主。然而，2000年之后，尤其是2008年金融危机之后，亚洲区域GDP份额呈现快速攀升之势，自2011年起，已超过北美和欧洲，跃升为全球第一大市场，亚、美、欧三大市场格局已经形成。

其次，从生产角度来看，三个市场自身基本可实现生产要素的自给自足。在北美区域，美、加提供技术、资本，墨西哥可以提供低成本劳动力。在亚洲，中、日、韩和新加坡等可以提供技术、资本，东南亚等国家可以提供低成本劳动力。在欧盟地区，德、法等发达国家同样可以提供技术、资本，与此同时东欧地区具有充足的低成本劳动力。因此，从生产要素角度看，三个区域均形成了相对独立的内部生产要素供给网络。

最后，基于运输成本、历史合作基础、文化差异性等因素，处于同一区域的国家之间形成价值链分工的成本相对更低。因此，在生产要素具备内部供给条件的情况下，三足鼎立的全球价值链格局逐渐成形。

6.5.2 展望

1999年12月31日，新旧世纪之交的前夜，当我在俄克拉何马一望无际的大草原上仰望星空，思考新世界秩序的格局时，美国在全球价值链的主导地位依然如南极冰山那样稳固，三足鼎立、大国和平共处、竞争共存的世界秩序只是一个美好的梦想。是什么力量在短短的20年之内，就将美国主导的全球价值链结构改变成亚、美、欧三足鼎立的结构？答案是全球垄断形态在生产阶段的释放！

在第2章我们分析了过去500年，全球化从市场发现阶段，向贸易阶段、生产阶段、创新阶段层层推进，霸权国家的全球垄断形态也在同步演变。每一阶段的全球化大潮所伴随的是霸权国家在这一阶段垄断形态的解放。1978—2018年是全球生产时代，生产的全球化、也就是全球价值链的形成本身就意味着生产环节在地理上的垄断形态被打破。第二次世界大战之后，美国制造业的全球垄断，首先是向相对低劳动力成本的德国、日本转移，继而是向更低劳动力成本的中国转移。可以看出，生产在全球的分散布局，进而形成三足鼎立的结构，是生产全球化的必然趋势！

这种业已形成的三足鼎立的全球生产结构会向什么方向发展呢？按照经济合作与发展组织等国际组织的预测，到2060年，中国、印度两国的经济总量会超过全球经济总量的40%，而美国、欧洲的经济总量会降低到全球经济总量的35%以下。如果说有什么变化，那就是包含印度的亚洲这一足在亚、美、欧三足鼎立的格局中会变得更加强大，而美、欧这两足的作用会减弱。

在全球经济基础三足鼎立的格局已经形成的情况下，全球上层建筑的格局会如何演变呢？全球经济基础与上层建筑的矛盾又会将世界秩序带向何方呢？

第 7 章
国际货币体系基本矛盾

在全球经济金融系统中,与生产、消费、贸易结构,也就是全球价值链结构相对应的是国际货币体系,以及对全球贸易、投资、金融的治理体系,我们称前者为全球经济基础,而后者为上层建筑。本章我们集中讨论全球经济基础与上层建筑的第一个基本矛盾,也就是全球价值链结构与国际货币体系结构的矛盾的历史、现状与发展。

过去 20 年,全球价值链的结构已经由美国主导演变为三足鼎立,那么国际货币体系的结构是否改变?将如何改变?这是全球经济金融秩序的首要问题。我们首先回顾国际货币体系的历史与现状。

7.1 国际货币体系:历史与现状

所谓国际货币体系,就是各国政府在参与国际贸易、跨国投资与资本流动的时候,对商品与资本的计价、交易的支付与价值的储藏等所做的安排或者制定的规则,以及为此而建立的国际组织形式的总称。一旦国际贸易和投资发生,必然伴随着商品以不同国家的货币来计价、交易,也就必然伴随着国际货币体系的诞生与发展。

7.1.1 国际货币体系的历史

近代国际货币体系的出发点是金本位。金本位最重要的特征就是各国货币都以黄金为本位币，图7-1描述了金本位的基本特征：一个国家的货币分为两种，一种是国内流通的货币，比如银行券、英镑、美元、法郎等；一种是国际流通的货币，就是金币。国内流通的货币与黄金有固定比例，也就是含金量。在国际金本位早期，1英镑的含金量是7.32238克，1美元的含金量是1.50463克，也就是说，1英镑的含金量是1美元的4.8665倍，所以英镑与美元的兑换率为1∶4.8665。

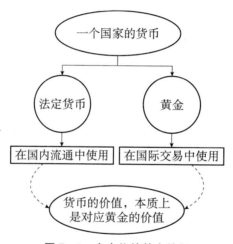

图7-1 金本位的基本特征

国际金本位制度的最早形式是金币本位制，其典型的特征是金币可以自由铸造、自由兑换，以及黄金自由进出口。在金币本位制下，本国货币与金币都可以流通，并自由兑换。

金币本位制的稳定性受到破坏后出现两种不健全的金本位制，即金块（金条）本位制与金汇兑本位制。金块本位制是指只用金块（金条）办理国际结算，而且国内流通的各种货币与黄金的兑换关系受到限制，不再自由兑换。只是在需要时，可按规定的限制数量以纸币向本国中央银行兑换金块。这是一种附有限制条件的金本位制。更进一步，若本国货币不能兑换黄金，就只能兑换外汇，再通过外汇来兑换黄金，就是金汇兑本位制。第二次世界大战之后以美元为中心的布雷顿森林体系就是一种金汇兑本位制。

国际货币体系的历史大致可以分为五个时期：①1816—1914年国际金本位制时期，随后第一次世界大战（1914—1918）爆发；②1918—1933年国际金汇兑本位制时期；③1934—1943年货币体系混乱时期；④1944—1973年布雷顿森林体系时期；⑤1974年至今的后布雷顿森林体系时期。

国际金本位制度（1816—1914）

英国作为世界上早期的发达资本主义国家，于1816年前后采用了金币本位制度。之后欧洲各国逐渐跟进采用金本位制，至19世纪末，大多数主要国家皆已采用金本位制。国际金本位制流行近百年，奠定了英镑作为世界货币的地位。

国际金本位制的建立和发展有重要的历史影响。从正面意义上讲，国际金本位制是一种较为稳定的货币制度，表现为该体系下各国货币之间的比价、黄金及其他代表黄金流通的铸币和银行券之间的比价以及各国物价水平相对稳定，因而对汇率稳定、国际贸易、国际资本流动、各国经济发展起到了积极作用。事实上，这一时期，作为主要货币的英镑、法郎、美元等之间的汇率基本稳定不变。从负面意义上讲，该货币制度过于依赖黄金，而现实中黄金产量的增长远远无法满足世界经济贸易增长对黄金的需求。简言之，黄金不够用了。再加上各国经济实力的巨大差距造成黄金储备分布的极端不平衡，于是银行券的发行日益增多，黄金的兑换日益困难。

因此，国际金本位制仅维持到了1914年。第一次世界大战爆发后，各国便中止黄金输出，停止银行券和黄金的自由兑换，国际金本位制宣告解体。

国际金汇兑本位制（1918—1933）

第一次世界大战之后，国际金本位制已无法维持，直到1922年，英、法等主要国家在意大利的热那亚召开了经济与金融会议，讨论重建有生命力的国际货币体系问题。会议建议采取金汇兑本位制，以节约黄金的使用。

国际金汇兑本位制的主要内容包括如下四个方面：①黄金依旧是国际货币体系的基础，各国货币仍规定有含金量，代替黄金执行流通、清算和支付手段的职能;②本国货币与黄金直接挂钩,或通过另一种同黄金挂钩的货币与黄金间接挂钩,与黄金直接或间接地保持固定的比价;③间接挂钩的条件下,小国货币只能兑换大国货币来获取黄金,而不能直接兑换黄金,但主要金融中心仍旧维持大国货币同黄金以及可兑换黄金的外汇的可兑换性;④黄金只有在货币出现支付危机时才能充当支付手段,以维持汇率稳定。

这次会议之后,除美国仍实行金币本位制、英国和法国实行金块本位制这两种与黄金直接挂钩的货币制度外,其他欧洲国家的货币均通过间接挂钩的形式实行了金汇兑本位制,即小国可以用大国的货币作为储备,而大国则以黄金作为国际储备。

国际金汇兑本位制的建立,在一定程度上节约了黄金的使用,弥补了金本位制度中黄金量不足的劣势。但是,在世界贸易的发展中,对黄金的需求和黄金产量的缺口仍然存在。在黄金储备量和供给量相对不足的情况下,当一国汇率贬值时,这个国家就很难通过释放黄金供给量来干预外汇市场、稳定本币汇率。最终,1929—1933年世界经济大萧条爆发。1931年由于外国英镑持有者对英国维持英镑价值的承诺失去信心,纷纷把英镑兑换成黄金,出现了大量的挤兑英镑现象,使银行陷入信用危机,迫使英国放弃了金块本位制,彻底瓦解了国际金汇兑本位制。

货币体系混乱时期(1934—1943)

1929—1933年的世界经济大萧条冲垮了西方国家的金本位制与金汇兑本位制,统一的国际货币体系彻底崩溃。从20世纪30年代到第二次世界大战结束前,国际货币体系进入了长达十几年的混乱时期。当时西方国家普遍实行纸币流通制度,但它们的货币信用制度危机重重,全球无法建立统一的国际货币体系,于是纷纷成立货币集团,如英镑集团、美元集团、法郎集团等。货币集团内部以一个主要国家的货币作为中心,即以它为集团内部的储备货币和国际清偿能力的主要来源。同时各货币集团在世界范围内展开了争夺国际货币金融主导权的斗争,这种局面一直持续到第二次世界大战结束。

布雷顿森林体系（1944—1973）

第二次世界大战后建立起以美元为中心的国际货币体系，即布雷顿森林体系。1944 年 7 月，44 个国家的代表在美国新罕布什尔州布雷顿森林公园内的华盛顿山酒店，召开了联合国国际货币金融会议，确立了该体系。

布雷顿森林体系的建立，有其独特的历史背景。从经济和工业实力来看，经过战争的刺激，美国经济在第二次世界大战中飞速发展，其工业产能也达到了巅峰，美国经济位居全球第一。从军事方面来看，美国军事力量空前强大，是当时世界上唯一拥有核武器的国家，战争潜力远远超过其他国家。

两次世界大战之间的 20 年中，国际货币体系分裂成几个相互竞争的货币集团，各国货币竞相贬值，动荡不定。国际社会在第二次世界大战后深刻反思混乱的国际货币体系的弊端和危害，尝试建立新的国际货币体系。

布雷顿森林体系确立了美元与黄金挂钩、各国货币与美元挂钩的"双挂钩机制"，确定美元与黄金的比价固定为 35 美元可兑换 1 盎司黄金；各国货币与美元保持固定汇率，各国官方储备以美元或黄金形式持有，并有权向美国联邦储备银行以官方价格兑换黄金。布雷顿森林体系实质上是一个以美元为核心的国际金汇兑本位制。

布雷顿森林体系在一定程度上解决了国际储备短缺（黄金短缺）的困难，其倡导的固定汇率稳定了世界金融市场，国际货币基金组织及资金融通方案促进了国际金融合作。但是，该体系存在内在的"特里芬难题"——布雷顿森林体系下各国都需要持有美元作为外汇储备，而这必然使得美国的美元流出大于流入，也就是使得美国出现持续的国际收支逆差，但美元币值稳定却需要美国保持国际收支顺差（至少是平衡），这是一个无法调和的矛盾。1971 年 8 月 15 日，美国总统尼克松宣布外国中央银行不能自动向美国出售美元以换回黄金。1973 年 3 月，欧洲共同市场 9 国在巴黎举行会议并达成协议，联邦德国、法国、英国、意大利等国家实行对美元的浮动汇率，美元与黄金彻底脱钩，布雷顿森林体系宣告瓦解。

后布雷顿森林体系（1974年至今）

布雷顿森林体系瓦解后，国际货币体系亟须调整和改革，国际货币基金组织理事会国际货币制度临时委员会于1974年6月提出一份《国际货币体系改革纲要》，对黄金、汇率、储备资产、国际收支调节等问题提出了一些原则性建议，为之后的货币改革奠定了基础。

1976年1月，国际货币制度临时委员会在牙买加首都金斯敦举行会议，讨论国际货币基金协定的条款，经过激烈的争论，签订了《牙买加协议》。同年4月，国际货币基金组织理事会通过了《国际货币基金组织协定第二修正案》，从而形成了新的国际货币体系——后布雷顿森林体系。

后布雷顿森林体系的最大特点就是主要发达国家的货币——德国马克、法国法郎、意大利里拉（1999年之后三者合并为欧元）、美元、英镑、日元等——都成为国际货币，由市场供需确定这些主要货币之间的浮动汇率。1976年之后的后布雷顿森林体系依然是美元主导的国际货币体系；1991年苏联解体之后，美元的主导地位甚至越来越强。

7.1.2 国际货币体系的现状

国际货币的功能是储蓄、计价、交易，美元在这三个功能中都占有垄断地位。首先，截至2022年第四季度，美元在世界储备体系的占比是58.58%。其次，就支付体系而言，截至2022年12月，美元在支付体系中的占比是41.89%，欧元是36.34%，日元是2.88%，人民币是2.15%。再次，就外汇交易市场而言，2022年美元占44.22%，远高于欧元的15.27%。最后，从国际银行发债的现状看，按照2022年12月存量国际债券的数据，以美元计价的债券在国际债券市场中占47.85%，即美元在跨境融资中也占主导地位。综上，美元在国际货币体系的各项功能中都占据统治地位，为美元的主导地位打下了坚实的基础。

我们可以从官方外汇储备体系、国际支付货币体系、全球外汇交易市场、国际债券市场及跨境贷款市场的货币构成这五个维度对国际货币体系的现状进行进一步的描述。总体而言，当前的国际货币体系呈现美元和欧元"一超一强"的格局。美元在属性上占据支配地位，为"一超"；欧元虽不及美元，但依然遥遥领先于其他储备货币,为"一强"。

先看官方外汇储备体系。官方外汇储备是一个国家货币当局持有并可以随时兑换外国货币的资产,包括现钞、黄金、国外有价证券等。国际货币基金组织对官方外汇储备的货币构成进行了细致的统计,包括八种货币——美元、欧元、人民币、日元、英镑、澳元、加元、瑞士法郎,其他所有货币则被包含在"其他币种"项下,不作区分。

图7-2展示了1975—2022年官方外汇储备体系的动态变化情况。从图中可以看出,第一,美元始终占据首要储备货币的位置,即使在布雷顿森林体系瓦解之后,美元在全球外汇储备体系中依然长期占据主导地位。虽然20世纪七八十年代两次石油危机、1999年欧元诞生、2007年次贷危机对美元的储备货币地位有一定的冲击,但影响程度非常小,美元在官方外汇储备体系中的占比始终保持在60%左右。第二,1991年苏联解体、1997年亚洲金融危机和2010年欧债危机发生后,美元的储备货币地位有所上升。第三,2000年之后,美元在全球外汇储备体系的主导地位几乎没有任何变化。

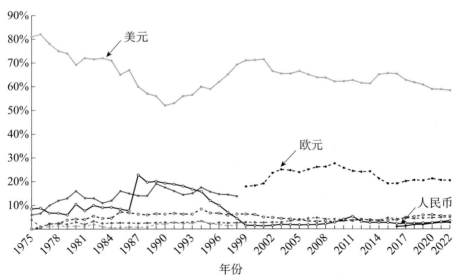

图7-2 官方外汇储备的货币构成体系(1975—2022)

数据来源:国际货币基金组织;Eichengreen B, Mehl A, Chitu L, 2018. How Global Currencies Work: Past, Present, and Future [M]. Princeton: Princeton University Press.

根据国际货币基金组织的数据，截至 2022 年第四季度，美元在官方外汇储备体系中占比大约为 58.58%，其主导地位非常稳定；欧元的占比为 20.37%，而人民币的占比仅为 2.61%。

再看国际支付货币体系，支付货币是指实际支付时使用的货币。任何一项商品进出口业务或劳务的收支，都会涉及使用哪一种货币的问题，可能是出口国的货币，也可能是进口国的货币，或者是第三国的货币。在国际业务中，经常被用于实际支付的货币被称为国际支付货币，例如美元、欧元、英镑、日元、人民币等。从国际支付货币体系来看，美元与欧元的"双寡头"格局非常明显，根据环球银行金融电信学会（SWIFT）提供的 2022 年 12 月数据，排名前两位的美元和欧元在全球支付货币体系中分别占据 47.89% 和 36.34% 的份额，远远超出全球其他主要支付货币，如英镑（6.08%）、日元（2.88%）及人民币（2.15%）。

再来看全球外汇交易市场的货币构成，2022 年全球外汇交易市场的日均交易额高达 7.5 万亿美元，远高于 0.09 万亿美元的国际贸易日均交易额。根据国际清算银行（BIS）的统计，2022 年美元在全球外汇交易市场大约占 44.22%，欧元大约占 15.27%，日元大约占 8.35%，人民币大约占 2.60%。可以说，美元遥遥领先，占主导地位。

那么国际债券市场呢？国际债券市场可以按照债券的计价货币计算货币构成。截至 2022 年第四季度，美元大约占 46.73%，欧元大约占 37.81%，包括人民币在内的其他货币加在一起大约占 15.46%。美元还是占主导地位。

最后看一看跨境贷款市场的货币构成。截至 2022 年第四季度，美元大约占 47.85%，欧元大约占 38.26%，包括人民币在内的其他货币加在一起大约占 13.89%。美元依然占主导地位。

总体而言，虽然全球经济基础的生产、消费、贸易格局在 2000 年以来的二十多年间发生了本质性、结构性的变化，从 2000 年的美国主导演变成现在的三足鼎立，但是，国际货币体系一直维持着以美元为主导的格局，这一点没有发生任何变化。

7.2 基本矛盾：三足鼎立的经济格局与"单极"国际货币体系不匹配

我们回到本章开头提出的问题，全球经济基础的格局改变了，作为全球上层建筑核心内容之一的国际货币体系是否要改变？将如何改变呢？从理论上讲，全球经济基础的格局与全球货币体系的构成应该是一个相互匹配的关系。也就是说，在理想状态下，一个国家的 GDP 占全球 GDP 的份额，与一个国家的货币在全球货币交易市场的份额，应该是相对应的。这是因为货币是商品与服务交易的媒介。

7.2.1 理论

我们一步一步来解释一个国家的货币地位与经济地位的关系。首先，假设一个理想的状态，即各国的货币都是国际货币，都是完全自由兑换的，而且兑换成本为零。在这种情况下，货币地位与经济地位没关系，因为用任何货币来交易都是一样的，是零成本。

接下来我们进一步贴近现实。还是假设所有的货币都是国际货币，都是自由兑换的，但是兑换有一点点成本。这种情况下，一国的国内交易用本国货币，而出口使用什么货币呢？因为所有货币在跨境使用中的方便度都是一样的，但是本币和外币的兑换有一点点成本，所以各国用本国货币来出口会比较方便。同时，我们假设一国在全球的出口份额和该国 GDP 的份额成正比。一国 GDP 就是该国生产的产品总额，近似地等于国内交易总额加上出口总额，因此，一个国家的 GDP 份额和货币份额应该是对应的。

这样我们就证明了，当所有的货币都是国际货币，都可以自由兑换，但是兑换有一点点成本时，一个国家的 GDP 份额和货币份额应该是对应的。现在更进一步地接近现实，假设各国的货币在跨境交易的使用中出现差别，会发生什么情景呢？有些货币使用方便、交易成本低，比如美元；有些货币不方便使用，甚至还不可自由兑换，比如人民币。可以预见，方便使用的货币就会被更多的国家使用，而不方便使用的货币就只有很少的国家使用。这样就会出现货币地位和经济地位不匹配的情况，方便使用的货币的国际份额就会大于其国家 GDP 的国际份额。

货币的使用有很强的网络外部性，即某种货币使用起来越方便，使用的范围就越广。在一定时期，会出现一种或几种主导的世界货币，比如说第一次世界大战之前的英镑或第二次世界大战之后的美元。主导的世界货币在国际货币市场的份额有可能会超过这个国家的经济在世界经济中的比重，也就是说，国际货币体系的结构有可能与各国 GDP 的份额出现一定程度的背离。

7.2.2 数据

在现实世界的数据中，各国 GDP 的份额与国际货币体系的结构是不是对应的呢？图 7-3 是 2022 年全球 GDP 与货币构成的对应图（不含中、美），横轴是一个国家的 GDP 占全球 GDP 的份额，纵轴是这个国家的货币在全球外汇市场交易中所占份额。

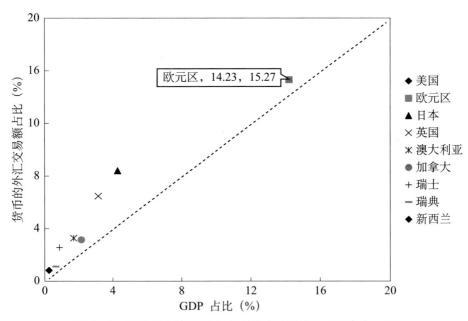

图 7-3 2022 年全球 GDP 与货币构成的对应图（不含中、美）

理论上，各个国家的 GDP 份额与货币的外汇交易份额应该在这条 45 度线上。实际上，在 2022 年的时候，欧盟 GDP 占全球 GDP 的份额是 14.23%，欧元占全球外汇交易的份额是 15.27%，几乎是完全对应的。而日本、英国、澳大利亚、加拿大、瑞士等国都基本上在 45 度线附近，表明这些国家经济基本面的国际地位与货币的国际地位基本匹配。所以除了中国和美国，理论上和实际上，经济基础的国际结构与国际货币体系的结构基本上是对应的。

但是加上了中美两国之后是什么样子呢？如图 7-4 所示。

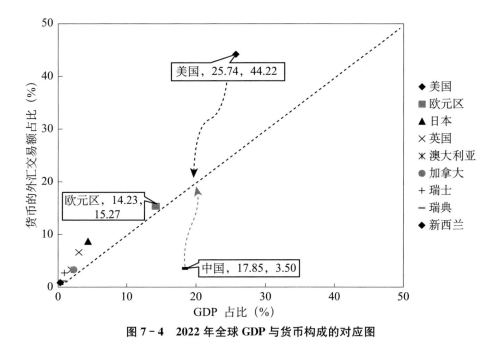

图 7-4　2022 年全球 GDP 与货币构成的对应图

从图 7-4 中可以看到，美国是大大地高于 45 度线，中国是大大地低于 45 度线。美国的 GDP 占全球比例是 25.74%，美元占全球外汇交易比例是 44.22%，后者比前者多了大约 19 个百分点。而中国的 GDP 占全球比例是 17.85%，人民币占全球外汇交易比例是 3.50%，后者比前者少了 14 个百分点多。美中两国的实体经济与货币在全球的比重都是严重的不匹配。这就是全球经济结构与国际货币体系的基本矛盾！换句话说，三足鼎立的全球经济格局与美元主导的国际货币体系不匹配的矛盾是全球经济与金融体系的基本矛盾。

7.2.3　国际铸币税

美元作为国际主导货币对美国有什么好处呢？这个好处就是所谓的"国

际铸币税"。

什么是铸币税呢？铸币税就是发行货币的收益。一张100美元钞票的印刷成本也许只有1美元，但是却能购买100美元的商品，其中的99美元差价就是美国中央银行（美联储）的铸币税，这是政府收入的重要来源。在电子支付时代，美联储发行货币只是改个数字，成本几乎为零，所以美联储发行100美元，美国政府的收入就增加100美元。

目前国内外关于美元国际铸币税的测算主要采用三种方式，分别为净收入铸币税、机会成本铸币税以及货币量铸币税。[①] 净收入铸币税等于美联储从其投资组合赚取的利息收入加上服务费再减去运营费用；机会成本铸币税为美联储投资于美国国债所产生的利息；货币量铸币税等于美联储货币实际供应量的变化量（名义货币供应变化量除以当年价格水平）。货币量铸币税实际上就是增发货币量减去通货膨胀成本。美元作为国际货币，美联储增发货币有可能带来世界范围的通货膨胀，使得美元增发的货币收入归美国人所有，而通货膨胀的成本却由全世界承担。下面，我们以货币量铸币税为例进行讨论。

在封闭经济情形下，如果美国经济的产出没有增加，美联储多发的这100美元只会使商品价格同比例上涨，使通货膨胀成本也增加100美元，所以美联储多发钞票并不会使美国人民受益。

在开放经济中，情形就完全不同了。一方面，美联储增发货币的收益完全归于美国；另一方面，美元在全世界流通，美元增发引起全世界通货膨胀。美国的GDP只占全球GDP的四分之一，所以美国也就只承担四分之一的通货膨胀成本，而剩下四分之三的增发货币收入就是美国向全世界征收的国际铸币税。理论上，美联储增发100美元的货币，美国就有可能向世界其他国家人民薅75美元的羊毛。

以上的讨论假设美国的经济规模和世界经济规模之比大约为1∶4，而美

[①] Cutsinger B P, Luther W J, 2022. Seigniorage Payments and the Federal Reserve's New Operating Regime [J]. Economics Letters, 220: 110880; 张健华, 张怀清, 2009. 人民银行铸币税的测算和运用：1986—2008 [J]. 经济研究, (7): 79-90.

元在世界货币市场的比例是100%。这是一个理论上的极端例子，但是，这个例子的现实逻辑是清晰的：一旦经济基础的国际结构和国际货币体系的结构不匹配，就会使得强势货币国家利用其货币发行收入与通货膨胀成本的不对称，对世界其他国家征收国际铸币税。

一方面，货币的网络外部性使得国际货币体系结构呈现稳定性，即使世界货币发行国的经济地位已与其货币地位不匹配，其世界货币的地位依然可以保持一定的时期。另一方面，世界货币发行国一定会利用其世界货币的地位征收国际铸币税，将通货膨胀的成本转嫁给世界其他国家，所谓"我们的美元，你们的问题"。这就构成国际货币体系的基本矛盾：网络外部性延缓国际货币体系的变革，而强势国际货币国家征收的国际铸币税又必然激发弱势国际货币国家的奋力抗争，推动国际货币体系的结构调整，促使国际货币体系的结构与各国GDP的份额走向一致。

7.3 如何解决国际货币体系的基本矛盾

历史上，全球经济格局与国际货币体系不匹配的矛盾不是第一次出现了。上一次出现是在英国的世界主导地位与美国的世界主导地位更迭的时候。自1870年起，主要西方工业国家（法国、德国、美国等）都基本确立了金本位制。在英国主导的全球化浪潮中，英镑最终走向世界，成为全球最受信赖的黄金等价物、国际支付手段和储备货币。在第一次世界大战爆发的前一年（1913年），全球40%的外汇储备以英镑的形式储存。[①]

英镑受到的挑战来自美元。美国GDP总量超过包括殖民地在内的大英帝国的GDP总量是在1912年，而美元开始在全球储备货币体系中领先英镑是在1924年，美元完全取代英镑在国际货币体系中的地位是在1944年。英美经济基础与货币体系地位不匹配的时间前后长达30年。

---

① Eichengreen B, Chitu L, Mehl A, 2012. When Did the Dollar Overtake Sterling as the Leading International Currency? Evidence from the Bond Markets [Z]. European Central Bank Working Paper Series，No. 1433.

在这 30 年间发生了什么呢？发生了两次世界大战与 1929—1933 年的世界经济大萧条。

1914 年爆发的第一次世界大战，摧毁了以英镑为中心的金币本位体系。而美国通过对欧洲的战争贷款和货物贸易，经济实力大增，一跃成为全球最大的债权国，并积累了丰富的黄金储备，美元的影响力由此上升。

到 1919 年，掌握近四成全球黄金储备的美国率先重新回归到单一的金本位制，美元开始与英镑并驾齐驱，二者在储备货币、境外承兑汇票、跨境支付等领域的地位不分伯仲。在储备货币领域，美元在 1924 年首次超过英镑，美元对于英镑的这一竞争优势一直持续到大萧条的爆发。

然而，1929 年大萧条的来临，终结了美元和英镑争雄的局面，美国和英国的经济实力备受打击，产出和消费萎缩，贸易额急剧下滑，美元和英镑的国际地位均出现下滑。从 1932 年到第二次世界大战爆发（1939 年），出现了英镑集团、美元集团、法郎集团、德国马克集团等若干个货币集团，国际货币体系呈现出"中心—外围"结构，其中心为英镑、美元、法郎等货币集团。第二次世界大战爆发后，全球经济体系毫无秩序，国际货币体系也处于完全混乱的阶段。这种状况一直持续到 1944 年布雷顿森林会议重建国际货币体系。

这一段历史告诉我们：第一，货币体系与实体经济不匹配必然要求货币体系变革。第二，在历史上，国际货币体系变革，都伴随着战争或者金融危机。由于货币具有很强的网络效应，用英镑作为交易媒介的人越多，他们改用其他货币就越不容易。但是当英国的经济实力与英镑的地位越来越不相称的时候，其他国家（比如美、德、法）都越来越倾向于打击其征收国际铸币税的能力，国际经济金融体系就越来越不稳定，这样也就催生了战争和危机。而战争和危机最终消耗了英镑的网络外部性，改变了英镑的垄断地位。

中国经济的快速发展使国际货币体系基本矛盾再次浮出水面。有意思的是，一直到 2018 年中美贸易争端爆发之前，这个基本矛盾尽管存在但并不尖锐，全球经济金融秩序实际上是稳定的。这是为什么呢？2018 年之前，中美在全球价值链上互补、相互融合在一起，在货币体系上也紧密联系：第一，人民币与美元几乎是固定汇率；第二，中美货币政策基本上是一致的；第三，美国的贸易逆差有一大半是中国的贸易顺差。实际上美元不仅代表美国经济，而且代表着中美两国经济。因此，中美两国，按照《纽约时报》记者弗里德曼的说法，是两个国家，一个经济体。如果把中美作为一个经济体来计算，GDP 之和大约占全球 GDP 的 40%，美元与人民币在全球外汇交易的份额则是大约 46%，其经济与货币地位就是匹配的，全球经济结构与货币结构也就是稳定的。

遗憾的是，2018 年中美贸易争端爆发之后，中美经济与金融体系从此分道扬镳，全球经济金融体系基本矛盾立即显现，全球经济金融体系也从此进入一个动荡的阶段。

那么，现在国际货币体系的基本矛盾如何解决呢？

7.3.1 趋同论

第一种办法是美国的所谓趋同论（convergence），就是要求中国的经济金融体制向美国主导的经济金融体制趋同。无论是特朗普时期要求中国的"结构改革"，还是拜登时期要求维护的"基于规则的国际秩序"，其实质都是要求中国放弃独立的经济、技术、金融制度，要趋同、服从于美国主导的经济、技术、金融制度。这个要求就是让中国和美国的经济与金融体系重新绑定，使得中美经济从制度上成为"一个经济，两个国家"。同时，这种制度上的绑定又要求必须由美国主导，中美经济都要在美国主导的制度与规则下运行。因此，这种所谓的"趋同"实际上要求中国在经济、金融上从属于美国。但是随着中国经济的不断壮大，中国很难做到这样的趋同。

7.3.2 "去中国化"

第二种办法就是在中国明确拒绝了趋同论之后，特朗普任期开始、拜登任期强化的"去中国化"。无论是所谓的"脱钩"（decoupling），还是所谓的"去风险"（de-risk），其实质都是"去中国化"。什么是"去中国化"呢？就是将中国经济、金融体系从世界经济、金融体系中剔除出去，将中国经济、金融体系孤立起来，使得美国能继续主导一个孤立了，甚至剔除了中国的世界经济、金融体系。将图 7-4 里中国的 GDP、人民币外汇交易份额分别剔除，可得到图 7-5。

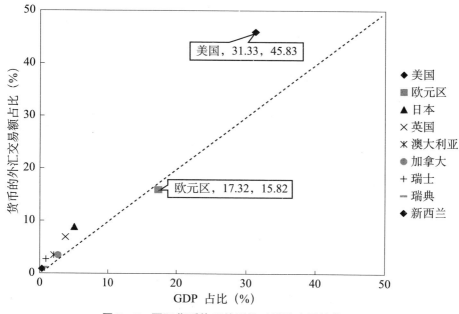

图 7-5 国际货币体系的重构（剔除中国的体系）

在一个剔除了中国的世界经济金融体系里，美国的 GDP 占世界份额上升到 31.33%，而美元在全球货币体系的份额也上升到 45.83%。最重要的是，在剔除了中国的世界经济金融体系里，没有了 GDP 份额大大高于货币份额的中国对美国主导地位的挑战，整个体系看起来变得"稳定"了。所以，从全球经济金融体系基本矛盾出发，我们就可以理解为什么美国一些人士会提出各种形式的"去中国化"。

趋同论要求中国放弃独立的经济体制，这不可能。"去中国化"要求将中国从全球价值链中剔除出去，在全球资本、技术、劳动力等要素市场上孤立中国，这无疑会给全球经济、中美经济都带来巨大的动荡与打击。

拜登政府不遗余力地推动美国与欧洲、亚太的结盟，结成"统一战线"来对抗中国。拜登的这种"美国领导"政策，意图将美国 GDP 与美元同除中国外的美国盟国及主要经济体绑定。为了实现在世界经济金融体系中孤立中国、限制中国的战略意图，美国需要补强美国经济，重构全球价值链，在一定程度上，将目前三足鼎立的全球价值链结构打回到 2000 年美国主导的全球价值链结构。那么，拜登打算如何实现这一目标呢？答案是通过美元的世界货币地位。2021年拜登上台之后，他通过大量发钱、增加美国债务来推动美国经济在新冠疫情之后的复苏。美国的货币政策，已经不仅仅用来调节总需求、推动经济复苏，还变成精准的产业政策。美国通过发钱，增加高科技领域的研发投资，迅速改变在半导体、大容量电池、关键矿物原材料、医药化工原材料等关键行业对中国供应链的依赖，甚至以补贴低收入家庭的形式来改善美国的收入结构。此外，美国还通过发钱来投资关键盟国，从而试图重组全球价值链的结构。拜登政府通过增发美元、征收国际铸币税，一方面补强美国实体经济、重构全球价值链结构；另一方面，也必然带来一定程度的通货膨胀，弱化美元的国际地位，甚至有可能触发美元危机与美债危机，不可避免地将美元置于国际铸币税与通货膨胀的矛盾之中。

在近年无法通过常规政策工具摆脱经济结构性困境的形势下，美国转而通过调整货币政策框架提高通货膨胀容忍度、强调就业优先目标，结合超常规财政刺激手段加以应对。美国货币政策框架调整引发示范效应，全球货币政策在2022年以前呈现相继放松趋势。各国，特别是美国，宽松货币政策刺激，加之中美贸易争端、疫情防控、俄乌冲突带来的供给短缺，终于引发了美国以及全球数十年来最为严重的通货膨胀，美联储不得不快速加息以抑制通货膨胀。另外，美国相继推出《芯片和科学法案》以及《通胀削减法案》，旨在对芯片、绿色能源等高科技制造业提供巨额补贴，提高美国的竞争力。而数千亿美元的财政补贴最后还是要通过发钱放水来实现。按照美国财政部长耶伦的说法，美国的货币政策是在"干一票大的"，不惜放水引发通货膨胀，以透支美元信用的方式薅全世界羊毛来补贴其高科技制造业以与中国竞争。此做法在加剧通货膨胀和全球经济衰退风险的同时，无疑会削弱美元在国际货币体系中的地位。

7.3.3 三足鼎立的国际货币体系

美国的"薅羊毛"货币政策就是试图通过美元在国际货币体系中的主导地位来改变全球价值链的格局，也就是用全球经济金融体系的上层建筑来改变经济基础。但更加常见的规律是经济基础决定上层建筑。既然全球价值链已经呈现三足鼎立的格局，国际货币体系也应该要反映这种变化，从美元主导的单极国际货币体系走向三足鼎立的多极货币体系。因此，解决国际货币体系基本矛盾的更加符合逻辑的方向是建立与全球价值链美、中、欧三足鼎立格局相适应的美元、人民币、欧元三足鼎立的国际货币体系。

人民币成为像美元、欧元一样的可自由兑换的国际货币是建立三足鼎立国际货币体系的必要条件。然而，人民币可自由兑换要求中国的资本账户开放，而资本账户开放则有可能触发资本外逃，带来国际金融危机。有没有两全之策？中国既能够开放资本账户，又能够有效地防范国际金融危机？

经济基础格局与货币体系结构不匹配的矛盾总是要解决的，而从历史上来看，国际货币体系的变革一般都伴随着战争或者金融危机。一方面，历史上国际主导货币（比如英镑）的网络外部性是通过战争和金融危机被摧毁的；另一方面，霸权国家不仅仅利用其货币地位征收国际铸币税，而且会将主导货币武器化，将货币作为制裁、打击其他竞争国家的工具。美元已经成为美国最强大的武器。在俄乌冲突中，美国利用美元的国际主导货币地位对俄罗斯进行全面金融与经济制裁，这成为与军事手段同样重要的打击手段。美元的武器化使得俄罗斯奋力去美元化，而被美国视为战略竞争对手的中国不得不未雨绸缪。这一次，从美元主导的国际货币体系向三足鼎立的国际货币体系的变革，有可能和平实现吗？

这些问题我们将在第 11 章"国际金融竞争"中详细讨论。答案是乐观的：第一，货币政策的创新，也就是"资本跨境流动防火墙"的建立，既可以使得中国资本账户有序开放，也能够防止国际金融危机的发生。第二，货币技术的创新，也就是数字货币的诞生与发展，有可能使得未来的国际货币体系建立在新的货币技术的基础之上，也有可能使得新旧国际货币体系的变革走上一条和平之路！

第 8 章
世界秩序基本矛盾

"5、4、3、2、1，Happy New Year（新年快乐）!"新世纪到来了！2000年1月1日零点，美国俄克拉何马州诺曼市的小区里欢声一片。我隔壁住着几个俄克拉何马大学的学生，有两个是我教的"中级微观经济学"课程的学生——大三哲学专业的麦克和大二市场营销专业的阿妮塔。

麦克兴奋地敲着我的门："Happy New Year! Dr. Ju！（新年快乐！旧博士！）"美国学生和同事不会发"鞠"的音，都喊我"旧博士"。

他晃动着两瓶啤酒："出来出来，旧博士！"

我走出门，接过他扔过来的啤酒："你兴奋啥，中国早已经是新世纪了。"小区大部分房子门口的灯都开着，路上已经聚了不少人，麦克和几个学生每人都拿着啤酒。

"你知道吗，旧博士？只有现在才是新世纪了，北京时间不能算。"阿妮塔冲我挥着手中的啤酒瓶。

"那纽约时间算吗？"我有点不服气。

"新年快乐！"麦克碰了碰我的啤酒瓶，"是这样的，俄克拉何马是 heartland（心脏地），对人类的救赎是以心脏地的救赎为标志，所以只有我们心脏地到了新年，新世纪才算是来临了。"

我微笑着看着他:"你就吹吧。你应该转专业去学市场营销,反正天下什么都是俄克拉何马第一、牛肉第一、胡桃第一,连新世纪的开始也要以俄克拉何马为标志。"

新世纪来了,新的世界秩序是什么样子呢?会以怎样的方式来临呢?

8.1 全球经济治理体系的历史与现状

世界秩序依靠全球治理体系来维护。全球经济治理体系是在没有世界政府的情况下,对全球金融、贸易与投资规则秩序的建立、维护以及对共同事务的管理。在揭示世界秩序基本矛盾之前,我们先介绍第二次世界大战后全球经济治理体系的历史与现状。

全球经济治理体系包含了我们很熟悉的一些组织和体系,在国际金融领域是以国际货币基金组织、世界银行等组织为代表的全球金融治理体系;在国际贸易领域是以世界贸易组织(WTO)为代表的国际贸易治理体系;在跨国投资领域是各国对全球跨国公司的监管,等等。

我们先简单讨论第二次世界大战以来全球经济治理体系的演变。美国领导着英国、法国等西方国家,在1944年建立了布雷顿森林体系。在该体系的两大支柱中,国际货币体系主要包括国际货币基金组织、世界银行等国际金融组织,贸易体系则涉及关税与贸易总协定(GATT,以下简称"关贸总协定")。为了帮助欧洲重建,1948年由美国和加拿大发起成立了主要由市场经济国家组成的"欧洲经济合作组织",后来其成员国逐渐扩展到非欧洲国家。1961年,欧洲经济合作组织改名为经济合作与发展组织(OECD)。而苏联则领导着其他社会主义国家(保加利亚、捷克斯洛伐克、匈牙利、波兰和罗马尼亚等),于1949年建立了经济互助委员会。

1991年12月苏联解体之后,美国成为全球唯一的超级大国,它在全球经济、贸易、军事、文化等领域都居于主导地位。美国与英、法、德、日、意、加六个国家形成了"一超多强"的七国集团(G7),主导着全球经济秩序,一直到2008年全球金融危机爆发。G7无法解决金融危机,美国在全球经济治理体系中的主导地位开始动摇,而随后成立的二十国集团(G20),在G7之外，加上了中国、印度、巴西等发展中大国和俄罗斯等地区大国。但由于成员国之间利益差异巨大，G20并不能有效地维持全球经济治理。2018年中美贸易争端爆发，世界秩序进入新的阶段。然而，无论是疫情防范、气候应对，还是经济复苏，都迫切需要全球经济治理体系的有效运行，因此，全球经济治理体系的重构，成了迫在眉睫的问题。

美国在全球经济治理体系中的主导地位是怎么体现的呢？先来看布雷顿森林体系的两大国际金融机构——国际货币基金组织与世界银行。在这两大国际组织的关键决策问题上，美国几乎都拥有实质性的一票否决权。

表8-1是国际货币基金组织前十大国家的份额与投票权，美国的投票权是16.50%。按照国际货币基金组织的章程，重大事项必须获得至少85%的投票权才能通过，所以重大事项只要美国不同意，就无法通过，也就是说，美国拥有一票否决权。

表8-1 国际货币基金组织前十大国家的份额与投票权

排名	成员国	份额（%）	投票权（%）
1	美国	17.43	16.50
2	日本	6.47	6.14
3	中国	6.40	6.08
4	德国	5.59	5.31
5	法国	4.23	4.03
6	英国	4.23	4.03
7	意大利	3.16	3.02
8	印度	2.75	2.63
9	俄罗斯	2.71	2.59
10	巴西	2.32	2.22

资料来源：国际货币基金组织网站（https://www.imf.org/en/About/executive-board/members-quotas，访问时间：2023年11月13日）。

同样，世界银行前五大国家的投票权分别是美国（15.73%）、日本（7.19%）、中国（5.58%）、德国（4.27%）、英国（3.92%）。[①] 世界银行也

---

① 资料来源：https://finances.worldbank.org/Shareholder-Equity/Top-8-countries-voting-power/udm3-vzz9，访问时间：2023年11月13日。

规定，重大事项必须获得至少85%的投票权才能通过，所以美国还是拥有一票否决权。

作为协调、监管国际贸易秩序的国际组织，世界贸易组织的情形有些不同。1947年10月，23个国家在日内瓦达成了关贸总协定，也就是1995年成立的世界贸易组织的前身。无论是在1947年发起的关贸总协定，还是在1995年建立的世界贸易组织，美国都发挥着主导作用。世界贸易组织的管理相对民主，它的决策机制主要包括协商一致规则、简单多数规则、三分之二多数通过规则、四分之三通过规则、反向一致规则和必须接受规则这六个类型的规则。世界贸易组织的规则主要是少数服从多数。重大事项，比如说接受新成员，采取三分之二多数通过规则；而决策制度的修订，则必须全体成员通过。从实践经验来看，虽然世界贸易组织从关贸总协定传承而来，但是，关贸总协定在1947—1994年完成了八个回合的关税下降，成效显著；而世界贸易组织自2001年多哈回合之后，在关税等贸易壁垒方面几乎没有进展。

为什么众望所归的世界贸易组织的效率反而不如1947年临时成立的关贸总协定？这反映了第二次世界大战之后美国主导的国际贸易秩序与美国实力、利益的不断背离。第二次世界大战之后，美国在全球贸易中处于强势主导地位，而贸易自由化的方向也基本符合美国的利益，因此在美国和盟国的推动下，关税下降取得显著进展。世界贸易组织成立于1995年，一方面，美国在全球贸易中已经不像1947年那样占强势主导地位了；另一方面，1991年苏联解体之后，美国对"世界民主"有不切实际的"乐观"。因此，世界贸易组织在规则制定上偏向多数通过的原则，却忽视了各国在全球贸易上的利益冲突。而且，全球化的发展也引发美国等发达国家国内利益集团的冲突，2008年之后，全球化的共识被打破，世界贸易组织就举步维艰了。

除了在国际组织中的主导地位，美国对全球经济治理体系的主导还表现在美国通过"长臂管辖"对跨国企业进行的直接监管与制裁。在第5章中我们讨论过，美国的"长臂管辖"就是为了维护美国国家、企业和利益集团的利益，依据美国国内法律，由美国行政部门与司法机构对外国企业进行的管辖。

美国对全球跨国企业的"长臂管辖",在2001年的美国"9·11"恐怖袭击事件之后得到强化并越来越有效。无论是日本的东芝、法国的阿尔斯通,还是德国的西门子公司,在美国"长臂管辖"的大棒下,都无一例外地上缴巨额罚款、接受美国监管。一直到2018年中美贸易争端爆发,美国对华为等中国高科技公司的监管与制裁,遭到了它们顽强的抵抗。

第二次世界大战之后全球经济治理体系的发展历程,首先是美国凭借其在国际金融、贸易、跨国投资三大领域超强的实力建立了美国主导的全球经济治理体系。目前美国依然主导着国际金融治理体系,但是,随着美国在贸易、跨国投资领域实力的衰落,全球贸易治理体系越来越陷入困境,而全球投资领域也陷入混乱。

8.2 世界秩序的基本矛盾

美国在第二次世界大战之后全球经济、金融治理体系的各种国际组织中都占据主导地位。除了经济、金融领域的国际组织,全球治理体系还包括安全方面的联合国、公共卫生方面的世界卫生组织等。同样,美国在这些国际组织的主导地位,也在1991年苏联解体之后达到高点,而在2008年之后逐渐下降。

所谓世界秩序的基本矛盾,就是三足鼎立的全球价值链结构与美国主导的全球治理体系的矛盾。这个基本矛盾从三个方面表现出来:第一,美国已经没有足够资源主导超级全球化[①];第二,美国等发达国家的国内利益集团冲突不再支持美国主导的超级全球化;第三,三足鼎立的全球价值链结构不再支持"超级全球价值链"。

借鉴哈佛大学教授丹尼·罗德里克提出的全球治理体系"不可能三角",我们可将全球治理体系基本矛盾表述为图8-1所示的"不可能三角":超级

---

① 超级全球化是指以"消费国/创新国—生产国—资源国"为核心链条的全球价值链、统一的全球治理体系和以"华盛顿共识"为代表的统一价值体系。

全球化、国家主权和民主政治三者不可兼得。①

图 8-1 "不可能三角"

第一种情形是选择超级全球化与民主政治，我们用"超级全球化＋民主政治"来代表。在这种情形下，全球治理体系变成放大版的美国，也就是建立一个类似美国联邦政府的"超级全球政府"，而所有主权国家降格为类似美国州政府的"国家"。这就需要主权国家放弃国家主权，将部分国家权力移交给"超级全球政府"。

欧盟沿着"超级欧洲政府＋民主政治"的方向推进欧洲统一，各个主权国家将货币政策的权力上交欧盟，统一使用欧元，但同时各个国家保留财政政策权力。这样加入欧盟的国家的货币政策受到限制，但财政政策各自为政，导致内部矛盾爆发，这是 2010 年欧债危机的重要原因。更加困难的是，这种方向的欧洲统一要求各个国家在"民主政治"的旗号下统一意识形态。欧盟东扩至乌克兰边境就引发了欧盟与俄罗斯的强力冲突。俄乌战争表明，即使在欧洲，这种方向的区域一体化也已经道路坎坷，前途渺茫，而将全球统一在一种意识形态下的这种超级全球化更将遇到不可逾越的障碍。

世界秩序的基本矛盾，即三足鼎立的全球价值链结构与美国主导的全球治理体系的矛盾，使得 2000 年前后勉强维持的超级全球化无法延续下去。无论是在治理体系上，还是在所谓的"普世价值"上，美国都没有足够的实力

---

① Rodrik D，2011. The Globalization Paradox：Democracy and the Future of the World Economy [M]. New York and London：W. W. Norton.

与资源维持一统天下的雄心了。换句话说，无论是美国主导的世界秩序，还是"华盛顿共识"的意识形态，都需要巨大的财力支撑，美国没有足够的钱来支撑这个美好的超级全球化梦想了，只好从伊拉克撤退，从阿富汗仓皇逃跑，转为"美国优先"了。

第二种情形是选择超级全球化与国家主权，我们用"超级全球化＋国家主权"来代表。实现超级全球化，意味着消除所有国家之间的跨国交易成本，形成全球统一的商品、服务、资本、劳动力与技术市场。这个时候的国家主权必须服务于国际资本与贸易，国家治理退化成仅仅保证国内政策与全球规则相一致，使全球商品与要素市场正常运转。但是，正如我们在第4章的斯托尔珀-萨缪尔森定理中所讲的那样，自由贸易会提高一个国家丰裕要素所有者的收入，但是降低稀缺要素所有者的收入，也一定会带来利益集团的冲突。在短期，自由贸易一定会使出口部门获利，进口部门受损，从而引发进出口部门的利益冲突。更进一步地，跨国资本的流入一定会挤压同行业的国内资本，并引起冲突。所以，"超级全球化＋国家主权"一定会带来各国国内不同利益集团的尖锐冲突，使得民主政治陷入动荡之中。

阿根廷是这种情形的代表。20世纪90年代，毕业于哈佛大学的经济学博士多明戈·卡瓦罗担任阿根廷经济部长，他在阿根廷实施了典型的超级全球化的自由开放经济政策，制定了"兑换法"——将阿根廷货币比索与美元的汇率固定为1∶1，并取消比索与美元自由兑换的任何限制；加速阿根廷的私有化，取消对市场的管制，实行自由贸易与资本流动。卡瓦罗笃信全球化、自由市场。他的全球化与市场化政策给阿根廷带来了短期的国际资本涌入与经济繁荣。但是国际资本的涌入几乎与阿根廷所有的国内利益团体相冲突，政府雇员、领养老金的群体、地方政府、银行储户对于国际资本牢骚满腹。好景不长，1997年亚洲金融危机之后，国际资本市场发生逆转，阿根廷国内经济也迅速恶化，资本从阿根廷迅速外逃。2002年，阿根廷金融危机爆发，国内银行账户冻结，外债违约，比索贬值。阿根廷GDP在2002年一年之内缩水12％，金融危机造成国内政治动荡、政府更迭，最终导致阿根廷的超级全球化政策不得不戛然而止。

即使是作为霸权国家的美国，也同样遭遇"超级全球化＋国家主权"与国内民主政治的冲突：超级全球化加剧了美国制造业就业率的下降与收入不平等，成为美国国内各种利益冲突的"替罪羊"，并促使美国民粹主义兴起以及社会矛盾恶化。到了特朗普的任期，美国放弃了超级全球化的政策，走上了贸易保护主义的道路。

斯托尔珀-萨缪尔森定理告诉我们，超级全球化一定会给一个国家的内部带来赢家与输家。如果国内政策不能及时调整，补贴输家，从而获得对全球化足够的政治支持的话，民主政治一定会反噬超级全球化，并改变其方向。

第三种情形是选择国家主权与民主政治。典型的例子就是第二次世界大战之后的关贸总协定的制度安排：各个国家都保留其主权独立，各自决定国内政策，只要求各个国家贸易开放，并按照最惠国待遇对所有国家采取一视同仁的贸易政策。但是这种"国家主权＋民主政治"的全球化，就连所有国家之间取消关税的贸易自由化都无法实现（世界贸易组织成立之后的停滞不前就是明证），更遑论资本、劳动力、技术等要素都要自由流动的超级全球化。所以"国家主权＋民主政治"一定意味着放弃超级全球化。

美国主导的超级全球化的世界秩序在世纪之交的 2000 年前后似乎接近实现。产品的创新与最终的市场都在美国，正如本书第 6 章的全球价值链"微笑曲线"所示，全球价值链利润率最高的两端在美国；生产、制造、装配在中国；而南美、俄罗斯、中东、非洲等国家或地区构成资源来源地。正如第 6 章中所分析的，2000 年的全球价值链以美国为核心，由于美国占据了超级全球化带来的大部分跨国垄断利润，美国勉强可以用跨国垄断利润来补贴国内的全球化的输家，勉强获得美国国内对全球化的政治支持。这种高额跨国垄断利润需要美国资本在全球的布局、美国主导的全球治理体系与"华盛顿共识"来支撑。然而 2008 年之后，全球价值链逐渐演变成三足鼎立的格局。这种三足鼎立的格局使美国在全球价值链上的垄断地位被打破，垄断利润随之下降，美国主导的全球治理体系不再有效运转，而且美国国内的全球化输家也无法得到足够的补偿，因此在特朗普的带领下，他们揭竿而起，开全球化的倒车。

什么是美国主导的超级全球化呢？不就是"西方中心主义"吗？三足鼎立的全球价值链格局演变使得"西方中心主义"成为美国的一个过于昂贵的

奢侈品。

理论上，美国主导的全球治理体系必然要求各国部分放弃国家主权；实践上，美国主导的"超级全球化＋民主政治"要凌驾于各国主权之上，不仅要求各国部分放弃主权，还需要各国放弃自己的意识形态，这只能靠战争征服或者靠金钱赎买。在三足鼎立的全球价值链格局形成之后，美国既没有足够的资源与金钱，像第二次世界大战之后的马歇尔计划那样，来投资各国、赎买各国主权，维持美国主导的世界秩序，也没有足够的军事实力，来征服那些不服从美国霸权的国家。

那么从道义上，即使在实力如日中天的 2000 年，美国应该统治世界吗？美国是应该将它的"民主政治"意识形态强加给全世界人民，还是应该尊重多元文化，尊重各国人民对发展道路的选择？

8.3 世纪之交的讨论（1）

让我把时光拉回到 2000 年 1 月 1 日零点，美国俄克拉何马州诺曼市。

我和麦克在我房子前路边的凳子上坐下，我说："麦克，我们都活着，对吧？哈哈，那个诺查丹玛斯的世界末日，是瞎扯。"麦克冲我笑笑："旧博士，是的，新世纪开始了。"

麦克是我班上成绩最好的学生，他同时辅修数学、中文，又和我是邻居，课后总喜欢拉着我侃大山、学中文。美国中部地区的俄克拉何马、堪萨斯、密苏里等州，俗称心脏地，民风相对保守，大部分居民是虔诚的基督教徒。2000 年前后，中部地区居民有不少关于人类大灾难的讨论，尤其在教堂。麦克他们还组织了一个讨论会，周末在他家后院，讨论诺查丹玛斯的"1999 年人类大灾难"，我也被拉去过几次。年轻人一边喝着啤酒、吃着烧烤，一边讨论人类会不会毁灭。讨论会的意见分成两派，一派认为会有大灾难，另一派认为不会。阿妮塔属于认为会有大灾难的那一派，元旦之前，囤了不少水、蜡烛、面包，都放到他们房子后院的地窖里。麦克则属于坚信不会有大灾难的那一派，表现得像一个先知，摇头晃脑地见人就讲他的理论。

我也不认为会有大灾难，我的理由比较简单。我冲着阿妮塔喊着："阿妮塔，没有人类大灾难吧，你那个诺查丹玛斯是瞎扯。你看，新世纪来了，你白在地窖里囤了那么多吃的。"

"有备无患，旧博士。"阿妮塔微笑着，"诺查丹玛斯是对的，一定有大灾难，不一定是1999年，我们要为下一次而准备了。"

麦克仰起脖子喝完一瓶啤酒，兴奋了，这位小天才又要讲他的理论了："阿妮塔、旧博士，新世纪来了，人类没有大灾难，说明我们被救赎了，说明'他'再来了。"

"哈哈，'他'再来了，在哪儿？你看见'他'了？"我大笑着反驳。

麦克站起来了，挥舞着空啤酒瓶："'他'确实来了，但我们看不见'他'。经典文献中，有一点结论是明确的：任何一个生物人，如果宣称是'他'再来，那么这个人一定是骗子，所以我们不可能看见'他'。"麦克看着我，继续挥舞着啤酒瓶："既然今天没有灾难，就说明'他'再来了。从逻辑上讲，'他'的再来可以理解为一个救赎的力量来了。你也可以这样理解，旧的世界结束了，新的世界开始了，而不是像诺查丹玛斯说的那样人类毁灭了。"

我看着麦克，觉得有点意思，拍拍他的肩膀："美国统治的新世界开始了，然后俄克拉何马统治美国，哈哈。"

"不，旧博士。"麦克放下啤酒瓶，开始挥动双手，"美国统治不了新世界，任何一个国家都统治不了新世界。就像没有一个生物人可以自称是'他'再来一样，没有任何一个国家能统治新世界。如果有哪个国家宣称能统治新世界，那这个国家也一定是骗子。"麦克继续着他的理论，"每个国家都有主流价值，在这个主流价值之下制定法律、规则，然后建立一套体制。没有哪个人掌握真理，所以没有哪个国家掌握真理，任何一个宣称掌握真理的国家也一定是骗子。每个国家的主流价值只反映了人类价值的一个片面，所以要完整、全面地逼近真理、逼近人类价值，一定要从不同的方面反映人类价值，一定要推动多样化、多元化的价值、文化体系。"麦克眉飞色舞地讲着这套我听了几十遍的理论。

"讲得不错，麦克，但是多元化为什么要好多国家呢？加拿大不就是一个多元文化的国家吗？"

"旧博士，"麦克笑着看向我，"加拿大的'多元文化'也只是其中一个方面，比如说，加拿大的'多元'就代表不了'一元'的伊斯兰文化。"

阿妮塔又拿来几瓶啤酒，她用牙齿咬开啤酒瓶盖，递给我和麦克。

我喝了口啤酒，笑着问："麦克，你的理论听起来不错。但是，为什么过去几百年都是英、美霸权国家制定世界规则，而新世界就是多元呢？"

麦克仰起脖子，喝了一大口啤酒："旧博士，是这样的，实际上人类的价值体系一直是多元的。从人类文明开始，就在不同区域诞生不同的文明，非洲、欧洲、中东、亚洲，每个区域都有主流价值。我们熟知的公元前500年前后的'轴心时代'的'哲学的突破'在希腊、以色列、印度、中国以截然不同的方式分别发生，分别推动这些区域的文明和人们对于宇宙人生的认知跳跃上一个新的层次。这些主流价值都非常不同，从全球来看，价值体系就是多元的。"

麦克继续喝着啤酒："非洲、欧洲、中东、亚洲这些文化的诞生地，由于地理上的分割，每个区域好像都单独存在，每个区域好像都有唯一正确的价值体系，实际上它们都只是人类价值体系的一个片面反映。过去几百年，基督教文明强势发展，几乎取得了全球的统治地位，但也正在消灭文明、文化、价值的多样性。一旦人类文明的多样性被消灭，真理就被消灭了，那当然人类也就要毁灭了。现在既然新世纪和平地来了，说明人类被救赎了。也就是说，人类文明的多样性要开始恢复了。"

……

8.4 如何理解世界失序？

让我们回到关于世界秩序基本矛盾的进一步讨论。2020年开始肆虐全球的新冠疫情使得我们痛感世界失序对所有国家带来的伤害。新冠感染病毒没有国界，需要全球鼎力合作来抵抗它对人类的攻击。但遗憾的是，各国之间缺乏有效合作。不仅如此，在2020年疫情开始之初，即使是发达国家之间也发生了互抢口罩、呼吸机等抗疫物资的情况。更有甚者，美国将疫情政治化，不仅在国内因为戴口罩的政策而引发民主党与共和党之间的党派冲突，还在国际上借疫情溯源攻击中国。

2022年开始的俄乌冲突使得欧洲处于热战边缘，美联储持续极度宽松的货币政策终于在2022年引发全球通货膨胀，世界经济在滞胀边缘徘徊。这样的世界混乱状态，与1918—1920年的大流感、1929—1933年的大萧条、1939年第二次世界大战之前乌云密布的世界失序状态非常相似。如何理解当今的世界失序呢？我们首先分析在全球化的不同阶段，尤其是在全球创新时代的"新世界"与"旧世界"之下，全球治理体系的本质区别。

8.4.1 霸权更迭时代的终结

从2018年开启的全球创新时代，也就是"新全球化"，具备两大核心特征：一是全球化进入创新时代，服务贸易、技术贸易和数字贸易的比重大幅上升，科技创新成为全球化的核心推动力；二是全球化呈现区块化格局，表现为在全球贸易、生产和消费网络中，分别以美国、德国和中国为中心节点的北美、欧洲和亚洲，形成了三足鼎立的格局。

表8-2总结了1500年以来，不同的全球化时代中，全球核心公共品与国际力量对比的变化，相应地，全球治理体系也经历了四个不同的发展时期。

表8-2　全球治理体系四阶段

全球化阶段	时间	治理规则对应的领域	核心公共品供给方式	力量对比	全球治理体系
"全球化1.0"全球发现时代	1500—1819年	造船与航海技术、航海	寡头竞争	国家间实力相对接近	宗主国主导的殖民体系；宗主国间有限竞争
"全球化2.0"全球贸易时代	1820—1912年	国际贸易	发达工业国提供	英国实力领先	英国主导的全球殖民体系
	1913—1950年	过渡阶段	英美霸权更迭	主导国家缺失	两次世界大战
	1951—1978年	国际贸易、投资与资本流动	美国提供	美国实力领先	美国主导的全球秩序

(续表)

全球化阶段	时间	治理规则对应的领域	核心公共品供给方式	力量对比	全球治理体系
"全球化3.0"全球生产时代	1979—2018年	全球生产	美国主导提供	国家间实力差距缩小	美国主导的自由经济秩序；区域机构成为重要补充
"全球化4.0"全球创新时代	2019年至今	技术市场	天然分散分布	多中心经济格局逐步形成	全球与区域双层治理；三足鼎立区域治理

全球创新时代的"新世界"不同于"旧世界"，其根本原因在于"新世界"是由建立在人力资本之上的创新推动的，而"旧世界"则主要由物质资本推动。科学技术本质上是公共品，可以共享；而物质资本是私有品，一定要有私人归属，私人归属本质上是你有我无的斗争关系。认识不到由物质资本主导的霸权更迭的"旧世界"秩序不能自然延伸到"新世界"秩序，是很多美欧学者与政策研究者、实践者的方向性错误。

8.4.2 "大国争夺世界霸权"的误导性观点

麻省理工学院经济学教授查尔斯·金德尔伯格对1929年世界经济大萧条持续10年之久的原因进行了探讨。他认为，核心原因是世界失序：英国没有能力继续发挥其世界经济体系保险者的作用，而美国一直到1936年都拒绝扮演该角色。金德尔伯格明确表示，要使世界经济处于稳定状态，就必须有起稳定作用的国家，而且只能有一个这样的国家。金德尔伯格的研究被称为"霸权稳定论"，成为全球治理体系的代表性观点。

在金德尔伯格的开创性研究之后，学术界针对霸权稳定论的经验研究主要经历了三个发展阶段：20世纪70年代集中讨论如何衡量"霸权"与"稳定"；80年代主要探讨美国霸权是否已经衰落，从而影响国际秩序；90年代之后的研究则聚焦在权力分布与国际秩序之间的因果关系上。对霸权稳定论的学术探讨近年来已经降温，但霸权稳定论的观念仍根深蒂固，一直影响着各界人士对未来国际治理体系的讨论。当前关于中美两国是否在争夺世界领导权或者中国是否将成为"世界领导者"的争论正是霸权稳定论的延续。

新冠疫情暴发以来,西方学者更加认为中国正借机谋求世界领导地位。2020年3月18日,库尔特·坎贝尔和杜如松在《外交事务》(Foreign Affairs)杂志上发表文章,认为中国正在填补美国留下的空缺,将自身定位为全球应对疫情的领导者,而疫情为中国的全球治理提供了行动机遇。

杜如松是拜登政府的白宫国家安全委员会中国事务主任,在2021年出版了《长期博弈:中国取代美国的大战略》(The Long Game: China's Grand Strategy to Displace American Order)一书。在书中,杜如松认为中国自20世纪80年代以来就制定了取代美国成为新的世界霸主的"大战略",而中美对世界领导权的争夺是世界秩序重构的焦点。哈佛大学教授格雷厄姆·艾利森总结分析了历史上16个崛起国和守成国的转型案例,其中只有4个实现了和平转型。他认为,历史上的世界秩序更迭大概率伴随大战,守成国和崛起国有可能会落入可怕的安全困境。他对于当下的中美权力转移将走向何处持悲观态度,认为中美关系已经陷入可怕的恶性循环,相互指责加大了互疑和对抗情绪,它们似乎注定一战。

将世界失序归因于中美对世界领导权的争夺是严重的误导,这种误导有可能给中美两国人民、世界人民带来巨大的伤害,甚至灾难。因为领导权的争夺是零和游戏,一定会有输赢,而大国尤其是势均力敌的大国对输赢的争夺有可能会给世界带来战争。那么这种看法错在哪儿呢?它错就错在忽视了当今世界秩序演变的时代背景:按照我们在第2章中的讨论,当今世界处于从全球生产时代向全球创新时代转变的关口,全球经济基础已经从美国主导发展为美、欧、亚三足鼎立的格局;顺应全球化从3.0时代向4.0时代的代际变革,全球治理体系当然要发生与之相适应的变革,而这种变革的核心特征就是人类历史上主导世界秩序演变规律的"霸权更迭"终结了,而新的"竞争共存"的世界秩序开启了。简言之,当今世界秩序的重构,既不是美国打败中国继续领导世界,也不是中国取代美国成为新的霸主,而是世界秩序发生范式转换,从霸权国家主导变革为若干主要大国相互竞争、相互支撑、竞争共存的世界秩序。

按照小天才麦克的说法，"新世界"来临了，人类文明的多样性要开始恢复了，没有任何一个国家能统治新世界。

杜如松等关于中美争霸、霸权更迭的观点，是用旧的理论解释新的世界，抱残守缺，害人害己！

8.5　三足鼎立：新世界双层治理体系

竞争共存的新世界秩序的建设需要新的理论。① 我们在这一节探讨关于全球治理体系的新理论，其创新之处在于：

第一，我们赞同规则的多样性，也就是假设不同国家对于规则的偏好是不同的。

第二，我们认为全球治理体系并不只是一种规则，而是一系列有差异的规则的组合。规则是公共品，但不同规则的治理范围大不相同。比如，气候变化可能需要全球统一的规则，而跨国投资可能需要区域多样性的规则。

第三，规则的管理可以是分层的，可以在全球或区域之间进行分层管理。

第四，我们把全球秩序的制定看成对世界的有效治理，而不是对世界权力的瓜分，可以从客观视角来讨论什么样的新世界治理体系效率最高、最能增进世界人民福利。

8.5.1　双层治理体系的理论

继上文四点创新，我们可做如下假设：

第一种假设是，不同国家对全球治理规则的偏好是不同的，也就是俗话说的"众口难调"。这源于不同国家的文化、体制与发展水平的不同。就拿产业政策来说，东亚国家，如日本、中国等，习惯于长期依靠产业政策的指导，而欧美国家更倾向于政府不直接参与微观经济活动；发展中国家的政府更多地让产业政策直接对接具体行业的投资，而发达国家的产业政策更加注重对

---

① 详细讨论参见：鞠建东，彭婉，余心玎，2020. 三足鼎立的新全球化双层治理体系［J］. 世界经济与政治，(9)：123-154+159-160。

技术研发的支持。

第二种假设是，不同治理项目的全球化程度不同。一些治理项目，比如气候变化，主要是全球性的，需要全球范围内的治理规则；而另一些项目，比如地区性的基础设施，更多的是地区性的，主要在地区范围内协调、治理。

第三种假设是，不同治理项目的管理成本结构不同。治理项目的成本主要分规则制定成本与日常管理成本。有些项目的规则制定成本高而日常管理成本低，而另一些项目刚好相反。比如，全球核武器控制的规则制定成本非常高，需要核大国一次又一次地谈判，但日常管理成本比较小，因为日常几乎不使用核武器；而跨国投资规则刚好相反，规则制定成本并不太高，现在双边投资都趋于负面清单管理，但日常管理成本非常高，因为几乎每笔跨国投资都有不同的问题、不同的风险，需要精细的日常管理。

因此，我们在构建一个理想的全球治理体系时，就必须考虑到上述三种假设中提及的那些差异。这也就意味着，一个理想的治理体系不能是单一维度的，而应该是双层结构的。那么，是什么样的双层结构呢？

第一层是全球性的治理机构，比如联合国、世界贸易组织等。那些全球化程度比较高、参与国对规则的偏好比较一致、规则制定成本高但日常管理成本低的项目，比如核武器控制、全球气候变化等，就归这些全球性的治理机构管理。第二层是区域性的治理机构，比如欧盟、美加墨自贸区，以及未来的亚洲治理体系。那些全球化程度低、参与国规则偏好差别大、规则制定成本低但日常管理成本高的项目，就由区域性的治理机构进行管理。

所以，从理论上来说，一个高效率的全球治理体系应该是全球与区域的双层治理体系。

8.5.2 双层治理体系的实践

在金融、贸易、卫生、安全等多个领域已显现出全球与区域双层治理体系的雏形——全球与区域治理机构实现分工，并分别向各国提供各类治理服务。但是，两者的职责划分尚不明确，运行机制有待完善，治理能力亟须提高。

我们以国际金融与国际贸易治理体系为例。先看国际金融，可以看到全球与区域金融治理机构在其提供的金融公共品的性质、能力和服务范围等方面均有显著差异，国家在寻求不同类型的公共品服务时会有针对性地选择。在金融公共品领域，代表性的全球治理机构主要包括国际货币基金组织、世界银行、国际清算银行和金融稳定委员会；代表性的区域治理机构则包括亚洲开发银行、亚洲基础设施投资银行、欧洲复兴开发银行、美洲开发银行和非洲开发银行。其职能与成员范围如表8-3所示。

表8-3 主要金融治理机构的职能与成员范围

机构名称	主要职能	成员范围
国际货币基金组织	监督成员经济状况与货币政策、援助国际收支困难经济体、提供技术援助和培训	全球
世界银行	为发展中经济体资本项目提供贷款、推进全球减贫事业	全球
国际清算银行	推进国际货币政策对话与研究、关注央行支付体系、担保国际金融业务	全球
金融稳定委员会	评估全球金融系统脆弱性、协调各国监管政策与标准、制定跨国应急预案	以G20为基础
亚洲基础设施投资银行	促进亚洲互联互通与经济一体化	以亚洲经济体为主体，成员遍布五大洲
亚洲开发银行	为成员减贫与发展提供项目贷款	亚太地区的49个经济体以及其他地区的19个经济体
欧洲复兴开发银行	支持中东欧私营企业与基础设施建设，推进其市场化转型	欧洲地区45个经济体、其他地区的22个经济体、2个国际机构
美洲开发银行	为拉美经济与社会发展计划提供资金与技术援助	28个美洲经济体、16个欧洲经济体以及4个亚洲经济体
非洲开发银行	促进非洲成员经济与社会发展，推进非洲经济一体化	54个非洲经济体和28个其他地区经济体

全球金融治理机构提供的公共品主要有以下特征：第一，主要关注全球金融的系统稳定性、全球性的经济发展；第二，能够提供大额信贷与援助，公共品供给能力强；第三，覆盖全球主要经济体（极少数国家和地区除外）；

第四，与成员中央政府关系密切，履行职能大多需要后者支持。

区域金融治理机构则有以下特点：第一，由区域核心经济体主导建立，公共品供给能力由主导经济体的意愿和能力决定，但明显弱于全球治理机构，难以提供大额援助；第二，聚焦成员内部级别较低的行政区划中的发展项目；第三，公共品供给只覆盖区域内经济体，区域外经济体大多为出资方而非借款方；第四，公共品供给领域有所侧重，一般服务于该组织的主要宗旨。

再来看国际贸易治理体系。世界贸易组织从 1995 年创立至今，从未有人想象到美国这个世界贸易组织规则的主要制定国会选择废除其上诉机构，使世界贸易组织瘫痪。按照世界贸易组织的规则，任何世界贸易组织争端的最后仲裁小组至少需要三名法官。2017 年以来，随着世界贸易组织上诉机构几位在任法官四年任期的结束，美国接连否决了其他国家提名的所有继任法官。到 2019 年 12 月，上诉机构只剩下一名法官，工作停摆。美国这样做是因为不满意世界贸易组织的现有规则，如果世界贸易组织不按照美国的意愿改变规则，美国宁可砸烂它。美国总统拜登直言，决不能允许中国参与制定世界贸易规则。世界贸易治理体系的改革路在何方呢？

实际上，世界贸易的治理并不需要美国在所有方面和中国合作，因为有相当一部分贸易规则是区域性的，并无必要在全球性的框架下治理。世界贸易治理体系也同样出现了双层治理体系的雏形。世界贸易组织承担着全球多边体制下的贸易治理，而美加墨自贸区、欧盟则是两个最成熟的区域贸易治理体系，如果在亚洲也出现一个贸易治理体系，那么如图 8-2 所示的三足鼎立的双层治理体系，就很好地匹配了三足鼎立的全球价值链结构。

一些全球性的、中美等大国有一致性看法的贸易问题，比如气候变化方面的贸易、碳关税等，可以依旧由世界贸易组织来管理。大部分区域性的贸易规则可以下放到区域性的自贸区治理，比如由欧盟、美加墨自贸区以及未来的"亚洲共同体"来治理。三足鼎立的区域贸易治理只是一种框架描述，实际上可以有更多的区域治理体系，比如南美、南亚、非洲、中亚的区域治理体系。区域治理不仅共同支撑全球治理，区域之间的竞争也使大国之间可以是良性的、有益的竞争，从而达到竞争共存。

如果我们摒弃"霸权更迭"的传统理论，沿着世界秩序（上层建筑）与

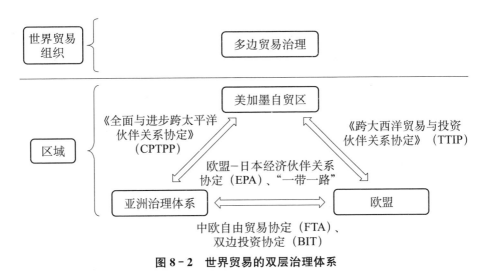

图 8-2　世界贸易的双层治理体系

三足鼎立的经济基础结构相适应的思路；如果我们摒弃大国争霸的错误方向，沿着建立更为有效、福泽天下的全球治理体系的正确方向；如果我们摒弃僵化思维，不是非要将全世界所有的规则统一到由霸权国家主导的世界组织治理，而是将不同的经贸活动规则分门别类，多边的归多边，区域的归区域，那么世界秩序就会有一个光明的未来。

8.6　世纪之交的讨论（2）

在本章结束之前，让我再把时光拉回到 2000 年元旦凌晨世纪之交的讨论。

看着手舞足蹈的小天才麦克，我继续问道："人类文明的多样性就是真理吗？"

麦克看着我："旧博士，是这样的，因为我们每一个人、每一个区域、同一种文化体系的人，都只是按照人类价值或者真理的其中一个方面来理解世界。一旦人类文明失去了多样性，人类就无法将各个片面合在一起，全面而相对准确地逼近人类价值了。"麦克忽然指着他住的房子，继续说："人类价值，或者真理，就像这个房子，有东西南北四面墙、一个屋顶，每一种文化只是一面墙，至多是屋顶。基督教文化再伟大，也就只是屋顶，如果基督教文化这个屋顶把东西南北四面墙都干掉，那屋子就倒塌了。人类文化最重要的多样性，实际上就是东西方文化的差异，这也是我为什么要学中文。"

我微笑着点点头："不错，东西方文化在很多方面是对应、对称的。那么，哪些地方是对应、对称的呢？麦克，我们讨论一下。"

"好啊好啊，旧博士，我说西方文化，你说东方文化，我们开始。"

"东方文化是集体主义的。"

"西方文化是个人主义的。"

"东方文化是一元论，天地人合一。"

"西方文化是二元论，上帝的归上帝，凯撒的归凯撒。"

"东方文化是整体论，整体的根本是道德。"

"西方文化从个人主义出发，所以人权是基石。"

"道德与远见是共存的，所以东方讲远见，而有了远见才有方向。"

"人权与自由是共生的，所以西方讲自由，而自由才会带来创新。"

"东方文化以天地人合一为出发点，因而以平衡为核心、和谐为精神。"

"西方文化以个人自由为出发点，因而以竞争为核心、民主为精神。"

"那谁是西方，谁是东方呢？"阿妮塔忍不住了。

我看着他们俩，意味深长地说："东方的东方是西方，西方的西方是东方。"

"太有意思了，太有意思了！"麦克兴奋地转了好几个圈，"旧博士，干杯！""干杯，为了新世纪！"我拿着啤酒瓶，碰了碰麦克、阿妮塔的啤酒瓶，环顾四周，不知不觉中邻居都已经回屋了，小区也就剩下麦克家和我家门口还亮着灯。"已经凌晨四点了，今天的讨论就到这儿，我们回去休息吧。"我往屋里走。"好的，旧博士，晚安。"麦克、阿妮塔说完也往回走。

我走到家门口，顺手将灯关掉，麦克也将他家门口的灯关掉了。小区一片寂静，天上的星星依然闪耀着，我禁不住望向东方。新世界的第一缕阳光，已经在酝酿了，未来还会有人类大灾难吗？世界秩序又将如何演变呢？

第 9 章
什么决定大国竞争的未来?

大国竞争,也称为守成国与崛起国的竞争,深刻影响我们这个美丽星球上每一个居民的生活。什么决定当代大国竞争的未来呢?通过对 1500 年以来全球多次大国竞争的回顾,我们发现经济总量的长期增长决定大国竞争的结局。正如我们在第 2 章所讨论的,经济总量(用 GDP 衡量)的长期增长既代表了一个国家的实力,也代表了这个国家人民的利益。1500 年以来的多次大国竞争表明,能保持长期增长的国家赢得了大国竞争,而不能保持长期增长的国家输掉了大国竞争!

什么又决定长期增长呢?这一章建立了一个增长—危机的分析框架。我们发现,保持长期增长的关键是不发生增长危机。问题的关键就清晰了:当代的中美竞争的结局取决于双方如何防范增长危机。中美各自可能有哪些增长危机?各自应如何防范?未来数十年,大国竞争下,中美的危机如何演变?世界如何在大国竞争下走向和平?下面我们逐一分析这些问题。

9.1 大国竞争的历史回顾

要确定衡量大国竞争成败的指标，我们先从历史数据中寻找共性。表9-1总结了1500年以来，西葡、英荷、英法、英美、英德、美苏、美日等7次大国竞争的结果与这些大国GDP总量在竞争期间的增长情况。

表9-1 1500年后主要大国竞争历史案例回顾

	时间	崛起国	守成国	结果	长期增长率
1	15世纪后期	西班牙	葡萄牙	教皇仲裁，和平瓜分世界	1500—1600年平均GDP增速：西班牙0.27%，葡萄牙0.06%
2	17世纪中后期至18世纪	英格兰	荷兰	四次英荷战争，英格兰最终胜利	1700—1750年平均GDP增速：英国1.19%，荷兰0.41%
3	17世纪后半叶到18世纪中期	英国	法国	英国获胜扩张海外霸权，法国丧失大量殖民地	1760—1820年平均GDP增速：英国0.80%，法国0.44%
4	20世纪初期	美国	英国	霸权和平过渡，美国获胜	1914—1939年平均GDP增速：美国1.96%，英国0.99%
5	20世纪中期	德国	英国	德国二战失败，英国二战之后也失去世界霸主地位	1944—1954年平均GDP增速：英国0.64%，德国-1.47%，均逊于美国的1.32%
6	20世纪40—80年代	苏联	美国	苏联解体，美国获胜	1990—2000年平均GDP增速：美国3.44%，苏联（原区域上）-2.88%
7	20世纪60—80年代	日本	美国	日本做出多方面让步，放弃了经济上对美国的挑战，美国获胜	1985—2005年平均GDP增速：美国3.17%，日本2.08%

资料来源：笔者根据麦迪森世界千年经济数据库计算。2中崛起国为英格兰，但增长率计算区间变为英国的原因是，麦迪森世界千年经济数据库将1700年后该地区的数据统一为英国数据。

西班牙与葡萄牙

15世纪后期，哥白尼在西班牙王室赞助下远航发现美洲新大陆，但葡萄牙依据西葡两国于1479年签订的《阿尔卡索瓦什条约》中葡萄牙拥有属于北纬28度以南地区垄断权的规定，认为新大陆属于自己。西葡两国对新大陆归属权展开激烈竞争。1493 年，教皇亚历山大六世以教皇子午线划定西葡两国的海外领地和势力范围。葡萄牙对这一决定表示不满，两国剑拔弩张，在关键时刻，西班牙选择放弃部分利益以避免军事冲突，将分界线向西移动，两国于 1494 年签订《托尔德西里亚条约》重新划分殖民势力范围。事后看来，西班牙获得了新大陆的归属权，葡萄牙获得了环非洲航线、印度与巴西的垄断权。《托尔德西里亚条约》签订后，在海外殖民扩张方面，两国基本实现了互不相扰的无竞争状态。数据表明，两国在后续发展中均维持了正常增长。

英国与荷兰

相较于西葡两国的和平竞争，英国与荷兰间的大国竞争则直接诉诸战争。17 世纪中后期至 18 世纪晚期，英荷之间爆发了四次英荷战争，其结果是英国成功崛起，其后实现经济快速增长，获得世界金融霸权，逐步建立起庞大的殖民帝国。荷兰竞争失败，经济增长缓慢甚至停滞。

英国与法国

1648 年，三十年战争结束，法国获得了阿尔萨斯—洛林主权，并击败了西班牙陆军，成为欧洲陆军霸主。法国的强大违背了英国"大陆均势"政策，英国不能坐视一国称霸欧陆，成为其在欧洲的有力竞争对手，威胁其海上霸权和海外殖民地。此外，法国奉行天主教，而英国奉行新教，两国在宗教意识形态上对立。从 17 世纪中后期开始，英法两国作为敌对双方先后参与到九年战争、西班牙王位继承战争、奥地利王位继承战争和七年战争中。1763 年，英国、法国、西班牙签订了《巴黎和约》，法国将整个加拿大割让给英国，在东半球被迫从印度撤出。而英国则合并了苏格兰和爱尔兰，建立起大不列颠及爱尔兰联合王国。在多次战争中取得胜利并不断巩固胜利成果的英国，其 GDP 增长迅速，成为海外殖民霸主，而失败者法国的 GDP 则长期停滞不前。

美国与英国

第二次工业革命发轫于美国，其生产力得到极大提升。在第一次世界大战期间，美国具有两大洋的天然地理优势，本土远离战火。但英国却直接遭受战争重创，战后国内生产衰退，海外市场萎缩，殖民地寻求自治。第一次世界大战也使美国由债务国变为债权国，美元逐步取得世界储备货币地位。尽管英国还保持着海上军事力量优势，但经济霸权基本已经易主。第二次世界大战进一步确立了美国的军事优势。加之战后，民族独立浪潮高涨，英国进一步受到削弱。总体而言，两国实现了霸权和平更迭，未直接爆发军事冲突。美国的经济总量在1862年超过英国本土，在1915年超过大英帝国，到1950年是英国的4.19倍。

英国与德国

借助第二次工业革命，德国与美国都在经济总量上超过英国。英国不能容忍德国称霸欧洲大陆，选择与德国对抗，与美国结盟。德国在两次世界大战中均战败，尤其是第二次世界大战，对德国本土的破坏最为严重，基础设施破坏殆尽，人口凋零，经济几乎完全崩溃。第二次世界大战后，德国分裂，其GDP与美国、英国GDP之比呈断崖式下跌；英国也失去世界霸主之位。英德之争是大国竞争中典型的双输案例。

苏联与美国

第二次世界大战结束后，世界逐渐形成了以苏联为首的社会主义阵营和以美国为首的资本主义阵营冷战的局面。进入20世纪70年代，美苏争霸逐渐白热化。在冷战期间，苏联的军费开支达到GDP的15%，甚至更高。70年代石油危机发生后，苏联凭借丰富的油气资源迎来了一个经济高速增长时期。80年代，美国迫使沙特阿拉伯石油增产，压低石油价格，重创苏联经济。苏联最终于1991年解体。冷战结束后，俄罗斯经济由国家垄断变成寡头垄断，财富集中度和贫富差距大幅提高，经济大幅下滑。

日本与美国

第二次世界大战之后，日本经济迅速发展引起美国防备，美国通过多种手段成功遏制了日本的崛起，日本陷入了"失去的三十年"。这一案例将在

9.3.1 节详细展开。

这 7 次大国竞争有什么共同点呢？历史数据显示，输掉大国竞争的国家，如荷、法、英、德、苏、日，经济总量的增长都陷入停滞，甚至出现大幅下滑；而赢得大国竞争胜利的国家经济总量都获得更快的增长。

一国经济总量的增长，既可以通过和平和提高生产力的方式来实现，也可以通过战争和掠夺的方式来实现。如本书第 2 章所述，经济总量的长期增长既代表了一个国家的实力，也代表了一个国家的根本利益。大国的国运、世界秩序的演变，都可以用经济总量这样一个量化指标的长期变化趋势来衡量。因此，我们可以用经济总量的长期增长来衡量大国竞争的成败：保持经济总量长期增长的国家赢得世界秩序主导权，而经济总量陷入停滞、不能保持长期增长的国家输掉对世界秩序主导权的竞争！

9.2 大国竞争的增长—危机模型

图 9-1 描述了中国、美国及世界其他国家从 1978 年到 2060 年的经济增长趋势。以 2018 年中美贸易争端爆发为中点，将这 80 年左右的时间分为"历史"与"现在和未来"两段。1978—2018 年是前 40 年，是历史；2019—2060 年是后 40 年，是现在和未来。我们首先回顾中美贸易争端之前，也就是从 1978—2018 年的 40 年历史，然后通过这 40 年的经验数据，再来预测到 2060 年，我们的长期增长会是一个什么样的路径。图 9-1 展示了四种可能的增长路径，分别代表四种可能的均衡，我们称之为 A 均衡、B 均衡、C 均衡、D 均衡。通俗地说，A 均衡代表中美双赢，B 均衡代表美国赢而中国输，C 均衡代表中国赢而美国输，D 均衡代表双输。

1978—2018 年的 40 年间，中、美、其他国家的 GDP 年平均增长率分别为 9.45%、2.64%、2.62%。中国从 1978 年到 2018 年实现了 40 年的高速经济增长，美国在过去这 40 年的经济增长强劲而稳定，除了中美两国，世界其他国家在过去 40 年也维持了稳定的经济增长。中美贸易争端于 2018 年爆发，2018—2022 年，中、美、其他国家的 GDP 年增长率分别为 4.88%、1.84%、1.41%。

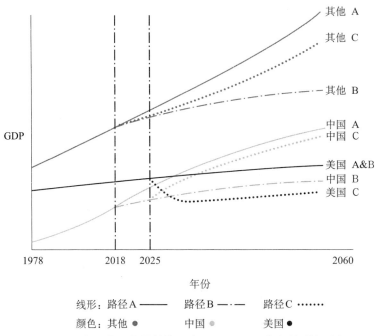

图9-1 中、美及世界其他国家1978—2060年经济增长路径

我们在第2章讨论过，经济增长依靠的是"创新—市场"的双轮驱动。从1978年到2018年的40年，创新主要就是第三次工业革命，也就是以信息技术为代表的工业革命。而全球市场规模扩大最主要的推动力就是全球化，全球化的主要内容又是什么呢？就是中美共同推动的全球化的第三个阶段，也就是生产的全球化。换句话说，信息革命和生产的全球化，共同推动了过去40年中美和全球的强劲增长，使得这期间世界GDP的平均增长率达到3.05%。中美贸易争端爆发，叠加新冠疫情与俄乌冲突等全球与区域危机的影响，2018—2022年世界GDP年平均增长率降为2.10%。

按照双轮驱动模型，从现在到2060年的经济增长同样依赖于创新与全球市场规模的扩张。先看创新，大部分人都同意，第四次工业革命，也就是以人工智能、绿色转型为代表的工业革命已经到来，它对生产力的影响和对增长的推动，甚至会比前40年的信息革命更加深刻、更加强大。所以，创新不是问题，那么未来将近40年的经济增长趋势，主要就看全球市场规模的扩张，也就是全球化这个轮子了。

9.2.1　A 均衡

第一种可能性就是中美还和过去 40 年一样合作，全球化的第四阶段（全球创新阶段）顺利推进。得益于人工智能工业革命和创新的全球化，中美两国和世界其他地区都在今后近 40 年实现高速增长。我们称这种情形为 A 均衡。在图 9-1 中用实线"中国 A"、实线"美国 A"、实线"其他 A"三条线表示。A 均衡是中美双赢的均衡，类似历史上美英竞争的情形，守成国与崛起国合作。

中美两国已经进入大国竞争阶段，还能像过去一样合作吗？这主要取决于美方是否愿意继续合作。一方面，两害相权取其轻，如果未来某一个时间点美国面临危机，我们不能排除在危机与合作之间，美国有可能选择合作。另一方面，理论上我们要分析各种可能的均衡状态，中美合作作为一种可能的均衡状态，或许是一种理想的状态，我们要看一看这个均衡状态对中、美、世界是什么样的结果。

假设中美能像 2018 年之前一样合作，结果会怎么样呢？先看美国，按照学术界的估计，美国经济今后 40 年的潜在年增长率为 2%，其中，人口年增长率基于联合国人口预测取 0.42%，人均 GDP 年增长率则为 1.58%。我们假设美国会实现 2% 的潜在增长率，在图 9-1 中，用实线"美国 A"代表。

而中国呢？在第四次工业革命与创新的全球化的双轮驱动之下，我们预测到 2060 年的时候，中国人均 GDP 将追上发达国家。在这种前提下，假设三种情形：第一种是高假设，假设中国的人均 GDP 达到美国的 90%。第二种是低假设，达到美国的 50%。第三种是中假设，取中位数，达到美国的 70%。这是一个什么状态呢？目前，英国、新西兰的人均 GDP 大约是美国的 70%。因此，我们的假设意味着，40 年之后，中国的发展能追上英国、新西兰的相对水平。另外，美国在 2022 年的人口是 3.33 亿，且增长比较稳定。可以推测，到了 2060 年，美国大约是 4 亿人口。而中国人口到 2060 年会是多少？学术界有不同预测，高预测是 14 亿，低预测是 10 亿，我们同样取一个中间值 12 亿，也就是比现在减少 2 亿人。

假设中国人口是美国的 3 倍，人均 GDP 是美国的 70%，可以得出，2060

年中国 GDP 总量大约是美国的 2.1 倍。而要实现这一目标，需要中国保持年均 GDP 增速比美国快约 2.97 个百分点，即年均 GDP 增速约 4.97%。在图 9-1 中，用实线"中国 A"代表。得益于中美两国的强劲增长，世界其他地区在今后 40 年也将有强劲的增长，用图 9-1 的实线"其他 A"代表。

这样，到 2060 年中国是一个经济总量两倍于美国的大国，而无论在金融，还是在科技的综合实力上，中国都会赶上并超过美国。届时，目前美国对全球经济、国际货币体系、全球治理的主导地位，都会发生实质性的改变，世界秩序将演变成如我们在第 8 章所讨论的"三足鼎立—竞争共存"的状态。也就是说，以美国为核心的北美，以中国为核心的亚洲，德、法、意共同支撑的欧盟，还有其他地区，比如印度、非洲、南美等都得到了迅速的发展，我们称之为一个"三足鼎立—竞争共存"的时代，一个世界高速增长的时代，一个繁荣与光明的时代。

但这种中美双赢的均衡却意味着美国对世界的霸权地位就此结束。从特朗普、拜登政府所宣称的，从美国精英阶层、主流民意所表达的意愿来看，他们对于这样一种前途是不满意的。这也就是为什么我们看到 2018 年之后美国发起了中美贸易争端，美国更希望看到的是美国赢、中国输。

9.2.2　B 均衡

B 均衡是美国赢而中国输，美国实现最优（潜在）增长，并遏制了中国的长期增长，使得美国至 2060 年经济总量仍然领先于中国，主导世界秩序，在图 9-1 中，用点划线"中国 B"、实线"美国 B"（与美国 A 重合）、点划线"其他 B"三条线表示。美国的潜在增长率是 2%，中国在 B 均衡中的低水平增长对美国有正、负两方面的影响。一方面，美国依然主导世界秩序，维持"一超多强"的世界格局，继续领跑全球经济，也巩固了科技领先优势与美元主导的国际货币体系，因而享受世界霸权带来的垄断利润；另一方面，中国远低于 A 均衡的增长降低了世界市场规模，形成对美国经济的负面冲击。我们无法准确判断正负影响的大小，因而假设正负影响相互抵消，并维持美国长期增长率为 2% 的假设。

文献认为，当"具有主导国权力的 80% 或以上的国家"出现时，世界权力等级格局将受到威胁。① 因此，我们假设80%的实力对比是美国成功遏制中国后的情景，即假设2060年中国经济总量仅为美国的80%。在这一假设下，美、中两国2023—2060年平均增长率分别为2%、2.34%。

从经济增长理论来说，"中国B"与"中国A"是两种不同的增长路径。用宏观经济学的术语讲，"中国B"与"中国A"是两种不同的长期增长稳态。我们通常将A均衡定义为"正常增长均衡"，而将B均衡定义为"危机增长均衡"。一般来说，发生危机会改变一个国家的经济结构，使这个国家陷入长期低增长的陷阱。比如1997年的亚洲金融危机之后，很多东南亚国家（泰国、马来西亚、印度尼西亚等）都陷入长期低增长；在美日贸易争端发生后，日本房地产泡沫破裂，楼市暴跌，经济陷入几十年的低增长；苏联解体后出现经济衰退，甚至人口总量和平均寿命一度出现负增长。

任何一个国家，不论是中国还是美国，都可能有某种危机。从这个逻辑来说，假如美国维持正常增长，而中国却发生了某种危机，经济长期低增长，那就有可能出现B均衡——美国赢而中国输。图9-1的"中国B"点划线描述了这种危机增长路径：在2018年中美贸易争端之后，如果中国发生危机，中国经济就会出现结构性的改变，会偏离正常的长期增长路径A，而变成危机之后的低增长路径B。路径B的增长率为2.34%，大约是路径A增长率4.97%的一半。在这种情形下，由于中国经济的低增长，世界市场总量大幅缩水，其他地区的经济增长也因此大幅降低，我们在图9-1中用点划线"其他B"代表。

9.2.3　C均衡

第三种可能性是中国赢而美国输，崛起国战胜守成国，类似于历史上的英荷之争。这种情形由图9.1的虚线"中国C""美国C""其他C"来代表。

中美贸易争端在短期内对中国经济当然是有冲击的，图9-1中的"中国C"在2018年之后有几年的调整阶段，在调整阶段中国的经济增长率会低于

---

① Organski A F K, Kugler J, 1980. The War Ledger [M]. Chicago: University of Chicago Press.

"中国A"的正常增长率。但是，C均衡要求中国能够把中美贸易争端控制成一个短期冲击，而不影响中国的长期增长路径。中国通过几年的结构调整，在2025年前后能够从这种短期冲击中恢复，继续保持A均衡下的长期增长趋势。用经济学的术语讲就是，中美贸易争端对于中国的增长只是一个短期冲击，但不改变中国长期增长的稳态。在C均衡下，中国的GDP在调整阶段结束之后，将会回到A均衡的长期增长路径，继续保持强势增长，在2060年至少达到美国GDP的两倍。

在C均衡下，美国经济如何增长呢？我们注意到，只要中国经济保持正常增长，中国经济总量在2035年前后超过美国，随后在科技、金融、军事、全球治理这四个领域也会逐步赶超美国。此时，在国际金融体系里，美元依然占主导地位，这种全球经济基础与国际货币体系的矛盾会越来越激化，现有美元主导的国际货币体系将转换成三足鼎立的多元货币体系。

问题是，这种新旧国际货币体系的转换以什么方式发生？第一种方式是美元主导的国际货币体系"硬着陆"，也就是美元和美债出现危机。一旦危机爆发，就有可能引发全世界的金融海啸，美国的经济也有可能崩溃。第二种方式是"软着陆"，类似于美元和英镑在世界货币体系地位的转换，但这种"软着陆"要求中美两国的紧密合作。但是在C均衡假设下，中美斗争，已经排除了中美合作的情形（中美合作由A均衡代表），所以在C均衡的假设下，美元只能"硬着陆"。

因此，在C均衡中，假如中国能够保持长期正常增长的话，那么美元主导的国际货币体系一定会发生变革，而这种变革有两个可能：第一种是美元危机引发美国的经济危机，美国经济崩溃，在图9-1中我们用虚线的"美国C"来代表，这种情形就是中国赢而美国输。当然，也有第二种可能，当面临美元危机的时候，美国放弃对抗，选择与中国合作，从而实现美元的"软着陆"。那么这就不是C均衡了，而是回到A均衡。在这种情形下，美国经济在危机的关头，有可能通过选择与中国合作回到正常增长路径，也就是"美国A"的增长曲线。

以上分析表明，只要中国能保持自己的正常增长，那么美国就可能面临一个美元危机的前夜，而在那个时间点，美国的选择将决定美国经济的未来：

第 9 章 什么决定大国竞争的未来？

或者对抗而引发危机，或者合作而避免危机的发生。如果美元危机爆发，引发全球金融海啸，那么世界经济的增长将会大幅降低，这可以用图9-1中的虚线"其他 C"代表。

9.2.4 D 均衡

中美竞争还有第四种可能，就是两败俱伤，中美双输。中美竞争使得两国都发生危机，对两国的长期增长都带来结构性的、长期的负向冲击，两国均进入低速增长乃至负增长区间。这种中美双输的均衡，类似于历史上英德之争。英德对世界霸权的争夺导致两次世界大战，其结果是英德两国都失去了对世界主导权的竞争力，让位于美苏两个新的超级大国。为清晰起见，图9-1没有标出 D 均衡的增长路径，而是用"中国 B""美国 C""其他 B"的三条曲线来代表。

对世界其他地区而言，中美双输有可能催生另外的世界大国，如欧盟、印度、俄罗斯等的崛起。但短期内更可能发生的是，作为重要的全球商品、服务和技术的需求方和供给方，中美两国的低速增长乃至衰退意味着全球经济增长丧失了引擎动力，全球经济极有可能长时间陷入低迷；中美两国的危机使得现有世界秩序崩溃，而新的世界秩序在短时间内难以形成，全球进入世界失序的动荡时期。

9.3 崛起国的潜在危机以及防范

上一节我们讨论了作为崛起国的中国与作为守成国的美国在大国竞争中的四种可能前景。其中，赢者经济正常增长，输者发生危机、经济陷入低增长陷阱。在宏观经济学中，我们称正常增长为正常均衡，低增长陷阱为危机均衡。因此，一个国家能够实现长期增长的关键在于不发生危机，那么，什么是危机？怎样能防范危机？

经济学中对危机的定义可以理解为可以防范的、自我实现的恶性循环。这个定义中包含三个要点：一是可以防范，二是自我实现，三是恶性循环。

经典的例子是银行的挤兑危机。在正常情形下，银行一方面吸收居民存款，另一方面将部分居民存款放贷给企业。居民获得存款利息收入，企业获得必要的生产资金，银行通过提供存贷款服务获得利息差收入。但是，如果有几个居民担心银行要倒闭，就去银行把存款取出来；然后更多的人担心自己的存款，也去银行把存款取出来，越来越多的居民去银行取存款，最后大家都去银行取存款，就发生了银行挤兑。结果是，本来经营正常的银行，无法在特定时间提供足够的现金让所有居民取回存款，不得不宣布破产。而银行破产之后，相当一部分居民的存款就真的损失了。

挤兑危机是自我实现的。本来银行运营正常，一开始的几个人可能特别担心风险就去银行取款，然后越来越多的人担心存款安全而去银行取款，最后银行破产了，那些担心银行破产的人所担心之事确实发生了。挤兑危机是恶性循环：当越来越多的人去银行取款时，银行无法支付的风险越来越大，本来不担心银行风险的人也不得不担心、不得不去取款，这样就形成了恶性循环，直至银行破产。每个居民的行为都是理性、最优的，一开始取款的居民可能特别不喜欢风险，后来取款的居民可能喜欢跟风，再后来的居民确实发现银行风险在增加，每一个居民的理性行为造成了宏观的恶性循环、银行挤兑。当然挤兑危机是可以干预和防范的：当居民担心银行破产时，央行可以担保这个银行没有风险，承诺在银行无力支付时替银行承担提现的责任。居民在央行的担保下，不再挤兑银行，这个银行的运营也就恢复正常了。

所谓均衡，是指在每个微观个体都理性决策、最大化自己利益的情形下，宏观经济所达到的状态。这个银行挤兑的例子告诉我们关于宏观经济多重均衡的有趣性质。所谓多重均衡，就是宏观经济系统具有多重解。这个银行挤兑的例子就有两个均衡，一个银行正常经营的均衡，一个银行挤兑、破产的均衡。当宏观经济具有一个正常的均衡和一个危机的均衡时，危机就是指宏观经济系统走向了危机均衡，陷入了自我实现的恶性循环。

另外一个危机均衡的例子就是"货币贬值—资本外逃"的恶性循环。一个国家的市场汇率可以具有多重均衡，以泰国为例，25泰铢兑1美元的汇率是一个市场均衡，40泰铢兑1美元也是一个市场均衡。在正常情形下，泰铢兑美元的汇率是25∶1，整个经济正常运转。若一部分泰国居民担心货币要贬值，就会抛泰铢，买美元；若越来越多的泰国居民抛泰铢，就会出现大规模的资本外逃现象，形成"货币贬值—资本外逃"的恶性循环，最后泰铢兑美元的货币确实大幅贬值到 40∶1，泰国发生国际金融危机。

我们需要特别注意的是，在危机均衡下，也就是当宏观经济陷入恶性循环时，每个人的决策是理性的。比如说，当泰国已经面临国际金融危机时，泰国居民抛泰铢、资本外逃就个人而言是一个理性决策。所以在危机发生时，很难改变个人的行为。危机的防范只能预先改变经济环境，使得危机不会发生。

中美两国竞争的输赢，关键就看哪个国家能防范危机的发生，保持正常的经济增长。在守成国与崛起国的竞争中，技术竞争、制度竞争、金融竞争、军事竞争等，都是大国经济均衡的外部条件，是外因。外因是变化的条件，内因是变化的根据。在大国竞争的条件下，守成国与崛起国的宏观经济都可能具有多重均衡，既可能正常增长，也可能滑向危机。大国竞争就是通过改变国际环境，一方面自己成功防范危机、保证经济的正常增长，另一方面诱发对手的内因发生变化、爆发危机。

中美这样的大国竞争，可能会引发什么样的危机呢？通过对历史上大国竞争所发生危机的归纳，我们首先总结了崛起国可能发生的六种危机：日本式危机、苏联式危机、国际金融危机、社会危机、公共政策危机和区域安全危机，其中，日本式危机和苏联式危机是当代崛起国发生的危机，后四种危机则为崛起国和守成国共有，只是诱发原因和危机演化路径有所区别。

9.3.1 日本式危机

日本式危机特指产业升级停滞，并引发增长停滞的危机。图 9-2 描述了日美贸易争端作为诱导的外因，引发日本产业升级停滞、掉入经济低增长陷阱的演变机制。

日本式危机的核心是无法实现产业升级。日美贸易争端打断了日本在 20 世纪 90 年代之后的产业升级路径，从而诱发了此后的低增长陷阱。一般而言，崛起国都是技术上的后发追赶国，因此必然面临守成国发动技术遏制的风险。受到守成国打击高科技产业的影响，崛起国可能无法顺利地实现产业升级，缺乏进一步发展的经济增长动力，陷入经济低速增长或经济停滞陷阱，即危机均衡。

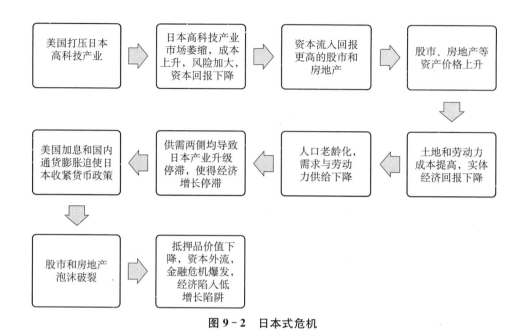

图 9-2 日本式危机

第二次世界大战后，日本迅速发展为仅次于美国的世界第二号经济强国，人均 GDP 从 1960 年的 475 美元迅速增长到 1980 年的 9 667 美元。由于日本产品质量较高，且具有价格优势，因此在美国市场上受到欢迎。到 1985 年，美国对日贸易逆差已经达到 500 亿美元，占当年美国贸易逆差的三分之一，触发了美日贸易争端的不断升级。

1981 年，美国和日本达成协议，日本为缓和与美国政府的关系，对汽车行业实行"自愿出口限制"。

1983 年，为了保护美国哈雷摩托，美国政府对日本进口摩托车征收 45% 的重税，直到 1987 年哈雷重新开始盈利才停止。

1985 年，美国迫使日本增加牛肉、橙子等美国农产品的进口。同年，美、日、英、法、德五国财政部长和央行行长在美国纽约会晤后签署广场协议，同意联合干预外汇市场，允许美元对日元等主要货币贬值。

1986 年，美国强迫日本签订了《日美半导体协议》，该协议限制日本半导体对美国的出口数量、对第三方的出口价格，以及强制扩大美国半导体在日本的市场份额。

第9章 什么决定大国竞争的未来？

1987年，美国政府对来自日本的电视、计算机等电子产品征收100%的重税。截至1989年，美国贸易代表办公室总计向日本发起了24例贸易争端调查，日本都做出相应让步。

综上，美国对日本高科技产业是两手打压，两手都硬。

一手打压日本政府。一方面，打压日本政府的产业政策，也就是对高科技研发和高科技产业的资金支持和补贴。理由我们很熟悉了，就是日本的产业政策破坏了美日企业在国际市场的公平竞争，不符合市场经济的规则，所以美国政府要求日本政府不能通过产业政策来支持高科技产业。另一方面，就是我们上面提到的贸易政策，通过关税、配额、"自愿出口限制"来限制日本的市场份额，扩大美国的市场份额。

另一手则是通过"长臂管辖"直接制裁日本高科技企业。比如，1982年，美国对日本半导体产业核心企业日立进行了"钓鱼执法"，让美国联邦调查局（FBI）特工假扮美国公司IBM的员工，故意把IBM的27卷绝密设计资料中的10卷发给了日立高级工程师林贤治。林贤治很快上当，表示还想要换取更多资料，FBI的特工马上拿到证据并公之于众，称"日本企业窃取美国技术"。

1987年，因为日本东芝向苏联出口高精密度车床，违反了"巴黎统筹委员会"的禁运限制，所以美国对东芝进行了一系列制裁：美国国防部取缔了原定从东芝机械公司（东芝集团占股50.1%的子公司）进口的150亿日元的计算机合同，而且决定禁止与东芝机械公司的任何新的军事合同；美国国会通过对东芝机械公司制裁法案，对东芝集团的所有产品实施禁止向美出口2—5年的惩罚；随后，日本警视厅在美方的压迫下逮捕了日本东芝机械公司铸造部部长林隆二、机床事业部部长谷村弘明，分别判处二人10个月和1年的有期徒刑；东芝机械公司社长饭村和雄引咎辞职，东芝集团董事长佐波正一、总经理杉一郎宣布辞职；东芝机械公司被迫在全美50多家报刊上刊登整版的"谢罪广告"。

从20世纪70年代开始，日本半导体产业，尤其是日立、三菱、富士通、东芝、NEC五大公司，在日本通产省的产业政策支持下，与美国IBM、英特尔等公司展开激烈的竞争。1985年，日本在半导体世界市场的份额超过美国，随后，招致美国的两手打压，也被称为"美日半导体战争"。如图9-3所示，日本半导体元件由 1990 年占全球市场份额的 49%一路下跌到 2021 年的 6%，损失惨重。

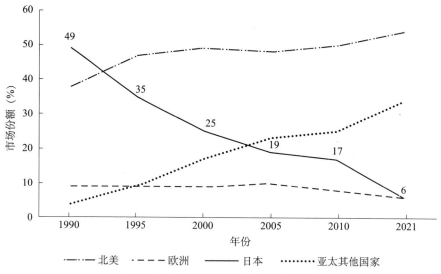

图 9-3　半导体元件全球市场份额

资料来源：IC Insights。

注：实线上的数字为日本在对应时间点所占的市场份额。

同时，美日贸易争端使日本的发展停滞在电子、汽车、钢铁行业，错过了第三次工业革命中信息和生物工程产业发展的浪潮，使日本从享受高科技驱动带来的高回报、高增长的良性循环转入低资本利得、低增长、低收益的恶性循环。如图 9-4 所示，日本高科技产品出口占制造业出口的比重从 2000 年的 29% 下降到 2018 年的 17%。

美国的打压，降低了日本高科技产业的资本回报，导致资本流向回报更高的房地产行业。与此同时，日本在 1985 年签订了广场协议，日元升值，日本政府采取宽松的货币政策以对冲日元升值的负面影响。日元升值和金融自由化吸引了大量海外资本，高科技资本涌入回报更高的股票和房地产市场，从而催生了股市和房地产市场泡沫。随后，房地产价格上升，推动了工资成本上升，继而推动生产成本的进一步上升，再加上人口老龄化等问题，进一步降低了日本资本在实体经济的回报。

1990 年前后，美国进入加息周期，加之国内通货膨胀压力，日本收紧货

图 9-4　日本高科技产品出口概况

资料来源：Wind 经济数据库。

币政策，大量资本外流。20 世纪 90 年代末亚洲金融危机蔓延到日本，日本也爆发金融危机，这更恶化了日本经济，随后股市和房地产市场泡沫破裂，实体经济受到进一步冲击，日本实体经济进入低资本利得、低增长、低收益的恶性循环，日本经济从此一蹶不振。

中美贸易争端发生后，美国打压中国的高科技产业，中国的房地产价格和人工成本也一直在上涨，同时，中国也面临人口老龄化的挑战。日本的惨痛教训值得我们高度警惕，那么如何防范日本式危机呢？对此我们将在下一章详细讨论。

9.3.2　苏联式危机

苏联式危机是指过度集中统一的经济体制与微观经济活力之间产生矛盾，在大国竞争状态下该矛盾不断激化，形成了恶性循环，并最终由于微观经济活力的丧失而陷入低增长危机。这一矛盾在崛起国中广泛存在，因为守成国通常是已有国际秩序的创建者、获益者和拥护者，而崛起国是已有国际秩序的接受者，在此背景下，崛起国大多面临更大的追赶阻力，具有变革现有国际秩序的潜在需求，更需要集中统一资源以谋求国际秩序的变化。

苏联的指令型计划经济要求其微观经济单位（国营企业、集体农庄）必须服从中央的计划指令，这种全国统一的计划指令可以对全国资源统一调度，但使得微观经济单位的灵活性与活力下降。第二次世界大战之后，苏联曾经有过一段高速发展的时期，但是自20世纪80年代开始，苏联的工农业生产力下降，在和美国的经济对抗中逐渐落后（且军事对抗消耗了大量资源）。而美苏对抗要求苏联进一步加强集中统一的计划指令，导致微观经济活力进一步下降，经济增长停滞，形成恶性循环——越集中计划，生产效率就越低，经济发展就越差，与美国进行对抗的压力就越大，越需要加强集中统一计划……最后的结果是苏联解体。

尽管在斯大林之后，赫鲁晓夫、勃列日涅夫、安德罗波夫、契尔年科等苏联领导人多次进行了经济体制调整，但始终没有改变以下特征：经济上实行指令型计划经济；所有制结构单一，以全民所有制和集体所有制为主；企业和集体农庄缺乏自主管理权。科技方面同样推行集中管理体制，发表论文需有6个专家签字的特别证书，发表著作需由专门的审查委员会统一管理；科学院负责基础研究，工业部门的应用研究依靠独立的研究所进行。至20世纪70年代，苏联企业中创新人才缺乏，科研与生产严重脱节。

苏联工业化早期采取所谓"工农业剪刀差"的方式发展经济，压低农产品收购价格，为工业发展提供资金。集体农庄始终存在生产积极性和生产效率低下的问题。苏联粮食生产水平长期在低位徘徊，经济结构严重失调，轻工业明显落后，粮食问题一直存在。

企业经营方面：第一，计划经济体制只将计划完成情况作为考核指标，因此企业的应对策略便是想办法隐瞒生产能力，压低国家计划，甚至消极怠工；第二，由于企业的生产基金由国家无偿拨付，企业就有动力千方百计向国家讨要生产资源；第三，职工劳动报酬与企业经营状况不挂钩。这三点共同导致了苏联企业经营效率低下。

同时，与美国的全方位对抗极大消耗了苏联的经济力量。首先，军事竞争挤占经济资源。根据不同的估计，冷战期间苏联军费开支达到了GDP的15%，甚至更高。其次，美国打击苏联的石油收入。20世纪70年代石油危机发生后，苏联凭借丰富的油气资源迎来了一个经济高速增长时期，苏联第九个五年计划（1971—1975）期间经济增长率达到 6.4%。80 年代，美国迫使沙特阿拉伯石油增产，压低石油价格，重创苏联经济，而苏联与美国的军备竞赛进入白热化阶段。

因此，在不断加强的计划经济体制下，微观经济活力难以发挥，集中统一的经济体制和微观经济活力之间的矛盾引发恶性循环。苏联解体、冷战结束后，直到 20 世纪 90 年代末，俄罗斯既没有出现预期的基于自由市场制度的经济增长，也没有建立起有效的市场经济制度。相反，经济由国家垄断变成寡头垄断，普通居民的贫困率大幅上升，财富集中度和贫富差距急剧提高。这些使得俄罗斯从美苏争霸时的两极之一沦为经济上的二流国家。

我国社会主义市场经济体制和苏联的计划经济有本质的区别。我国民营企业贡献了 50% 以上的税收、60% 以上的 GDP、70% 以上的技术创新成果、80% 以上的城镇劳动力就业、90% 以上的企业数量。我们需要吸取苏联式危机的教训，注意在中美大国竞争的阶段，处理好集中统一的经济体制与微观经济活力的矛盾。一方面，我国需要集中统一，总揽全局，协调各方，尤其是需要针对关键高科技行业进行总体规划，运用各类政策工具，发挥中央与地方政府、企业与科研机构等各主体的积极性，实现技术突破与产业升级；另一方面，需要通过不断的改革激发地方政府、国有企业、民营企业的活力与动能，从而保持经济长期高速增长。

9.3.3　国际金融危机

崛起国在国际金融市场上总是面临守成国所主导的国际货币体系的不对称优势，以及守成国将其主导的国际货币武器化、发动金融攻击并引发国际金融危机的风险。因此，对于崛起国而言，防范国际金融危机是其崛起过程中的主要任务之一。

国际金融危机的演变机制是：经济下滑或者国外资本回报上升（由于国外货币政策收紧），于是人们对国内经济形成相对的悲观预期，且国内外资本回报差距增大，导致资本外流，货币贬值，抵押品价值下降，该国融资困难，经济进一步恶化，形成了自我实现的恶性循环，最后导致资本大规模外逃，货币恶性贬值，引发系统性金融危机与经济危机。

以 1997 年亚洲金融危机为例。20 世纪八九十年代，以印度尼西亚、马来西亚、菲律宾、泰国为代表的东南亚国家，一边大力发展劳动密集型产业，一边通过提高利率吸引外国投资者，并向房地产行业过度贷款以发展经济。两者相加导致过度依赖出口和房地产市场泡沫的双重内部风险。

90 年代，美联储提高利率以应对通货膨胀，引起资本回流，东南亚各国货币随美元被动升值，使出口竞争力下降。1997 年年初，国际炒家发现东南亚各国出口放缓，存在资产价格泡沫，同时又缺乏配套的资本流动监管措施，便尝试做空泰铢。6 月，国际炒家一再抛售泰铢，泰铢贬值压力猛然增加，泰国央行动用外汇储备防守无效，于 7 月 2 日放弃固定汇率。泰铢开始恶性贬值，资金大量外逃，抵押品价值下降，企业资金链断裂，经济恶化，泰铢愈加贬值，形成恶性循环。

这场金融风暴迅速蔓延至邻近国家。多国主要货币在短期内急剧贬值。与 1997 年年初相比，至 1998 年 3 月底，泰铢、韩元、印尼盾和马来西亚令吉分别贬值 39%、36%、72% 和 40%。东南亚各国货币体系的崩溃引发大批外资撤逃，并导致亚洲各国大量企业破产、银行倒闭、股市崩溃、房地产下跌、货币贬值、失业率上升，一些国家因此陷入经济衰退、社会动荡、政权更迭。该风暴打破了亚洲经济迅速发展的趋势，波及范围远至俄罗斯和拉丁美洲。我们将在第 11 章详细讨论如何防范这样的国际金融危机。

9.3.4 社会危机

崛起国的社会危机有两个典型特征：第一，社会矛盾与经济下行两个变量相互强化；第二，国外势力对国内社会矛盾推波助澜，使得社会矛盾不断恶化并最终爆发危机。

守成国通常在国际舆论、意识形态等"软实力"方面具有不对称的优势，也常常利用"软实力"的优势攻击崛起国，诱发崛起国的社会危机。以 2010 年之后阿拉伯世界的社会危机为例，其演变机制是：经济下行引发失业、收入分配不均，诱发社会矛盾；一些利益团体依靠国内外力量或宗教势力反对政府，导致社会失序，经济运行成本上升；经济进一步恶化，利益冲突进一步激化，社会失序进一步加剧，经济继续下滑……形成恶性循环，最后导致经济和社会危机全面爆发。

阿拉伯世界长期以来一直存在世俗和宗教力量的矛盾。2000 年前后的油价下跌，造成阿拉伯世界经济衰退，同时世俗政府的腐败和分配不均使人民生活贫困。2011 年 1 月，北非国家突尼斯的本·阿里政权被民众抗议推翻，开启阿拉伯地区社会危机的序幕，并迅速波及埃及、利比亚、也门、叙利亚、阿尔及利亚、苏丹、巴林、沙特阿拉伯、阿曼、伊拉克、毛里塔尼亚、约旦、摩洛哥、科威特、黎巴嫩等国。

阿拉伯地区社会危机中的抗议主要采取公开示威游行和网络串联的方式。在此期间，受过一定教育、熟谙网络且对现状不满的年轻人成为主要角色，并通过现代移动通信技术和互联网社交媒体，如脸书、推特、油管等迅速扩散、集结。虽然民众愿望良好，但截至 2019 年 4 月，只有突尼斯实现了民主转型。同时，伴随着"伊斯兰国"等极端组织趁乱局崛起，多个国家陷入长期动乱和战争，经济进一步衰退，社会矛盾愈加恶化。

当一国经济下行时，出现国内社会矛盾是正常的，这是人民内部矛盾。国内社会矛盾的正确解决方法是缓和矛盾，各个社会阶层互相理解、互相支持、团结一致、共渡难关，推动经济走出下行区间，回到经济正常增长的轨道。而大国竞争中的某些国际势力，以诱发对手爆发社会危机、摧毁对手经济发展为目的。在这种情形下，与国际敌对势力的矛盾具有敌我矛盾性质。当国际敌我矛盾与国内人民内部矛盾交织在一起时，正确的策略是果断切断敌我矛盾与人民内部矛盾的联系，阻隔国际敌对势力对国内社会矛盾的推波助澜。

9.3.5 公共政策危机

公共政策危机指应对公共事件政策的不当，使公共事件恶化，提高了经济运行的成本，减缓了经济增长，这又反过来使公共事件进一步恶化，进一步增加经济运行成本，陷入恶性循环。进入 21 世纪，全球公共事件频发，如核电站事故、环境污染、恐怖活动和大规模传染病。当前，气候变化风险、大规模传染病风险，甚至人工智能带来的技术风险都使得公共政策危机发生的概率大幅增大。

人口政策可能是今后相当长时间里中国最重要的公共政策。因为人力和人才资源是决定经济增长、大国竞争的重要因素。根据中国国家统计局数据，1990年中国育龄妇女总和生育率为2.31，1995年下降到1.85。一般认为，总和生育率在1.5以下即为超少子化。进入21世纪后，少子化迅速来临，2000年总和生育率下降为1.22，2010年由于政策放开恢复至1.44，但2020年又降为1.3，全国出生人口仅为1 200万人。

对低生育倾向不加遏制，会导致人力资源增长乏力乃至下降，进而引起经济规模萎缩，市场规模效应受限，依赖创新能力与市场规模的高科技产业发展迟缓，产业升级转型受阻。这会导致经济增长进一步下降，而生育负担加重，生育意愿继续降低……形成恶性循环。随着激励政策不断推进，根据中国国家统计局2021年的调查结果，中国育龄妇女的生育意愿子女数为1.8，高于国际通行的1.5的警戒线和当前1.3的总和生育率，中国仍有释放生育潜力、扭转人口持续下降趋势的机会。人口问题马虎不得，需要全社会重视！在今后不长的时间里，大力降低生育成本、养育成本，推动人口增长率回到警戒线以上的正常轨道，是中国经济、社会发展面临的巨大挑战！

9.3.6　区域安全危机

在我们的"增长—危机"的大国竞争分析框架下，军事行动是影响竞争双方长期增长的一个手段。第二次世界大战之后，世界大战没有再发生，而区域军事行动则时有发生。军事行动有可能对一国经济总量的长期增长起到负面作用，即军事行动引起经济总量下降，而经济总量下降又触发进一步的军事行动，进而引发经济衰退，陷入"战争—经济衰退"的恶性循环，最终触发社会、经济、军事的全面危机。我们称这种"战争—经济衰退"的恶性循环为安全危机。

区域安全危机可以是军事行动直接造成的，比如说战争失败、割地赔款、经济崩溃，惨痛的例子如鸦片战争，也可以是军事行动间接带来的经济衰退。

比如苏联对阿富汗发起的战争。1979年12月底，苏联入侵阿富汗，到1980年1月初已经基本占领阿富汗各大城市，其扶植的卡尔迈勒政权也走上执政舞台。但苏联及其代理人的统治并不稳固，反而陷入了旷日持久的战争。

虽然苏联军队、政府军控制了大城市和主要交通线，但反政府武装利用农村和传统社会的既得利益集团与权力机构起而反抗，并得到美国、英国与沙特阿拉伯的援助，控制了农村地区和山地，双方陷入拉锯与僵持状态。在军事、经济与外交压力下，苏联对阿富汗的占领难以维系，于 1988 年 4 月 14 日被迫达成日内瓦协议，并于 1989 年 2 月撤军，结束了长达 9 年多的阿富汗战争。苏联撤离后，阿富汗陷入军阀混战的局面。1992 年，苏联扶植的阿富汗民主共和国宣告结束。

同样命运，还施彼身。根据苏联官方公布的数据：在这场战争中，苏军共有 14 453 人死亡，53 753 人伤残，417 人失踪，战争直接耗费 450 亿卢布（约合今天的 450 亿美元），战争的失利也成为苏联自身解体的催化剂。

对于中国而言，最重要的区域安全问题就是台海问题与南海问题。它们都是中美争端的一个表现形式，有两个特点值得注意。

第一是利益不对称。对美国而言，台湾问题是美国遏制中国的一个手段；但是对于中国来说，台湾却是国家核心利益，这中间存在着巨大的利益不对称。

第二是军事力量不对称。美国拥有超强的军事力量，在军事力量的优势下，美国有可能利用台海、南海问题来遏制中国的发展，那就有可能"擦枪走火"。怎样防止"擦枪走火"呢？核心就是军事力量的对称。从历史数据来看，军事力量的对称是防止军事冲突最有效的手段。与此同时，中美双方也需要克制对军事力量的使用，防止区域安全问题引发更大规模的冲突和安全危机。

9.4 守成国的潜在危机

作为守成国的美国需要面对的潜在危机有社会危机、文化危机、金融危机、宪政危机、公共政策危机、区域安全危机这六种，我们来逐一分析。

9.4.1 社会危机

历史上，当守成的霸权国实力下跌，走向霸权终结时，往往遇到的是国内社会矛盾的总爆发。美国的社会危机根植于不断加剧的收入和财富的不平等,这导致低收入阶层生活困难。当经济下行时,社会矛盾进一步激化。一方面,政府给低收入阶层增加财政补贴,进而加重债务负担;另一方面,社会矛盾的激化使政府无法进行必需的经济结构调整,而是采取宽松的货币、财政政策,推动资产价格上涨,富人成为主要获益者,反而使社会不平等加剧,进一步激化了社会冲突,加重了社会失序。随着社会冲突的加剧,实体经济面临的不确定性上升,投资减少,经济下行压力加大,并最终陷入恶性循环,引发社会危机。

1976—2018 年,美国收入最高的 1% 人群的收入占国民收入的比重从 11.0% 上升至 20.5%,而收入最低的 50% 人群的收入份额则从 21% 下降至 12.7%。在高度不平等的社会中,低收入群体的收入和财富被高收入群体远远抛下,会产生两方面的负面效果。

第一,收入和财富的不平等,会导致中低收入群体和社区的衰落,危害美国的人力资本质量。Case 和 Deaton 的研究发现,1999—2013 年,45—54 岁的美国白人酗酒、吸毒导致的死亡率大幅上升,并且这种死亡率上升在同年龄群体中仅在白人中出现,而在经济发展水平相似的其他发达国家没有出现过这种情况。[①] 根据美国疾病控制与预防中心的统计数据,2018 年,美国因吸毒过量致死的人数几乎是 2000 年前后的 4 倍之多,毒品泛滥的程度增长极为迅猛。他们估计,在这期间由此带来的额外白人死亡人数约在 48.85 万人。

酗酒、吸毒等行为带来的居高不下的死亡率,以及失业带来的不断攀升的自杀率,伴随着屡禁不止的犯罪现象,共同削弱了美国的人力资本,严重危害了经济的长期增长。

第二,不平等的社会结构容易导致社会摩擦,提升社会交易成本。而如果美国政府应对不当,则会进一步加剧社会的不平等。

---

① Case A,Deaton A,2015. Rising Morbidity and Mortality in Midlife among White Non-Hispanic Americans in the 21st Century [J]. Proceedings of the National Academy of Sciences of the United States of America,112:15078-15083.

对此，美国政府也尝试过采取措施。20 世纪 60 年代，美国和苏联搞军备竞赛，同时深陷越战泥潭，导致民权运动如火如荼。好在当时美国经济增长快，就业机会多，政府资金充裕，美国政府通过实施"伟大社会"政策强化社会福利保障，有效缓解了社会矛盾。

但是今天的美国政治家无力解决深层次的社会矛盾，部分政客为了选举转而大搞"身份政治"，造成美国国内政治极化和民粹主义上升，进一步加剧了社会冲突的尖锐程度。而社会冲突的加剧进一步提高了实体经济投资的风险，导致经济增长停滞。因此，美国的社会危机已经成为一个老大难的问题。

9.4.2 文化危机

霸权国家的扩张往往带来主流种族或者文化群体与疆域内其他种族或文化冲突的矛盾，如果不能妥善解决，将会增加市场交易成本，影响经济有效运行，并导致种族冲突、社会动荡，增加经济发展的不确定性，影响投资，并最终损害经济增长。

历史上英国在日不落帝国时期不断扩张，在全球殖民地进行统治剥削，最终殖民地为独立而抗争也削弱了英国的实力。美国作为当代的全球霸权国家，其发展离不开持续从全球各国、各种族吸收人力资本。美国作为一个移民国家，族裔、信仰众多，多元文化是其基本特征，但其基本政治架构和意识形态特征都具有浓郁的白人盎格鲁-撒克逊特征，白人和新教占据着文化的支配地位，与其多样化的人口背景并不匹配。在这样的情况下，美国的各种少数族裔或多或少地、长期地受到系统性的歧视。在司法执法方面，美国黑人长期受到歧视性的暴力执法；在就业方面，少数族裔在寻找工作和给予薪酬时面临系统性障碍，甚至出现职业隔离，由非裔、拉美裔等少数族裔包揽低薪工种。

随着美国白人占比从绝对多数滑向少数，美国文化开始了从白人和新教占支配地位的文化体系向未来多元文化体系的转型之旅。在这个转型过程中，不同族裔、文化的冲突不可避免。一方面，现在的少数族裔为消除文化压迫而奋斗；另一方面，现在的多数白人主流族裔为"保护传统"而奋斗。这两种奋斗相互对立，有可能演变成文化危机。

文化危机的演变机制是：一方面，美国采取矫枉过正、不触及实质的"政治正确"方法，简单处理少数族裔受歧视问题，这反而影响了少数族裔的人力资本增长效率，造成资源错配，影响了经济发展的效率；另一方面，由于未实质性解决种族问题，美国少数族裔特别是黑人与白人的冲突加剧，导致社会动荡，增加经济发展的不确定性，影响投资，损害经济增长。而经济增长的下行，又加剧着少数族裔和低收入白人的不满，进一步恶化了文化冲突。这种文化冲突与经济增长下行形成了一个相互加强的恶性循环，并最终引发文化危机。

弗洛伊德事件所引发的"黑人的命也是命"（Black Lives Matter）运动，是一个典型的美国社会危机与文化危机叠加的社会冲突。2020年5月，非裔男子弗洛伊德因警察暴力执法死亡，引发全美示威活动，大量人群上街抗议，并出现各种激进行为，包括打砸抢烧、要求解散警察组织等行为，造成了美国社会的动荡。伴随着一波又一波的游行示威，正常经济活动受到阻碍。数以万计的群众离开工作岗位，商店歇业，交通受阻，部分地区实施宵禁。社会交易成本大幅上升，企业利润下降，导致经济增长进一步受阻，而经济增速的下滑又反过来加剧了社会的不稳定。

9.4.3 金融危机

美国所有的危机都最终表现为金融危机。换句话说，如果还没有发生金融危机，那么其他方面的危机都还有化解的可能；而一旦发生系统性、不断恶化的金融危机，美国的经济、金融、政治、社会体系就有可能发生系统性崩塌。

金融危机有各种演变机制，我们以2008年全球金融危机为例。过度借贷引起美国房地产市场泡沫，随后房地产市场泡沫的破裂导致全球股市急剧下跌，雷曼兄弟公司等大型金融公司的破产引发股灾，并造成全球流动性短缺、企业资金链断裂，引发大量企业破产，经济陷入衰退。而经济的衰退又进一步压低资产价格，使得金融、经济体系陷入"金融市场下跌—实体经济衰退"的恶性循环。

2020年以来，疫情冲击下，美国股市出现巨大震荡，美联储进行了强力干预，极度放水拯救金融市场。虽然美国经济总体趋于稳定，但整体债务规模高企，已经走到了债务危机的边缘，并超过了1929—1933年经济大萧条的水平，几乎接近第二次世界大战结束前夕的水平。2022年美联储为了应对通货膨胀，不得不收紧货币政策，这必然使得美国的债务成本飙升。

只要美元依然是国际主导货币，美国就有足够的空间将国内的金融危机转嫁到世界其他地区。2008年全球金融危机源于美国，却迅速转化为欧债危机。2022年全球通货膨胀尤其是能源价格的快速上扬，源于美国极度宽松的货币政策与对俄乌冲突的推波助澜，但是，能源危机的苦果首先由欧洲吞下，而美国作为油气出口国反而大获其利。

美元是世界货币，全球安全资产大部分以美元计价。只要世界金融市场动荡不安，全球资金必然流向美元资产，从而化解美国国内的金融危机，虽然这常常以其他国家的金融危机为代价。

随着美国对俄罗斯金融制裁的加强，俄罗斯不得不采取"去美元化"战略。当越来越多的国家对于武器化的美元心生恐惧，不得不寻找替代美元的国际货币时，美元主导的国际货币体系的大厦便会开始摇晃。

9.4.4 宪政危机

宪政危机是政治危机的一种具体形式，指的是一个宪政国家因为宪政纠纷、冲突而使宪政秩序面临威胁的危机状态，一般表现为不同政治力量之间因争夺宪政资源（一般是人事资源，即重要的政治职位）而展开的剧烈斗争，民众和各类社会团体也可能卷入其中。当然，宪政纠纷、冲突是宪政执行中的常见现象，如果能够妥善解决，未必会发展为宪政危机。只有当宪政纠纷、冲突发展到给宪政秩序带来巨大威胁甚至崩坏的压力时，才会发展为宪政危机。

以2020年美国总统大选为例，共和党候选人特朗普和民主党候选人拜登在总统选举的过程中，构成了明显的宪政纠纷或宪政冲突。在这次总统选举中，民众卷入冲突并引发暴力活动，美国已经无限接近一场宪政危机。美国的这场宪政纠纷最终在即将滑向宪政危机的道路上踩下了刹车，但这仍然暴露了美国政治制度方面存在的问题，暗含了再次引发宪政危机的可能性，这主要表现在：第一，美国宪政制度设置存在问题，即美国的宪法和选举法存在较多的条款和语言漏洞，容易被利用，需要通过程序合法性调整实质正义性。第二，美国政治制度制衡的逻辑存在不足，最典型的表现为最高法院。最高法院由总统提名，根据国会的立法结果行使职权，但在宪法相关的核查工作中，最高法院会对相关内容未提及的领域进行解释，实际上承担了一定的立法职责，一旦其受到党派利益或意识形态的影响，容易引发宪政危机。第三，美国两党政治斗争加剧，蕴含了爆发更严峻宪政纷争的可能性。由于美国政治现存的种种缺陷，两党之争不断加剧，美国的宪政危机始终是悬在美国政治头顶上的达摩克利斯之剑。

9.4.5 公共政策危机

2020年以来的新冠疫情冲击体现了美国公共政策危机的特征。美国体制的特点是经济上通过市场、政治上通过选举，将个人加总到社会。当个人行为没有外部性，即个人行为对他人没有影响时，这种体制常常是有效的。但是，当个人行为具有强外部性时，这种体制就失灵了。而疫情最大的特点就是传染，也就是强外部性，恰好体现了美式民主自由体制的弱点。新冠感染病毒对年轻人的影响并不大，所以单纯从个人利益出发，年轻人并不需要隔离。但是，年轻人到处流动的结果是将病毒传给老年人，引起老年人的大量死亡，引起整个社会的震荡。自2020年新冠疫情在全球蔓延以来，美国的防疫政策顾此失彼，一片混乱。随着新冠感染病毒的变异，病毒的传染性与致死率大大下降，这一波新冠疫情或许终于熬过去了。但是，只要是类似于病毒传染这样的具有强外部性的公共事件发生，美国的公共政策就会面临危机。

9.4.6 区域安全危机

至今的人类历史上，所有的霸权国家都在战争中失败并失去霸权，美国大概也不能例外。

第二次世界大战之后，美国在中国周边发动了三次战争，即朝鲜战争、越南战争、阿富汗战争，每次都以仓皇撤离而结束。以阿富汗战争为例，

1994年夏，阿富汗难民营中的宗教学生建立起"塔利班"，并在1996—2001年掌控阿富汗全国。2001年10月7日，以彻底消灭"9·11"恐怖袭击事件制造者"基地"组织及其同盟塔利班政府为由，以美国为首的联军发动了阿富汗战争。同年11月，美国就攻占了阿富汗首都喀布尔，推翻了塔利班政权。但美国面临着与昔日对手苏联一样的境遇。

阿富汗战争高额的军事与重建支出带来了巨大的财政负担，持续不断的人员伤亡也使美国国内的反对情绪高涨，并酝酿了军事、经济与社会等一系列危机。2011年5月，"基地"组织领导人本·拉登被击毙，6月奥巴马政府宣布撤军计划。2021年7月，拜登宣布8月31日结束美国在阿富汗的军事任务，美军从阿富汗撤退。2001—2021年20年的阿富汗战争，美军2 200多人死亡、约2万人受伤，美国在阿富汗的军费与重建支出约2.2万亿美元。2001年美国发动战争之后两个月就推翻了塔利班政权，20年之后又将政权拱手还给塔利班。

作为守成国，军事力量依然是美国在全球拥有的不对称优势。然而在亚洲地区，尤其是中国周边，中美军事实力在迅速接近。如果美国在中国周边发动第四次战争，类似于前三次战争，美国有可能战而不能胜；但不同于前三次战争，如果战而不胜，美国在亚洲的霸权可能会全面崩塌，引发美国军事、政治、经济与社会的全面危机。

9.5 大国竞争下的危机发展的可能路径

在本章最后，我们将在之前讨论的基础上对当前大国竞争下的危机发展路径和双方策略选择进行推演，进一步回答三个问题：第一，哪类危机最有可能爆发；第二，当前主要大国之间是否会爆发军事冲突；第三，如何有效避免大国间的军事冲突。我们的分析表明，中国实现经济强劲增长（避免日本式危机）、人民币成为国际货币（人民币与美元分担战争风险）、在中国周边保持中美军事实力对称（保证崛起国在局部军事冲突中获胜），是中美避免大规模军事冲突、实现国际秩序基本和平转换的必要条件。

9.5.1 日本式危机是中国面临的首要挑战

如前所述，中国的高科技产业是美国在当前中美竞争中的核心打击目标，因此，日本式危机，即产业结构升级停滞，是中国面临的首要挑战。美国对中国高科技的打压可分为针对高科技企业、技术人才和产业政策三个层面。

首先，针对高科技企业，一在供应端，美国将中国特定高科技企业加入实体清单，切断其供应链；二在市场端，美国及其盟友通过行政干预扰乱我国高新技术产品的常规销售；三在投资端，美国出台了一系列外国投资审查法案，对中国企业正常对外投资活动进行干预，限制中国高新技术产业对外投资和并购合作；四在研发端，美国先后在美日澳印四国首脑峰会、美日韩三国峰会、G7会议和美欧峰会等场合不断推动以美国为主导的技术联盟；五在融资端，美国通过金融战工具限制中国高科技企业海外融资，恶意做空中国高科技企业的海外债券和股票，甚至以退市威胁中国高科技企业提交相关重要数据。

其次，针对技术人才，美国一方面限制中国学者正常赴美交流，以"安全隐患"为由，取消特定专业中国留学生和研究人员的签证，直接限制中美两国的科技交流；另一方面加强对华裔科学家科研项目经费来源和研究成果的审查，甚至解雇和逮捕个别华裔科学家。

最后，在产业政策方面，美国先后出台《2021年美国创新和竞争法案》《2022年美国竞争法案》《2022年芯片与科学法案》《2022年通胀削减法案》，旨在与中国在全球供应链和科技上开展全面竞争，并且美国在法案中加入毒丸条款，要求享受美国技术产业政策的高科技企业不能在中国投产相应的高科技产品。

9.5.2 日本式危机下的军事冲突风险

若未能成功防范日本式危机，则中国将陷入产业结构升级停滞导致的长期增长停滞的危机，中美两国间的实力差距将扩大。两方面因素可能诱发双方直接或间接的军事冲突：一方面，类似于苏联解体之后俄罗斯所面临的周边环境，美国会继续加强对中国的全方面压制，诱发中国内部矛盾，尤其是区域安全危机，意图彻底解除中国对美国霸权的挑战；另一方面，分裂主义势力会加强，其铤而走险的可能性加大，这两方面的因素都会诱发区域安全危机。在区域安全发生重大事变的情形下，中国将不得不动用武力，从而有可能引发中美的局部军事冲突，并陷入"战争—经济衰退"的恶性循环。

若成功防范日本式危机，则中国将维持长期增长的正常均衡，在2030年至2040年名义GDP追上美国。正如我们在"C均衡"中所分析的那样，三足鼎立的全球价值链结构与美元主导的国际货币体系之间的矛盾会愈加激化，由美元主导的国际货币体系将逐步转换为三足鼎立的多元货币体系。然而这种转换有可能是以美元危机即美元"硬着陆"的方式发生。如果美元霸权崩溃，那么美国军事霸权所依赖的金融支持将随之崩溃。美国不会坐视美国货币与军事霸权的衰落，而会保护美元的世界货币地位。只要美元相对于人民币是更强势、更安全、更具流动性的国际货币，那么制造中美之间的局部军事冲突，就会使得全球资金流向美元，从而打击人民币，保护美元。因此为了防止美元危机，美国有可能选择军事冒险。

9.5.3 人民币成为国际货币是规避军事冲突风险的关键环节

在美国可能以发动军事行动挽救美元霸权的情境下，人民币能否成为可兑换货币对大国竞争前景而言至关重要。

若人民币不可自由兑换，则美元依然是世界货币，美元计价的资产是避险资产。当军事冲突发生时，世界资金的流向是单向的，即从人民币计价资产流向美元计价资产。类似于俄乌冲突，中美之间的局部冲突也可能长期化。即使某些冲突，如台海冲突可以迅速结束，美国依然可以在南海以及中国其他周边地区不断挑起冲突，制造动荡。只要军事冲突持续存在，全球资产，尤其是人民币计价的资产，就会流向美元资产，进而补强美国及其盟友的经济、技术与军事实力，反哺军事冲突。"军事冲突—美元"成为不断抽取中国经济的血液——资金、为美国经济补血的抽血机，以此改变中国经济增长的趋势，使中国陷入"军事冲突—金融危机—经济衰退"的恶性循环。

若人民币可自由兑换，则军事冲突所带来的风险对于中美双方是对称的，即风险主要由军事失利的一方承担，全球资金将会从军事冲突中失利方流向获胜方。如果中国在军事冲突中失利，仍有可能陷入"军事冲突—金融危机—经济衰退"的恶性循环。但如果美国在军事冲突中失利，全球资金将从美元计价资产流向人民币计价资产。美元会面临急剧贬值的压力，美债，乃至美国金融市场，都面临崩溃的风险。在此情形下，军事冲突带来的风险主要由美方承担，即美元贬值压力加剧，全球资金加速流出美元资产，美国金融危机爆发的压力陡增，金融危机风险又反过来使得美国在军事冲突中缺乏资金支持，形成"军事冲突—金融危机"的恶性循环。在这一情境下，为了避免金融危机进一步带来经济危机和社会危机，美国有可能寻求与中国停止冲突，实现合作。在美国愿意停止冲突，走向和平的前提下，中国也可能"以货币合作换和平"，人民币与美元合作，制止美元崩溃的趋势，从而逐步实现国际货币体系从美元主导向三足鼎立的多元国际货币体系的和平转换。

军事行动是维护国家利益的手段，只有当军事冲突的成本大于其收益时，才可能避免军事冲突。以上分析表明：中国实现经济强劲增长（避免日本式危机）、人民币成为国际货币（人民币与美元分担战争风险）、中美区域对称的军事实力（保证崛起国在局部军事冲突中获胜），是中美避免大规模军事冲突、实现国际秩序基本和平转换的必要条件。[1]

9.6　尾声

2022年开始，俄乌冲突、中东变局、气候变化危机、新冠疫情、全球通货膨胀，世界局势黑云压城，犹如滔天洪水，呼啸而下。我禁不住想起1998年，中国长江全流域发生特大洪水，我在俄克拉何马每天盯着电视，看着手挽手跳下江堤与洪水决一死战的子弟兵，看着电视里那疲惫的师长的身影。1998年10月初，听闻友人牺牲的消息，我夜不能寐，赋词一首。在此全球风云激荡之时，以此词作为本章尾声，期望中国人民与世界人民一道，守护家园，迎接明天。

---

[1] 鞠建东，彭婉，侯江槐，陈骁，2024. 当代大国竞争下的增长与危机[Z]. 工作论文.

第9章 什么决定大国竞争的未来?

水调歌头·致友人

国难英雄在,浊浪拍岸行。滔天洪水压境,护堤十亿兵。壮志长存天地,化作河清海平,百姓是神圣。千里浪淘沙,万古月照明。

利天下,法治国,道归民。气通今古,波连浩宇物平衡。纵有惊涛堆雪,那怕风急云深,只要时势顺。但愿君行健,不愧天地人。

▶ 第 10 章

技术竞争:"领先者困境"与"追赶者陷阱"

本书第 3 章对大国竞争的历史进行了梳理和总结,发现大国竞争集中在制造业、经济总量、科技、金融、军事和全球治理这六个领域。而中国能否实现在 2035 年前后经济总量赶上美国的目标、避免上一章中提到的崛起国可能面临的各种危机,则主要取决于中美两国在科技、金融、全球治理和军事四个领域的竞争。

从这一章开始,我们将以三章的篇幅,分别论述大国的科技竞争、金融竞争、全球治理竞争,而有关军事竞争的分析超出了本书的范围,我们将不做细致讨论。

10.1 柯达的故事:"领先者困境"

在高科技领域竞争,美国强中国弱,那是不是美国就赢面大?这听起来好像很简单,当然谁强谁就赢面大。就像两个乒乓球运动员打乒乓球比赛,乒乓球技术强的选手必然容易赢。但是,如果两个乒乓球运动员换打羽毛球呢?那个乒乓球技术强的选手也容易赢得羽毛球比赛吗?

国家之间的技术竞争和企业的技术竞争原理上类似,举一个企业技术竞

第 10 章 技术竞争:"领先者困境"与"追赶者陷阱"

争的例子,就是柯达的故事。

柯达曾经是全世界最强的相机、彩色胶卷生产企业,一百多年来曾多次在行业内创造奇迹。比如说它在 1886 年就推出了小型、轻便、"人人都会用"的柯达照相机,1935 年又研发出了全球第一款取得商业成功的彩色胶卷。鼎盛时期,柯达胶卷占据全球三分之二的市场份额。但是,这样一家独步天下的公司,却在 2012 年走向末路,提交了破产申请。

为什么呢?因为柯达未能及时从胶卷技术转向数码成像技术,被时代淘汰了。但是,难道柯达在数码照相技术上落后吗?答案恰恰相反。在 2012 年柯达公司申请破产的时候,它的数码技术一点也不弱。在柯达拥有的 1 万多项专利中,有 1 100 项是数字图像专利技术。这个技术实力是远远超过当时的任何一个同行的。而且,早在 1975 年,全世界第一台数码相机就是从柯达实验室中诞生的,柯达当时是有足够的技术顺利地成为数码相机的领头羊的。但是,这么一个时代机遇被柯达主动放弃了。为什么呢?秘密就在于机会成本,或者大家熟悉的比较优势。尽管柯达当时在数码技术上也处于领先地位,但是在胶片行业拥有绝对的技术优势,也就是说,柯达的比较优势在胶片技术,而不是数码技术。于是,柯达选择继续专注于胶片的生产与创新,这在当时给公司带来了巨大的利益。作为行业领先者,在这个时候转型数码技术,对柯达而言,机会成本太高了。所以,柯达不愿意放弃胶片技术的领先优势,只是将数码技术当作一种附加的业务。等到柯达幡然醒悟,发现数码技术已经颠覆了行业的时候,一切都晚了。

柯达的例子就是我们所说的"领先者困境"。而"追赶者陷阱"则是指在技术竞争中追赶的国家(或企业)无法实现技术追赶、在技术竞争中落败的情况。什么样的技术竞争中可能出现"领先者困境"?什么样的技术竞争中可能出现"追赶者陷阱"?中国应如何避免落入"追赶者陷阱"?以下我们详细讨论。

10.2 技术创新的分类

技术创新通常分成两种类型,一种是渐变型技术创新,另一种是突变型技术创新。

所谓渐变型技术创新，是指通过对旧科技的更新迭代逐渐积累实现的技术进步。比如我们所说的芯片科技，是从 28 纳米、14 纳米，一步一步发展到 10 纳米和 7 纳米。而且，一个国家只有掌握了 14 纳米的成熟技术，才能研发出 10 纳米的技术，然后再升级到 7 纳米。想要跳过 10 纳米，直接从 14 纳米跨越到 7 纳米，是不可能的。

而突变型技术创新就不一样了，它不是对旧科技的修补和迭代，而是一种颠覆性、破坏性的技术变革。新的技术与旧的技术没有传承关系，采用新的技术意味着放弃旧的技术。比如，数码照相技术相对于胶卷技术，电力相对于机械，新能源汽车的电动机相对于汽油车的发动机，都是突变型技术创新。

10.3 渐变型技术竞争

渐变型技术创新与突变型技术创新特征不同，技术竞争的规律也不一样。渐变型技术竞争的规律可以总结为"研发投入竞赛"，而在竞争中追赶国常常处于下风，容易落入"追赶者陷阱"。反过来，突变型技术竞争的规律可以总结为"蛙跳模型"，在竞争中常常后来者居上，领先者容易掉入"领先者困境"。这一节我们先讨论渐变型技术竞争。

10.3.1 研发投入竞赛

渐变型技术创新的竞争规律是什么呢？就是研发投入的竞赛。渐变型技术的创新，第一需要有旧技术的基础，第二需要不断的研发投入来进行修补和迭代。哪一方的基础雄厚、投入研发更多，哪一方的技术进步就会更大，在技术竞争中就占有优势。所以，在渐变型技术竞争里，关键就看哪一方投入更多。

研发投入竞赛有很多例子，比如超过 100 座以上的民用大飞机就是一项渐变型科技创新。波音、空客两大民用飞机制造巨头长期的研发投入竞赛，不断推动大飞机的技术进步，它们也依据技术优势长期垄断民用大飞机的全球市场。又如航空母舰的科技创新也依靠长期的研发投入，现在大国竞争激

第 10 章 技术竞争："领先者困境"与"追赶者陷阱"

烈的芯片技术，同样需要长时间、大规模的研发投入。

在渐变型技术竞争中，哪一方的研发投入更多，哪一方的技术进步就更快。领先国研发投入更多，是为了维持自身在市场上的垄断地位。而追赶国如果投入得更多，它与领先国的差距就会越来越小。领先国和追赶国之间的技术水平越是接近，这场研发投入的竞争就越激烈。

但是，如何使得一个国家的研发投入是可持续的良性循环呢？让我们再回到第 2 章讨论过的"创新—市场"循环。

10.3.2 "追赶者陷阱"

图 10-1 中的"创新—市场"循环揭示了技术创新的基本机制：企业首先进行研发投入，带来技术进步；更好的技术会帮助企业的新产品获得更大的市场份额，带来更高的利润；丰厚的利润又使企业有实力进一步增加研发投入，从而进入一个良性循环。

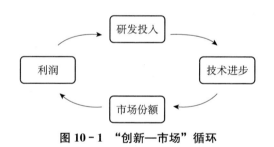

图 10-1　"创新—市场"循环

我们注意到研发投入、技术进步、市场份额、利润这四个变量之间都是正反馈的关系。四个正反馈关系构成了一个技术进步的闭环，其中任何一个环节受阻，技术进步就无法实现。

如果一个国家（或者企业）的"创新—市场"循环能顺利运转，这个国家（或者企业）就会持续不断地技术进步，并获得不断增加的市场份额。需要注意的是，当两个大国在世界市场竞争时，一个国家的世界市场份额的提高意味着另一个国家世界市场份额的降低，这会带来两个国家在技术竞争上的分化，即市场份额高者技术进步快，而市场份额低者技术进步慢。这最终带来技术上的国际分工，即技术领先者生产高技术产品，而技术落后者生产低技术产品。

如果追赶国的"创新—市场"循环不能顺利运转，那么追赶国在研发竞赛中就会落败，在国际市场上进入一个"低研发投入→技术停滞→低市场份额→低利润→低研发投入"的恶性循环，我们称之为"追赶者陷阱"[①]。

只要领先国能够保持"创新—市场"循环，同时又让追赶国的"创新—市场"循环得不到实现，那么领先国就能赢，而追赶国则会陷入"追赶者陷阱"，经济发展停滞，并陷入恶性循环。苏联和日本就是这样的追赶国。如果追赶国能实现"创新—市场"循环，在技术上超越领先国，反而使得领先国的"创新—市场"循环无法实现，那么追赶国就能实现技术超越，跳过"追赶者陷阱"。

10.3.3　技术追赶与技术遏制

对于追赶国来说，如何实现科技创新上的追赶和超越呢？需要同时满足三个条件。

第一个条件是，追赶国的研发投入要足够高。2021年中国的研发投入已经超过2.79万亿元，比2020年增加14.2%，研发投入强度（研发投入资金占GDP的比重）达到2.44%。目前中国研发投入总量仅次于美国，位列世界第二，远远超过世界排名第三的日本。第二个条件是，领先国的科技进步速度不能很快。由创新驱动的美国生产力增长一直在减速。美国的全要素生产率[②]在20世纪70年代增速开始放缓。第三个条件是，技术的跨国溢出足够多，且追赶国对技术的吸收能力足够强。追赶国能够学习或者接触到领先国

---

① 本书引入过三个概念，分工固化的增长陷阱、日本式危机和"追赶者陷阱"，来讨论发展中国家、追赶国家可能掉入的恶性循环。这三个概念的区别是：分工固化的增长陷阱是指发展中国家资本稀缺造成的资本报酬高、储蓄高、投资高的激励在开放经济中被弱化，在开放经济条件下分工固化，从而落入低增长陷阱；日本式危机特指日本所经历的"高科技产业被打压→产业升级无法完成→资本流入房地产和股市→房地产和股市泡沫破灭以及人口老龄化→经济低增长"的恶性循环；而"追赶者陷阱"特指在技术竞争中追赶国在国际分工中生产低技术产品，不能实现技术超越，从而在大国技术竞争中落败的恶性循环。

② 全要素生产率指生产单位（主要为企业）的各个要素的综合生产率，以区别于要素生产率（如劳动生产率）。

第 10 章 技术竞争:"领先者困境"与"追赶者陷阱"

的先进技术,并且能够通过学习和模仿掌握这些技术。

因此在技术竞争中,如果满足了以上三个条件,追赶国是有机会实现赶超的。领先国当然也要拼命保持领先地位,最常见的做法就是技术遏制,以此与追赶国保持一个技术差距的安全距离。

技术遏制甚至技术封锁的做法可以追溯到 2 000 多年前的古罗马时期。在古罗马时期,钢铁冶炼技术代表当时最先进的技术,能掌握这项技术,就能建立起强大的军事力量。为了防止凯尔特人进犯,古罗马军团曾经在古罗马帝国的边界驻扎 6 年才撤离。在撤离的时候,除了带走粮食和饮水的容器、把驻地城堡夷为平地等,古罗马帝国最重视的是什么呢?是把房子拆了,而且还要把城堡废墟中遗留的铁钉找个地方埋起来。为什么?古罗马人正是靠着钢铁的冶炼技术,达到了在灌溉渠道、造船、武器等方面的技术领先。所以,他们担心这些铁钉被凯尔特人发现后,凯尔特人可以从中学习古罗马的冶炼技术,从而冲击古罗马帝国的霸主地位,因此,古罗马人从边境撤退时,最重要的是对冶炼技术的保密。

美苏冷战时期,在美国商务部的操纵之下,1948 年美国首次制定了两份针对东欧和苏联的技术禁运目录,其中一份是禁止所有的军工物资出口到东欧和苏联;另一份是禁止能够间接用于军工生产的物资出口。同时美国也联合其他西方发达国家对苏联实施技术封锁,在美国的建议下,1949 年成立了巴黎统筹委员会。巴黎统筹委员会制定了多边禁运协定,不仅针对苏联,也针对其他社会主义国家,包括中国。

苏联解体后,虽然巴黎统筹委员会解散了,但美国还是继续实施技术封锁。1996 年,美国出台了一个新的多边禁运协定《瓦森纳协定》。它是出口管制范围最广的多边禁运协定,不仅涉及军需用品,也包括军民两用产品和技术;并且每年都会对禁运产品和技术的清单进行添加,几乎所有高新技术产品都在它的限制产品清单中,比如先进的材料、电子产品、计算机、通信产品、航空航天产品等,也包含和人工智能相关的产品技术。《瓦森纳协定》现在共有 42 个成员国,几乎包含了主要的发达国家和科技领先国家。

10.3.4　日本如何落入"追赶者陷阱"

美国在 20 世纪 80 年代末、90 年代初的美日技术竞争中，通过打压日本政府的高科技产业政策、对日本高科技企业实行"长臂管辖"，迫使日本企业放弃在半导体产业等高科技产业对美国高科技霸权的挑战，落入"追赶者陷阱"。美国政府在大国高科技竞争中，构造出本国企业的良性"创新—市场"循环，同时遏制了对手国家的"创新—市场"循环，其一系列政策选择值得我们高度重视与认真研究。

以美日半导体竞争为例，美国的政策就是阻断日本半导体产业在"创新—市场"循环中的一系列环节，使日本半导体企业的"创新—市场"循环无法实现。

第一，在研发投入环节，迫使日本政府放弃对半导体行业的研发支持。日本政府从 20 世纪 60 年代开始为半导体行业的研发提供资助，在 1976—1982 年的 7 年中，日本政府提供的研发金额超过电子产业总研发规模的 10%。结果，到了 90 年代，美国要求日本不能通过政府的产业政策为企业提供支持，理由就是这违反了市场经济规律，是不公平的竞争，所以日本被迫放弃对半导体行业的财政支持。与此同时，美国却增加了政府对半导体行业的研发支持。也就是说，美国可以政府支持研发，但是日本不可以。

为什么高科技产业需要政府的支持呢？因为高科技产业研发的投入非常大，"第一个吃螃蟹"的企业要冒非常大的风险，但是一旦企业在高科技领域的研发获得成功，对国家经济就具有很大的推动作用。所以，假如政府从政策、资金上提供支持，就能大力推动高科技产业进入良性循环。这个道理，美国当然非常清楚。

第二，在技术进步环节，通过"长臂管辖"直接打击日本企业的生产力。美国对日本实施了"长臂管辖"，取消了与东芝等日本大企业签订的合同，并禁止这些企业生产的高科技产品出口到美国。不仅如此，1982 年，美国还以产业间谍的罪名，直接逮捕了日立及三菱的 6 名员工。美国的"长臂管辖"使日本半导体产业的生产效率不断下降。1985 年日本在全球十大半导体公司中占了 6 席，到今天，日本只剩下 1 家，而美国有 6 家。

第三,在市场份额环节,1986年美日签署了《日美半导体协议》,一方面限制日本半导体产品出口到美国,降低日本产品在美国市场的份额,另一方面又强制日本本土的市场对美国半导体产品开放,增加美国产品在日本市场的份额。

第四,在利润实现环节,通过关税降低日本企业的利润,通过"长臂管辖"直接对日本企业罚款,削减日本企业的利润。

由此可见,美国政府在"创新—市场"循环的每一个环节都对日本的半导体产业实施打击,从而成功地阻断了日本半导体产业的"创新—市场"循环,使日本半导体产业由1990年占全球市场份额的49%一路下跌到2021年的6%,迫使日本企业放弃了在高科技产业与美国的竞争,落入"追赶者陷阱"。

10.4 突变型技术竞争

在渐变型技术竞争中,领先国总的来说具有优势。对于突变型技术竞争,情况就大不相同了。

10.4.1 突变型技术的竞争规律——"蛙跳模型"

突变型技术的竞争规律可以用"蛙跳模型"来解释(如图10-2所示)。

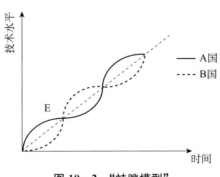

图10-2 "蛙跳模型"

突变型技术竞争有两个特点。第一个特点是先发优势特别重要。对于突变型技术来说,谁先掌握了这个技术,谁就拥有先发优势,可以在一段时间里领跑。

第二个特点是领先国和追赶国的地位是交替出现的,如同"一群青蛙蹦跳"的画面。青蛙有前有后、交替领先,整体不断向前推进,形象地展现了突变型技术的发展情况。那么,为什么在突变型技术方面,领先国和追赶国是交替出现的呢?这是因为新技术和旧技术是两种不同的技术研发路径,当新技术出现的时候,无论是旧技术的领先国还是追赶国,在新技术面前都处于同一起跑线上。但是,领先国因为在旧技术上领先,所以放弃旧技术、开发新技术的机会成本比追赶国更高。而且,领先国一般发展水平较高,所以劳动力成本也较高。这样一来,当新技术出现时,反而是追赶国没有负担,轻装上阵,更具有开发新技术的优势,因此,追赶国就会在新技术上反超旧技术的领先国。

10.4.2 "领先者困境"

如图 10-2 "蛙跳模型"所示,在突变型技术竞争中,领先者与追赶者是交替出现的。当一个新的突变型技术出现时,领先者被超越,追赶者后来居上,我们称这样的现象为"领先者困境"。为什么会出现"领先者困境"?为什么渐变型技术竞争与突变型技术竞争的规律不同?

我们需要注意到渐变型技术竞争是相同技术路径上量的竞争,研发投入量大者赢。而突变型技术竞争是对新旧两种不同技术(产品)的选择,比如在柯达的故事里是对胶卷相机和数码相机的选择。如何确定这种技术(产品)的选择呢?从第1章李嘉图模型中我们学习到,比较优势,也就是两种技术(产品)的相对水平,决定了技术的选择。新技术刚刚诞生,无论是旧技术的领先者还是追赶者,它们掌握新技术的水平都差不多。但是领先者的旧技术水平高,所以它在旧技术上具有比较优势,因此倾向于选择旧技术。相反,追赶者的旧技术水平低,它在新技术上具有比较优势,因此倾向于选择新技术。所以,在突变型技术竞争中,按照比较优势的分工,领先者分工生产旧技术产品,而追赶者分工生产新技术产品。当新技术产品达到一定份额时,追赶者后来者居上,"蛙跳"就发生了。

柯达的故事是一个典型的"领先者困境"。英国在第二次工业革命时代的选择是另一个典型的"领先者困境"。英国率先进行了第一次工业革命，是第一个实现工业化的国家，在 18 世纪和 19 世纪，美国的工业水平远不如英国。但是，当第二次工业革命，也就是电力技术在 19 世纪末、20 世纪初出现时，英国没有抓住机会。因为电力技术相对于蒸汽机械技术，是一次突变型技术创新。英国在蒸汽机械时代的技术积累比较深，更愿意固守旧技术，而美国则热情地拥抱了电力技术，抓住时代机遇，最终成功超越英国。随着第一次工业革命中的蒸汽技术逐步被第二次工业革命的电力技术所超越，英国的竞争力也就逐步下降，而且美国不断追赶英国，并成功地超过英国。美国的制造业在全球的比重首先在 19 世纪末超过英国，1913 年，美国的工业化水平也全面超过英国。

移动支付在中美两国的发展也是一个"领先者困境"的有趣例子。美国的信用卡支付非常发达，已经成为美国消费者的一种消费习惯，不容易改变。和美国相比，中国的信用卡支付相对落后，但是这恰恰构成了中国发展移动支付的比较优势。移动支付在中国迅猛发展，无论是在技术水平上，还是在市场交易量上，中国都已经领先美国。移动支付除了在国内快速发展，其热潮也已蔓延到了国外，支付宝、微信支付等移动支付平台开始逐渐在国外兴起。在全球移动支付市场的竞争中，中国已呈现出后来者居上的趋势。

10.4.3 "蛙跳"的条件

"蛙跳"虽然是突变型技术竞争的规律，但是追赶国的"蛙跳"当然不是自然完成的，需要不懈的努力并满足一定的条件。如果想实现"蛙跳式"超越，需要同时满足五个条件。

第一个条件是，新技术要与旧技术关系不大。例如数码照相技术相对于胶卷技术，电力技术相对于机械技术。

第二个条件是，追赶国除新技术研发成本以外的生产成本足够低。比如中国的劳动力成本就比美国低，数据显示 2022 年中国人均工资大约是美国的 22%。[①]

第三个条件是，对于领先国来说，用新技术替代旧技术的机会成本很高。

---

① 这里中国年均工资的统计范围是城镇单位人员平均工资。

以移动支付为例，美国几乎人人都有信用卡，家庭的支付习惯、信用历史、社会支付网络都以信用卡为基础，放弃信用卡支付转而使用移动支付的机会成本比较高，移动支付的普及速度就比较慢。

第四个条件是，新技术对追赶国来说比旧技术成本低，但生产力高。还是以移动支付为例，中国的移动支付主要由支付宝与微信支付推动。无论对于消费者还是对于商家来说，移动支付都很方便，很快替代了大部分现金交易。一方面中国的ATM（自动取款机）并不十分普及（尤其在不发达地区），另一方面中国的手机普及率很高，而且支付宝和微信支付方便且安全，所以移动支付在中国迅速发展、普及。

第五个条件是，在新技术的世界市场上，追赶国的市场份额超过领先国。新技术的创新机制依然由图10-1的"创新—市场"循环所描述，追赶国要实现"蛙跳"，就需要在世界市场上能够力压领先国，占据更大的市场份额，这样才能在新技术的赛道上保持领先。还是以移动支付为例，虽然中国的支付宝、微信支付、数字人民币等都起步早，技术成熟，在中国市场迅速普及，也逐步走向海外，但是美国在移动支付的世界市场上一方面奋起直追，另一方面对中国技术围追堵截，而且美元具有世界货币的巨大优势。在世界移动支付市场上，中美的竞争还远未尘埃落定。

在结束这一节的讨论之前，提一个有趣的问题：英国在与美国的技术竞争中落败，落入"领先者困境"，日本在与美国的技术竞争中落败，陷入"追赶者陷阱"，当时英国、日本的企业做错了什么吗？

答案是：英国、日本的企业并没有做错什么。在大国竞争的大环境下，英国、日本的企业做了最大化企业利润、符合当时两国企业比较优势的选择。英国企业选择了传统的机械技术，而不是新兴的电力技术；日本企业选择了不去反抗美国在半导体等高科技领域的打压，放弃了在信息产业的升级，这些都是这两国的企业在国际大环境下做出的理性选择。所以，无论是"领先者困境"，还是"追赶者陷阱"，都是经济学意义上的均衡状态，借用上一章的定义来说，是一个自我实现的恶性循环。而这个均衡状态（或者说恶性循环），要么是在对方国家打压下企业不得不做出的理性选择（比如日本企业），要么是市场均衡本身的结果（比如英国）。

第 10 章 技术竞争："领先者困境"与"追赶者陷阱"

那么在渐变型技术竞争中,追赶国如何避免"追赶者陷阱"?在突变型技术竞争中,领先国如何摆脱"领先者困境"?答案是依靠政府的政策改变市场环境。在渐变型技术竞争中,追赶国政府需要通过政策引导本国企业加大研发投入,挑战领先国的技术霸权,实现技术超越;而在突变型技术竞争中,领先国需要通过政策改变比较优势,引导本国企业选择新技术,在新技术的赛道上继续领先。所以,大国技术竞争不仅仅是市场的竞争,更重要的是政府的竞争,是政策的竞争。

10.5 当代大国技术竞争

当代大国技术竞争即中美技术竞争。在高科技领域,美国依然总体领先,是领先国;而中国正在奋起直追,是追赶国。中美技术竞争,依照突变型技术创新还是渐进型技术创新,呈现出不同的态势。

10.5.1 突变型技术创新领域的大国竞争

气候变化风险以及在 2060 年左右全球实现碳中和的目标,已经成为全球大部分国家的共识。从以煤、石油、天然气等化石能源为主转化为以风、光、水、核、电等非化石能源为主的能源革命在全球风起云涌。相对于化石能源,非化石能源(新能源)是一次突变型技术创新,中美在新能源领域的竞争呈现出"蛙跳模型"的竞争特点,也就是后来者居上的态势。

我们以新能源汽车为例。日经中文网报道,英国调查公司 LMC Automotive 的数据显示,2021 年全球纯电动汽车产量为 399 万辆。其中,中国的产量为 229 万辆,占比超过 50%,另外欧洲占比 22%,美国占比仅为 12%。中国目前是全球最大的新能源汽车生产国。根据中国海关的统计数据,2021 年中国的纯电动汽车出口量(仅乘用车)达到 49.86 万辆。排名第二的德国约为 23 万辆,美国排名第三,仅为 11 万辆。中国纯电动汽车的出口远远领先于其他国家。中国 2021 年新能源汽车年销量达到 352 万辆,占世界总销量的 53%,连续 7 年位居全球第一;而美国 2021 年的销量为 65 万辆。中国不仅成为新能源汽车最大的生产国、出口国,也成为新能源汽车全球最大的市场。

美国、日本、德国等汽车强国很早就开始布局新能源汽车技术。新能源汽车主要包括三种类型，分别是纯电动汽车、混合动力汽车和燃料电池汽车。2021年，中国企业获得新能源汽车相关专利超3万件，全球占比达到70%。其中纯电动汽车是目前最主要的一种新能源汽车，从2015年开始，中国的纯电动汽车相关的累计专利数也开始领先全球。

新能源汽车的发展趋势，是突变型技术创新中大国竞争的典型案例，主要具有以下特点：

第一，由于电力驱动的新能源汽车不需要发动机、变速箱等传统汽油车的核心技术部件，取而代之的是电机、电池等新的核心技术，因此电动车的核心技术与汽油车的核心技术关系不大。传统车企具备优势的零部件与发动机等技术不再是电动车制造的关键要素。

第二，在新能源汽车产业发展之初，即2000年左右，国内企业的技术积累与率先开展研发的日本、美国的企业差距不大。尤其在纯电动技术方面，基本位于同一起跑线。

第三，新能源汽车更新迭代速度更快，相较于传统燃油汽车的4—6年，新能源汽车原型车的研发周期减短至1—2年。

第四，我国较为缺乏传统燃油汽车所需的石油资源，每年消耗的石油70%以上依赖进口，这就亟须发展新能源以替代化石能源。目前大部分新能源汽车使用锂电池作为动力电池，而中国的锂、铁、锰、烯、石墨等用于动力电池的主要原料储备相对丰富，关键原材料能够实现自主供给。

第五，在技术路径方面，我国新能源汽车主要采取纯电动产品和锂电池为核心技术，不仅完全舍弃了传统燃油车的内燃机，技术专利壁垒显著降低，而且利用了我国企业在动力电池上深厚的技术积累。中国目前是世界最大的车用动力电池供应国，占据全世界三分之一的产能。

第六，在市场规模方面，中国汽车市场的体量庞大，截至2020年年底，汽车保有量达2.81亿辆，业已成为世界第一大汽车消费市场。而且由于人口基数大，中国汽车市场远未饱和。世界银行的统计数据显示，美国千人汽车拥有量为837辆，日本和欧洲等国家为近600辆，而中国仅为173辆。巨大的市场规模，尤其是市场增长潜力，为新能源汽车产业的发展提供了规模基础。

第七，我国的各级政府具备强大的组织能力，拥有丰富的资源动员能力。对于新能源汽车产业，从中央政府到地方政府都制定和颁布了一系列政策，给予明确、持续的支持。从2001年开始，各级政府的产业政策经历了研发促进（2001—2008）、示范推广（2009—2015）、消费激励（2013—2017）、制度规范（2017年以后）四个阶段。[①] 中国的新能源汽车产业已经基本发育成熟，可以主要依托市场力量推动产业高速度和高质量发展。

数据显示，汽车产业的发展对一个国家制造业的发展至关重要。汽车制造业在1900年尚不存在，1920年美国的汽车产业增加值达到3.47亿美元，1929年美国成为世界第一汽车制造大国，汽车产业也成为美国第一大产业，美国也由此成为世界上第一个以汽车制造为支柱产业的国家。日本的制造业在第二次世界大战之后开始崛起，尤其是汽车制造业的发展。尽管日本汽车产业起步比欧美晚约30年，但是日本在1980年成为世界第一大汽车生产国，年产量首次突破1 000万辆，1990年日本汽车产量达到1 350万辆。

伴随着我国新能源汽车产业的快速发展，我国汽车产业增加值占全球的比重也越来越大，2013年首次超过日本，排名全球第一，2019年达到28.21%。2022年，我国汽车产销量分别为2 702.1万辆和2 686.4万辆，汽车类零售总额达4.58万亿元，占社会消费品零售总额的10.41%；新能源汽车产销量分别达到705.8万辆和688.7万辆，产销同比增长96.9%和93.4%，出口突破300万辆。新能源汽车使得中国在汽车产业面临换道超车的机遇，也将重塑世界汽车业、制造业的格局。

当一个行业面临突变型技术变革时，行业的企业结构也将发生颠覆性变革，旧技术的领先企业将被新的领先企业取代。举例而言，在2005年功能型手机时代，市场上占有量最大的是诺基亚、摩托罗拉、三星、LG、索爱和西门子。在2020年智能机时代，占有量最大的是三星、华为、苹果、小米和OPPO。面临突变型技术变革的手机行业，在旧技术上领先的前五大企业80%

---

① 王勇，徐婉，赵秋运，等，2023. 中国新能源汽车产业何以能够实现换道超车——基于新结构经济学的分析 [J]. 经济理论与经济管理（9）：63-79.

都退出了。

表 10-1 展示了 2021 年汽车行业的产业结构。从生产格局来看，丰田在全球车企销量和营业收入中排世界第一名，但是市值排行上却居第二，不如特斯拉的市值高。市值是市场对企业收入和利润预期的体现。丰田的市值比特斯拉低，也即市场不看好丰田未来的利润，不认为传统汽车企业将保持当前市场份额，甚至认为这些传统大型汽车企业有退出市场的风险。

表 10-1 汽车行业头部企业销量、营业收入与市值

排名	2021 年销量前十大车企（万辆）		2021 年全球营业收入前十大车企（百亿美元）		2021 年全球市值前十大车企（十亿美元）	
1	丰田	1 050	丰田	25.7	特斯拉	728.88
2	大众	890	大众	25.4	丰田	226.46
3	雷诺日产三菱	763	戴勒姆	17.6	比亚迪	121.91
4	斯泰兰蒂斯	667	福特	12.7	大众	117.09
5	通用汽车	629	本田	12.4	奔驰	77.24
6	现代	538	通用	12.2	宝马	58.13
7	本田	455	宝马	11.3	通用	54.84
8	福特	394	上汽	10.8	福特	53.31
9	铃木	282	一汽	10.1	斯泰兰蒂斯	46.33
10	宝马	252	现代	8.8	本田	42.69

数据来源：不凡智库、《财富》和《环球时报》。

为何传统汽车巨头面临技术革新转轨的难题？以丰田为例，其高管大多从事汽油车业务出身，若转轨到新能源汽车领域，则意味着当前高级管理人员要退出管理层。转型到电动车即使符合公司的利益，也不符合公司高管的利益。所以公司当前的高管从自我利益出发，只要汽油车依然有市场、有利润，这些高管就会维系现有的生产线，继续汽油车的生产。然而，类似于柯达，当市场不再容纳汽油车的时候，这些传统汽车巨头"船大难掉头"，也就只有破产、退出的命运了。参照手机行业的数据，表 10-1 中统治全球汽车行业、制造业上百年的这十大企业，或许有高达 80% 的概率退出汽车产业。

10.5.2 渐变型技术创新领域的大国竞争

在突变型技术创新领域的大国竞争中,美国面临"领先者困境",中国具有后来者居上的优势。然而,在渐变型技术创新领域的大国竞争中,中美展开的是"研发投入竞赛",美国竭尽其力,试图阻断中国的技术进步,促使中国落入"追赶者陷阱"。我们从"创新—市场"循环的各个环节来分析。

第一,在研发投入环节,从 2018 年中美贸易争端开始,美国政府就打击中国政府的高科技产业政策。在中美贸易谈判第一阶段里,美国很明确地要求中国不能实施《中国制造 2025》制定的高科技产业政策。特朗普政府的理由是,高科技产业政策是违反市场规律的,政府不能干预市场的竞争,这是不公平的。这跟当年美国打击日本的高科技产业政策,简直如出一辙。美国意图通过打击中国政府对高科技产业研发的支持,降低中国的高科技研发投入。

到了拜登政府,"与中国竞争"成为美国政治正确的大旗。2022 年,美国经过一年多的立法过程,通过《2022 年芯片与科学法案》,一方面对美国芯片产业拨款 527 亿美元,并计划拨款 2 000 亿美元支持美国的高科技研发;另一方面,设立"护栏"条款,禁止接受美国联邦资助的企业在中国半导体领域投资。美国在增加自己的研发投入的同时,打压中国的高科技研发。

第二,在技术进步环节,2022 年 10 月,美国动员整个国家的力量,对整个中国芯片行业全产业链进行了史无前例的极限打击。将高性能芯片和高性能计算机纳入商业控制清单,防止中国超级计算机、半导体开发、生产终端获得来自美国的设备、技术和原材料支持。在全球范围内限制 14 纳米以下的美国设备、技术,在任何国家以直接和间接的方式出口中国。并且,在没有获得美国政府许可的情况下,禁止美国公民在中国从事芯片开发或制造工作。

第三,在市场份额环节,美国政府希望通过对中国芯片行业的打击,全面缩减中国芯片行业的全球市场份额。我们以华为为例,华为 2019 年智能手机出货量位居全球第二,占世界市场的 17.6%,超过苹果手机,仅落后排名第一的三星 4 个百分点。美国政府对华为的打压,使华为手机在全球智能手机市场的份额直线下跌。2020 年华为手机出货量下降 21.5%,滑落到苹果以下，位居全球第三；2021年华为剥离荣耀手机业务，华为手机出货量跌出全球前五大智能手机生产商之列。

第四，在利润实现环节，美国高科技产品在世界市场份额的上升强化了美国企业的垄断地位，其结果当然是美国企业利润的上升。数据显示，2021年第二季度苹果手机的全球市场份额仅为13%，但是却获得全球手机市场75%的利润。

美国在研发投入、技术进步、市场份额、利润实现这些环节与中国展开系统的、全面的科技竞争，这能够遏制中国的高科技创新，并像美日科技竞争那样，诱导中国落入"追赶者陷阱"吗？而中国又应采取什么样的对策来赢得竞争呢？

10.5.3 大国技术竞争中的常见误解

在讨论中国的应对策略之前，有两个问题需要明确。第一，大国技术竞争依赖自由市场就能获胜吗？答案：不是，有的时候恰恰相反！第二，大国技术竞争能脱离市场，依靠"大兵团作战"获胜吗？答案：当然也不行！这两个问题代表了对大国技术竞争的常见误解。

第一，在渐变型技术竞争中，自由市场均衡可能产生"追赶者陷阱"，使得中国分工生产落后技术。从"创新—市场"循环来看，当美国全方位打压中国企业时，中国半导体企业的技术进步就会减慢，因而市场份额降低。需要注意的是，市场份额的降低会直接反馈到企业的技术进步上：市场份额高的企业不仅利润更高，而且会得到消费者更多的反馈，更快地改进产品质量。即使是同样的初始技术水平、同样的研发投入，一个市场份额更大的产品，其技术改进会更快。换句话说，"创新—市场"循环既可以使美国企业（比如苹果）走上"技术进步快和市场份额大，促使技术进步更快与市场份额更大"的良性循环，也可以使得中国企业走上"技术进步慢和市场份额小，导致技术进步更慢与市场份额更小"的恶性循环。

"追赶者陷阱"可以是自由市场的均衡。而中国要打破"追赶者陷阱"，恰恰是要通过政府的力量，通过政策的博弈与厮杀，帮助中国企业实现技术进步，打破这个自由市场的均衡。

第二,"大兵团作战"最成功的例子就是"两弹一星"。那么"两弹一星"项目和现在的大国科技竞争有什么不同呢?首先,"两弹一星"是在基本封闭的市场条件下进行的技术攻关项目,而现在的大国科技竞争是在开放的世界市场中的竞争。其次,"两弹一星"的目标是两弹研制成功、卫星上天,主要是技术攻坚,而大国科技竞争的目标是长期经济增长。从过去的经验来看,"大兵团作战"可以通过军事化的方式组织、管理,但是长期经济增长则必须以市场为基础。中国要发扬"两弹一星"精神,但技术创新是成千上万的企业长时期不间断的、以利润最大化为目的的经济活动,不能离开市场。中国只能通过改变市场环境,引导企业技术创新,才能在大国科技竞争中获胜。

10.5.4 铺设技术追赶路径

以图10-3中的芯片制程技术进步为例。

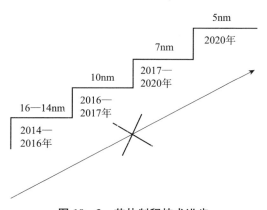

图10-3 芯片制程技术进步

芯片技术是由45纳米、32纳米、28纳米、14纳米,一步一步发展到今天的7纳米甚至3纳米的。美国主导的企业已经实现了3纳米的芯片技术,而中国企业可以达到14纳米的水平。美国现在全面封锁中国企业14纳米以下的技术。那么,中国企业能不能从国产现有的14纳米技术,一步一步追赶美国的先进纳米技术,提升至7纳米、3纳米技术呢?答案是有巨大困难。原因是从14纳米往下,纳米技术的每一个进步并不是单纯的实验室技术攻关,而是需要市场需求的支持。即使在中国国内市场,也没有从14纳米到3纳米之间的芯片需求,因此从14纳米到3纳米的技术追赶路径是断的,无法通过市场实现!那么中国国内的高端芯片市场需求哪儿去了呢?这部分市场被美国科技企业以7纳米或者更先进的芯片牢牢占据着。

美国遏制中国企业的技术进步,并不是简单的技术封锁,而是通过政策环境引导中美企业的国际分工,美国企业分工到先进技术,而中国企业分工到相对落后的技术,来保持美国在高科技产业的垄断地位。美国一方面极力打击中国14纳米以下的芯片制造企业,另一方面独占中国14纳米以下的芯片市场。

中国智能手机市场被苹果、三星、小米、OPPO及vivo等厂商占领,这些智能手机厂商从美国进口高端芯片。先进的芯片技术由美国及其盟国主导的苹果、三星、高通等企业掌握,而相对落后的其他手机零部件制造以及手机加工则由小米、OPPO、vivo等中国企业分工进行。一旦有中国企业,比如华为,敢于挑战美国在高端芯片技术上的霸权,就会受到美国政府的坚决打击。高端智能手机市场对于7纳米以下的落后国产手机芯片没有市场需求。也就是说,在这样一个开放的市场上,中国的芯片生产企业从14纳米到3纳米的追赶路径是中断的,因为14纳米以下的市场已经被美国和其盟国企业占领,那么中国如何实现渐变型技术追赶呢?

技术追赶路径的核心是市场需求,就是通过国家政策创造出对从28纳米到最前沿的5纳米、3纳米技术中间每一步国产芯片技术的市场需求。这种政策实际上就是国家的技术安全政策,保证无论多前沿的核心技术,其市场份额都不能百分百地被外国企业占领,必须有一部分(比如说30%)由国产技术占据。如果有这样的技术安全政策,就不会在核心技术上受制于人。如果外国禁运,至少还有30%的市场用的是自己的技术,有可能差一些,但是能迅速地补上。而且,如果有30%左右的国内市场份额是由国产技术满足,那么也能保证国产技术在一定程度上替代世界先进技术,这样才能"不被任何人轻易欺负"。

那么,设想一种技术追赶路径或者国家技术安全政策,具体要怎么做呢?还是以手机芯片为例。

第一,确定手机芯片为国家核心技术。

第二,国家核心技术反对、限制外国垄断。芯片的下游市场需求为手机,

第 10 章 技术竞争："领先者困境"与"追赶者陷阱"

可以规定任何一个在中国市场销售手机的企业，无论是中国企业还是外国企业，其在中国销售的手机总量中，使用中国国产芯片的比例不能低于 30%。举例而言，在中国市场销售手机的苹果、三星、华为、小米、OPPO、vivo 等手机企业，在中国市场销售的手机总量的 30%，必须使用中国国产芯片。

第三，举例而言，假设"小果"是一个在中国市场销售手机的企业，使用中国国产芯片的"小果"手机量没有达到总出货量的 30%，则这个企业的行为从芯片需求端导致了外国芯片技术对中国的垄断，构成了对中国技术安全的风险。中国政府可以对这个手机企业征税，税率按照其总出货手机中使用中国国产芯片的比例征收，比例越小，税率越高。

第四，按照这样的政策，在中国市场上销售的同一品牌手机会有两种类型，一种是使用进口芯片的，称为"小果 A"，一种是使用国产芯片的，称为"小果 B"。当国产芯片技术还没有达到进口芯片技术的水平时，小果 B 的质量会低于小果 A，小果 B 的市场价格甚至会低于成本。如果出现这样的情况，政府可以考虑给予补贴，保证"小果 B"有一定的利润率。

我们将这样的政策称为"反国际技术垄断政策"。凡是国家确认为核心技术的产品，都适用于这个政策。这样的技术反垄断政策，能够保证国产核心技术的中国市场份额达到 30%，从而既能确保了中国市场的技术安全，也能促进了核心技术产品的市场竞争，避免核心技术产品（比如高端芯片、操作系统）一家独大，全球垄断。

"反国际技术垄断政策"是铺设技术追赶路径的一个思路，可以作为防止中国落入"追赶者陷阱"的一个理论思考。中国有超大规模的市场，而大国科技竞争，形成良性"创新—市场"循环的关键就是市场份额。只有抓住市场份额这个关键因素，营造有利的市场环境，企业才会根据政策设计下的市场环境所带来的比较优势，选择技术追赶、创新与超越。

2023 年 8 月 29 日，华为新一代旗舰机型 Mate 60 在华为官网提前开售，在受到美国政府的严苛制裁 3 年之后，华为公司在手机市场东山再起。华为 Mate 60 搭载了自主研发的麒麟 9000S 芯片，根据市场研判，麒麟 9000S 功能达到 7 纳米芯片的水平。在美国对中国高端芯片产业围追堵截 3 年之后，中国的芯片技术突破出现了曙光。

中国高端手机市场的主要产品，苹果、小米、红米、荣耀、OPPO、vivo、三星、华为等，除华为 Mate 60 使用中国芯片外，苹果使用 3 纳米的 A17 芯片，小米、红米、荣耀、OPPO、vivo、三星都使用 4 纳米的高通骁龙芯片。A17 芯片、高通骁龙芯片都是美国控制的技术，中国高端手机芯片市场依然被美国技术所垄断，中国芯片技术的"创新—市场"循环的市场端依然被美国技术所扼制。

需要指出的是：即使华为这样伟大的企业，也很难靠单打独斗来改变芯片市场的竞争环境；中国企业在高端芯片市场的"创新—市场"循环无法由市场自动实现，必须依赖政府政策来培养、营造。

中美技术竞争决定两国的长期增长，也决定世界秩序的走向。在突变型技术创新领域，中国具有后发优势；而在渐变型技术创新领域，中国需要奋力拼搏，避免落入"追赶者陷阱"。哪个国家能走上"创新—市场"的良性循环，哪个国家就会赢得技术竞争。

第 11 章
国际金融竞争

在本书第 7 章我们论述了全球经济与金融体系的基本矛盾,即三足鼎立的全球价值链结构与美元主导的国际货币体系不匹配的矛盾。美国利用美元的国际货币地位展开的国际金融竞争主要表现在两个方面。

第一,通过大量发行美元,征收美元国际铸币税,投资美国的基础设施、高科技研发、关键产业,从而补强美国实体经济、重构全球价值链。但是,持续、大量增发美元有可能引发通货膨胀。事实上,对于 2022 年开始的全球通货膨胀,美联储自 2008 年全球金融危机以来,尤其是 2020 年新冠疫情暴发之后所增发的天量美元"功不可没"。有意思的是,为了对抗通货膨胀,美联储收紧货币政策、提高利息,这使得美元相对于其他主要货币大幅升值,美元资产相对于其他货币资产大幅增值,美国在金融市场上又一次"薅全世界的羊毛"。一方面,当美联储实行宽松货币政策时,征收美元国际铸币税,在商品市场上"薅全世界的羊毛";另一方面,当美联储收紧货币政策时,美元大幅升值,国际资本回流美国,美国又在金融市场上再一次"薅全世界的羊毛"。2023 年美国一方面收紧货币政策,另一方面却能够避免经济衰退、实现正增长,其中美元收取的国际铸币税所做的贡献是重要原因,美元已经成为美国最核心的竞争利器!

第二，利用美元进行金融制裁。2022年2月底，俄乌冲突爆发，美国、欧盟等发达经济体对俄罗斯发动多轮金融制裁。其措施包括切断俄罗斯主要银行使用美国控制的国际支付清算通道，将俄罗斯主要银行从环球银行金融电信协会主导的跨境金融电文传送系统中剔除，中断俄罗斯的美元贸易结算；冻结俄罗斯央行在外资产和俄罗斯在外的融资渠道；对俄罗斯个人与实体进行金融制裁。在美欧制裁之后，俄罗斯跨境外汇交易在短短数周之内萎缩80%，外债违约失控。2022年俄罗斯主要民用产品减产均在20%～90%，GDP下降超过1.2%。

2022年俄乌冲突之后，世界形势发生突变。一方面，美国对华金融封锁与制裁的风险大幅上升；另一方面，美国利用美元的国际货币地位与中国的竞争也会越来越激烈。中国应该如何应对呢？

中国的底线是防止国际金融危机的发生，同时防止美国有可能的金融封锁。在此基础上，逐步推进人民币国际化，推动国际货币体系的改革，最终建立三足鼎立的国际货币体系，使之与三足鼎立的全球价值链格局匹配，从而解决全球经济与金融体系的基本矛盾。如第9章所述，防止国际金融危机的发生，保持中国经济健康的长期增长，是中国在中美竞争中的基本战略。因此，中国现阶段国际金融竞争的基本任务，就是防止国际金融危机与金融封锁的双风险。

防止国际金融危机需要防止资本外逃，对资本的跨境流动进行管理；而防止金融封锁需要加快资本账户开放、加快人民币国际化的步伐。这两个任务的方向似乎是矛盾的，我们如何能同时完成这两个似乎矛盾的任务呢？答案是金融领域的突变型技术创新！

回顾上一章我们对技术竞争的讨论，核心要点是区分突变型技术竞争与渐变型技术竞争，而中国在突变型技术竞争中反而具有后来者居上的优势。因此，在国际金融竞争中，我们同样也要创造出金融领域的突变型技术创新，从而创造出中国的后发竞争优势。在国际金融领域的突变型技术创新主要有两个：一是货币政策工具创新，二是数字货币技术创新。

这一章我们将首先讨论国际金融危机的机制，然后讨论通过创新货币政策工具和数字货币技术来同时防范国际金融危机与金融封锁双风险。

11.1　亚洲金融危机

我们在第 9 章中讨论过，所谓危机，就是一个自我实现的、可以防范的恶性循环，而发生最频繁、影响力最大的危机就是国际金融危机。历史上，国际金融危机发生过很多次，其中，1997 年的亚洲金融危机是一个经典、惨痛的案例。

这场危机是从泰国开始的，美元升值是一个很重要的诱因。在 1997 年之前，泰国一直实行固定汇率政策，泰铢跟美元保持着固定的汇率，1 美元兑换 25 泰铢。在 20 世纪 90 年代初，泰国的出口总额和 GDP 都保持高速增长。

90 年代中期，美国利率上升导致美元升值，泰铢也就跟着水涨船高。泰铢升值使得泰国的出口竞争力下降，再加上中国的出口强劲上涨，泰国出口下跌，于是泰国在 1996 年之后出现了巨大的贸易逆差。那怎么办呢？只能借外债了。

当时泰国的资本账户是开放的，也就是说，向外国人借钱很容易。于是，大量的外债就此涌入泰国。1996 年，泰国的外债超过 GDP 的 50%。

这么多外债涌进来做什么呢？当时泰国的实体经济下行，大量外债都进入房地产市场。1993—1996 年，泰国房地产市场价格上涨了 4 倍。差不多一年之后，盛极而衰，泰国的房地产市场泡沫破裂了，股市随之下跌 60%。于是大量外国资本逃离泰国，炒房地产的外资一旦撤离，泰铢马上就面临贬值压力。尽管泰国中央银行动用了大量外汇储备干预市场，力图维持固定汇率，但是已经来不及了，贬值的势头就像雪崩一样滚滚而来。到了 1997 年 7 月 2 日，泰国不得不宣布放弃对美元的固定汇率，当天泰铢贬值 17%，随之爆发了震惊世界的亚洲金融危机。

这场金融危机的影响力有多大呢？泰铢的贬值幅度达到 40%，一半以上的金融机构宣布停业，破产企业超过 1 万家，失业人数超 270 万，泰国 1997 年全年的 GDP 几乎都赔进去了。

当时泰国有个股票投资公司的经理，叫施利华，他在这场金融危机爆发前，是一位亿万富豪，就在泰国房地产市场泡沫那几年，他把所有积蓄和银行贷款都投入了房地产。结果，金融危机爆发，房地产市场泡沫破灭，房价暴跌45%以上，施利华一夜之间倾家荡产。他不得不在胸口挂个箱子，每天在街头以贩卖他妻子做的三明治为生。亿万富翁尚且如此，泰国普通民众的境况更是可想而知。由于物价飞涨，失业人数猛增，抢劫、盗窃之类的社会安全问题突出，当时刚刚上任还不到一年的总理差瓦立不得不引咎辞职。

这场金融危机不仅让泰国元气大伤，还波及了马来西亚、韩国、日本等亚洲国家和中国香港等地区，导致大量银行和证券公司破产。

亚洲金融危机期间，金融大鳄索罗斯做空泰铢、攻击泰国金融体系，对泰国爆发金融危机"功不可没"。泰国金融危机之前，索罗斯认定了泰国资产泡沫严重，从楼市到股市、汇市都是虚高，再加上泰国对资本流动几乎不设防，他吃定了泰国。索罗斯的金融攻击简单粗暴：大量从泰国银行贷款借泰铢，然后以25泰铢兑1美元的泰国官方汇率抛泰铢、换美元，并鼓动市场、居民向泰国银行挤兑美元。一旦泰国政府的美元储备用尽，泰铢被迫贬值到40多泰铢兑1美元，索罗斯再将手上的部分美元换回泰铢，归还银行的泰铢贷款，从而获得大约40亿美元的巨额利润。

索罗斯带领的国际炒家做空泰铢得手之后，横扫东南亚，又在1997年10月将战场转到回归祖国不足3个月的香港。对冲基金从1997年11月开始，在汇市、股市及期市对港元进行了长达十几个月的全方位立体式进攻。在关键时刻，中央人民政府宣布人民币不贬值，表示对港币坚定支持。在香港特别行政区政府的顽强抵抗下，对冲基金四次进攻均未能摧毁港元，铩羽而归，港元成功地抵御了索罗斯等国际炒家的疯狂攻击。

温故而知新！2022年之后，美联储货币政策翻转、美元升值、资本大潮回流美国，发展中国家国际金融体系处于风雨飘摇之中。国际金融危机为什么会一再发生？有没有办法能够未雨绸缪、防患于未然？接下来我们首先讨论国际金融危机的发生机制，然后再讨论防止国际金融危机的机制设计。

11.2 国际金融危机的发生机制

11.2.1 自我实现的恶性循环

国际金融危机,又称"货币危机"(汇率危机),按照学术界的定义,是指一国货币兑美元汇率在一定期限内贬值 15% 以上,并伴随着股市大跌、失业率激增、经济总产出下降。按照我们在第 9 章的定义,这种汇率的恶性贬值是一个自我实现的恶性循环,或者用经济学上的术语,叫作自我实现的"多重均衡",参见图 11-1。

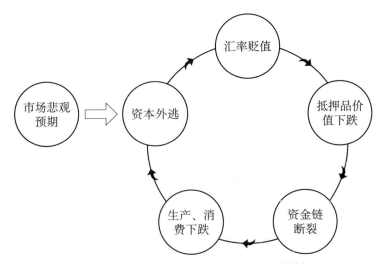

图 11-1 国际金融危机:自我实现的恶性循环

国际金融市场处于动态均衡之中。在经济学上,均衡是指供给等于需求,而达到这个均衡的关键就是价格。货币市场上的价格就是汇率,即本币对外币的比价。汇率升值,对本币的需求上升;汇率贬值,对本币的需求下降。所谓多重均衡就是使需求等于供给的市场均衡汇率出现多重解。

比如,1 美元兑 25 泰铢是一个均衡汇率,我们称之为正常均衡;而泰铢贬值 60%,到 1 美元兑 40 泰铢,也是一个均衡汇率,我们称之为危机均衡。大家对泰铢有信心,不抛泰铢,就是正常的市场均衡;大家对泰铢没有信心,抛泰铢,就是危机均衡——这里的市场汇率就出现多重均衡的叠加。

为什么说这个危机均衡是市场自我实现的恶性循环呢？如图 11-1，一旦市场出现悲观预期，就会带来一个自我实现的恶性循环。比如 1997 年泰国房地产大跌，投资者预期泰铢会贬值，在这个悲观的预期之下资本就会外流；资本外流使得生产下降，价格上涨，这样就会使得汇率贬值；实际汇率贬值会使抵押品价值（比如房地产）下跌；抵押品的价值下跌会使资金链断裂，而资金链的断裂导致泰国的生产、消费都进一步下跌；生产、消费的下跌会证实投资人对泰国经济的悲观预期，而这个悲观预期会再一次引起对泰铢贬值的预期，再一次触发资本外流，形成一个恶性循环。这个恶性循环会一直持续下去，一直等到泰铢贬值到一个均衡，也就是 1 美元兑 40 泰铢，才会稳定下来。

但是，这个新的均衡状态是有代价的——泰国 GDP 比危机前下跌 10%，股市下跌 60%。

国际金融危机虽然是金融市场的危机，但是对实体经济会造成巨大打击。1997 年金融危机之后，东南亚许多国家的实体经济一蹶不振，花了二十多年时间，也没有能够恢复到 1997 年之前的经济增长势头。

回到开头提出的问题，为什么国际金融危机会一再发生呢？这需要谈到国际金融学的一个重要理论：利率平价公式。

11.2.2 利率平价公式

从 1997 年亚洲金融危机这个例子里，我们会发现，金融危机有三个关键变量：汇率、利率（也是最关键的货币政策工具）、资本市场的开放程度。

这三个变量之间的关系构成了国际金融的一个基本的理论，我们称它为利率平价公式，也叫作利率平价理论。

所谓利率平价公式，就是一个套利条件，我们拿人民币与美元投资来打个比方。

我们首先假设中美两国的资本市场都是开放的，也就是说，你可以自由地用人民币换美元，到美国去投资。

假定你手中有 7 万元，中国的银行一年期存款利率是 3%，美国的银行一年期存款利率是 1%。假设当前美元兑人民币的即期汇率是 1∶7，就是 1 美元兑 7 元人民币。接下来，你会怎么投资呢？

第一种，直接存国内银行。7 万元，按照 3% 的利率，一年后得到利息 2 100 元。也就是说，本加利，一年后你将有 72 100 元。用公式表达就是：70 000×（1＋3%）＝72 100（元）。

第二种，存入美国的银行。你首先要在外汇市场上把人民币换成美元，再存进美国的银行。按即期汇率，7 万元可换 1 万美元，然后存一年，按照 1% 的利率，得到利息 100 美元。也就是说，一年后你将有 10 000×（1＋1%）＝10 100（美元）。然后，你需要把这笔钱按一年后的远期汇率换回人民币，届时得到的人民币本金加利息就等于 10 100 美元乘以远期汇率。①

如果远期汇率等于即期汇率，也就是说一年后人民币不升值也不贬值，还是 1 美元兑 7 元人民币，那到时候 10 100 美元就等于 70 700 元，这肯定不如存在中国的银行。在这种情况下，所有人都会选择把钱存在中国的银行。但如果一年后人民币大幅贬值了，比如 1 美元可以兑 7.5 元，存在美国的银行一年就相当于得到 75 750 元，那就比存在中国的银行得到的 72 100 元要多，人们就会选择存在美国的银行。

事实上，市场上有许多投资者，都在关注着汇率和投资风险。如果远期汇率是我们刚刚说的 7.5，那么大家都会把钱换成美元存到美国的银行去。也就是说，在即期外汇市场上，大家会倾向于卖掉人民币换美元，从而导致人民币在即期贬值；而在远期市场上，大家会卖掉美元换回人民币，远期人民币则将升值。

由于要一再换汇，这种汇率风险就是客观存在的。既考虑风险，也考虑套利的机会，这个套利条件也就是我们说的利率平价公式：

人民币利率＝美元利率＋汇率风险

对照这个公式，首先，我们可以看到，只有当投资两边的收益率完全一样的时候，也就是说，当 10 100 美元和 72 100 人民币相等的时候，市场才能

---

① 即期汇率指货币在现货市场上进行交易的价格，通常是买卖双方成交后，在两个营业日之内办理外汇交割时所用的汇率。远期汇率指外汇买卖双方成交后并不立即交割，而是到约定的日期再进行交割的外汇价格；远期汇率交易在交割时，双方按原来约定的汇率进行交割，不受汇率变动的影响。

保持均衡，这时的远期汇率就等于 72 100 除以 10 100，约等于 7.14。如果一年后的远期汇率高于 7.14，则持人民币有风险；如果低于 7.14，则持美元有风险。只要远期汇率不等于今天的即期汇率，那么汇率风险和套利机会就总是存在的。

此外，现实中，汇率通常是波动的，这个等式的两边就不相等了。比如美元利率变高了，怎么办？那么大家就会卖人民币，买美元，用美元投资，这样人民币就会贬值。但是人民币贬值，汇率风险也会相应降低，加起来两边还是相等，这个公式也会自动保持平衡。

这个利率平价公式把资本市场开放、中美两国的利率（也就是货币政策）、汇率这三个关键变量，都联系在一起了。

货币政策最核心的变量就是利率，利率降低是宽松的货币政策，利率提高是紧缩的货币政策。

但是问题来了，对一个国家来说，它能够同时拥有固定汇率、独立的货币政策，并保持资本市场的开放吗？

答案是不能。这就引出了我们下面要讨论的著名的三元悖论。

11.2.3　国际金融体系三元悖论

国际金融体系中有一个著名的三元悖论，即一个国家不可能同时实现资本市场开放、固定汇率和拥有独立的货币政策。这个结论就是从上文中的利率平价公式推导而来的。

利率平价公式中三个变量的关系存在三种可能性，如图 11-2 所示。

图 11-2　利率平价公式中三个变量之间的关系

第一种情形：资本自由流动＋固定汇率→货币政策不独立。跨境资本是自由流动的，即资本市场是完全开放的，所以中国的投资人既可以用人民币投资，也可以换成美元投资，那么利率平价公式一定成立，也就是说：人民币利率＝美元利率＋汇率风险。因为是固定汇率，所以即期汇率等于远期汇率。这样一来，汇率风险就是 0，这样利率平价公式就变成：人民币利率＝美元利率。也就是说，中国的货币政策必须与美国的货币政策绑定，那就不是独立的了。大家熟悉的例子就是中国香港的国际金融体制，港元与美元汇率固定，资本自由流动，这样的制度下，中国香港的货币政策就失去了独立性，必须与美联储货币政策绑定。

第二种情形：资本自由流动＋货币政策独立→浮动汇率。资本自由流动，那么利率平价公式一定成立，所以人民币利率＝美元利率＋汇率风险。同时货币政策是独立的，所以人民币利率不可能总等于美元利率，这样就要求汇率风险不常为 0，也就是即期汇率不总等于远期汇率，那么汇率机制就不能是固定的，一定是某种形式的浮动汇率机制。这是大部分发达国家目前采取的国际金融制度——资本自由流动，货币政策独立，但是允许汇率自由浮动。

第三种情形：固定汇率＋货币政策独立→资本管制。因为是固定汇率，所以远期汇率等于即期汇率，汇率风险是 0。因为货币政策独立，所以人民币利率不总等于美元利率，也就是说，利率平价公式不一定能成立，这就要求资本市场不能是完全开放的。在 2019 年 12 月之前，中国接近于第三种情形——货币政策独立，汇率基本固定（或者弹性不大），但是资本的跨境流动需要管理。

综合以上三种情形，我们可以看出，资本市场开放、固定汇率和独立的货币政策这三者存在不可调和的内在矛盾，所以它们不可能同时成立，这就是著名的国际金融体系三元悖论。

当然，各国货币政策也会随着时代变化而变化。在 1944—1973 年以布雷顿森林体系为主导的国际货币体系时期，各国之间的汇率是固定的。日本、德国、英国、法国等国家为了保持一定的货币政策独立性，也采取了资本流动管理的政策，彼时，它们的资本市场就不能是完全开放的。

而在后布雷顿森林体系时期，随着各国资本市场日益开放，各国利率越来越难以绑定美元利率。1973年，布雷顿森林体系崩溃，按照三元悖论，这些国家不得不放弃对美元的固定汇率，改变成浮动汇率。

我们现在回到开头的问题——为什么国际金融危机会一再发生呢？起因都是短期内的汇率大幅贬值，触发资本外流。如上所述，市场汇率并不一定有唯一、稳定的均衡，也就是说在汇率出于某些原因贬值之后，市场力量并不一定能自动地将汇率恢复到原来的状态，反而有可能触发投资者的悲观预期，认为汇率会进一步贬值。

短期内汇率的大幅贬值和资本外流，势必会引发投资者的悲观预期；这又会促使汇率继续贬值和资本继续外流，进而抵押品价值下跌、资金链断裂，直至生产力下降、经济下行。这又反过来证实了投资人的悲观预期——从猜测"经济不行了"到证实"经济真不行了"，这就陷入了一个自我实现的恶性循环。

当然，有很多原因可能引发汇率的大幅贬值和资本外流，比如房地产市场泡沫破灭、经济下行，等等。但是，从过去国际金融危机的经验教训来看，固定汇率制度有可能带来制度上的风险。固定汇率一方面使一个国家的汇率比较稳定，有利于价格水平的稳定和进出口的稳定，但是另一方面，这也要求中央银行必须守住这个固定汇率。否则，就有可能触发大幅的货币贬值，然后带来一连串后续的恶性循环，直到引发国际金融危机。

中国的国际金融体制一直在变革之中。过去，中国采取的基本都是固定汇率制度。同时，因为中国的发展阶段和美国不同，经济周期也不同，我国必须保持独立的货币政策。按照三元悖论，这就要求我国的资本市场不能完全开放，对资本的跨境流动必须有一定程度的管理。这也从理论上解释了中国的资本市场没有完全开放的深层原因。

随着时代的发展，人民币汇率从固定汇率制度向浮动汇率制度的改革也在同步推进。举两个我国汇率改革的例子。

一是"8·11汇改"。2015年8月11日，中国人民银行宣布调整人民币兑美元汇率中间价报价机制（简称"汇改"），做市商参考上日银行间外汇市场收盘汇率，向中国外汇交易中心提供中间价报价。这一调整使得人民币兑美元汇率中间价报价机制进一步市场化。当天，人民币汇率开盘大幅度贬值

1 136 个基点，一次性贬值接近 2%，在随后的几天里，人民币汇率连续贬值，3 天内贬值超过 3%。此举大大超出了市场的预料，贬值预期开始强化，与此同时，中国境内也出现了一些资本大规模外流的迹象。随后，央行为了维持汇率稳定，迅速在外汇市场上实施"卖出美元、买入人民币"的公开市场操作，这使得中国外汇储备快速缩水，不到一年时间央行就消耗了近 1 万亿美元的外汇储备。为了避免外汇储备快速流失，中国央行除加强对资本外流的管制外，开始重新寻求管理汇率中间价的方式。2016 年 2 月，央行实施"收盘价＋篮子货币"的汇率定价方式，成功地稳定了市场预期，缓解了资本外流压力，放缓了外汇储备的缩水速度。后来，央行的定价公式中开始引入逆周期因子，并根据市场环境择时启用，在一定程度上限制了人民币汇率的弹性。"8·11 汇改"可以视为人民币汇率市场化改革的一次虽然不太成功，但是勇敢的尝试。

二是人民币"破 7"。2019 年 8 月初，第十二轮中美经贸磋商结束后的第二天，美国突然宣布拟对约 3 000 亿美元的中国输美商品加征 10%关税。市场情绪迅速转换之下，人民币汇率十年来首次跌破"7 关口"。美元兑人民币跌破 7，在过去十年一直被看作人民币汇率的重要心理关口，市场预期央行会动用外汇储备等各种手段让人民币汇率守住"7 关口"。当 2019 年 12 月"破 7"真正来临之际，出乎市场预料的是，央行并没有干预人民币跌破 7，恐慌也未出现，市场表现出了出奇的平静，没有单边贬值预期，居民购汇潮也未再重演。在市场力量主导下，人民币汇率双向波动特征更加明显，汇率弹性进一步增强，汇率双向浮动幅度增大。"破 7"之后，人民币汇率已经基本上是浮动汇率了。

11.2.4　国际金融制裁

在大国金融竞争下，中国既要防范金融危机，也要密切注意国际金融制裁的风险。

回顾历史，美国利用其国际货币体系的主导地位，对竞争者进行金融制裁的例子并不少见，除俄罗斯之外，伊朗、土耳其、朝鲜等国家多次遭受过美国的金融制裁。一般而言，美国对他国发动金融制裁有如下几种形式：第一，在美国司法管辖范围内冻结被制裁国特定实体或个人（政府官员、企业家等）的资产或交易；第二，限制被制裁国相关企业进入美国股票或债券市场融资，切断被制裁国的美元获取能力；第三，禁止被制裁国使用美国控制的国际支付清算通道，将被制裁国全部或部分机构从 CHIPS（纽约清算所银行同业支付系统）掌控的美元大额清算系统与 SWIFT 主导的跨境金融电文传送系统中剔除，中断被制裁方的美元贸易结算；第四，禁止美国本土乃至全球金融机构为被制裁对象提供直接或间接的金融服务。

我们先来看美国制裁伊朗的例子。美国首先要求，美国的银行不能直接与伊朗的银行发生交易；然后，进一步要求美国的银行不能与代表伊朗的任何外国银行（如欧洲的银行、中国的银行）发生交易，同时，还对违背法令的美国银行和代表伊朗的外国银行进行制裁。中国的昆仑银行就因为违背了这个法令而遭到美国的制裁。最后，美国使出了撒手锏，利用 CHIPS 和 SWIFT，禁止伊朗和外国企业利用美元进行跨境支付，全面遏制伊朗的国际交易。

再来看俄罗斯的例子。2014 年克里米亚危机后，美国首先对俄罗斯个人与实体（银行、企业）进行制裁，将被制裁的个人与实体列入"特别指定国民和被封锁人员清单"（SDN 清单），冻结列入 SDN 清单的个人与实体的在美资产，禁止美国境内的所有人士、企业以及与美国有业务或与美国有交易关系的企业与 SDN 清单上的对象进行交易。2022 年俄乌冲突之后，美国大幅增加了 SDN 清单上的俄罗斯被制裁个人与实体。其次，美国与盟国将俄罗斯多家主要银行从 SWIFT 体系移除，极大限制了俄罗斯的跨境支付。最后，美国与盟国直接打击俄罗斯央行，冻结了俄罗斯央行在西方国家中央银行或托管银行存放的 3 000 多亿美元外汇储备与资产。

正如我们在第 9 章中所讨论，一方面，如果中国经济增长停滞、陷入日本式危机，分裂主义势力铤而走险的可能性加大。在发生重大事变的情形下，中美军事冲突的风险增高。另一方面，如果中国经济保持强劲增长，三足鼎立的全球价值链结构与美元主导的国际货币体系的矛盾会越来越激化，美元危机爆发的概率增加。为了保护美元，打击人民币，美国制造中美局部军事冲突的风险同样会增高。一旦中美卷入军事冲突，美国对华金融制裁的风险就会陡然升高。美国对华金融制裁已经是现实的风险，我们必须未雨绸缪！

11.3 如何防范国际金融危机与金融制裁双风险？

理论上，按照利率平价公式与三元悖论，中国需要严格管理资本的跨境流动，甚至关闭资本账户、禁止资本外逃，这样国际金融危机就不会发生。但是，关闭资本账户、禁止资本跨境流动，恰恰是金融制裁要达到的目标。如果停止资本跨境流动，中国资本市场的对外开放将完全停止，经济增长将受到重大打击，这同样是中国必须防范与避免的。

防范国际金融危机，要求中国管理资本跨境流动。而防范金融制裁，要求中国加快人民币国际化，加快资本账户开放。这是一个两难问题。

需要注意的是，无论是国际金融危机还是金融制裁都是中美国际金融竞争的表现形式，美元的不对称优势使得中国在这两种表现形式中都处于被动地位。中国要在金融竞争中获胜，就需要创造出主动态势，将竞争的主动权抓到自己的手上。

美元在现有国际货币体系中占有绝对优势，在现有国际金融体系下是领先者，中国如何在国际金融竞争中掌握主动权呢？回顾第 10 章的讨论，如果我们在国际金融体系中实现了突变型技术创新，那么中国就反而具备后来居上的优势，将掌握主动权。

国际金融体系有哪些可能的突变型技术创新呢？我们下面讨论两种可能，第一是货币政策的突变型技术创新，第二是数字货币技术的突变型技术创新。同时我们将讨论如何利用这两种突变型技术创新破解防范国际金融危机与金融制裁双风险的两难问题。

11.3.1 货币政策创新：跨境资本流动累进税（准备金）

利率平价公式，即当资本自由流动时，人民币利率＝美元利率＋汇率风险，是国际金融理论的基础。当我们思考货币政策创新时，要从这个理论基础出发。那么我们的目的是什么呢？就是防范国际金融危机。而国际金融危机的本质是自我实现的恶性循环，那么防范国际金融危机，就是打断这个恶性循环的某个环节，让这个循环不能继续滚动。

怎么打破呢？我们把整个恶性循环的链条捋了一遍，发现"资本外流"是一个突破口，如果在"资本外流"这个环节上，加上一道"防火墙"——在正常时期，这道"防火墙"不会影响资本的自由流动，而在危急关头，它能制止大规模的资本外流，扭转投资者的悲观预期，从而防止国际金融危机的发生——这不就是两全其美的方案吗？"跨境资本流动累进税"就是这样一道资本跨境流动的"防火墙"。①

具体来说，就是中国为资本的跨境流动征收一种税。但是，征收这种税是有条件的，即在资本的正常跨境流动下，税率是 0。举个例子，假设中国现在正常的跨境资本流动量是每天大约 500 亿美元，那么，在每天的交易额为 500 亿美元以下时不收税。

但是，当危机发生、资本大规模外逃的时候，跨境资本的流动量会突然激增。比如，每天跨境资本流动量会增加到正常值的 3 倍，达到 1 500 亿美元。这个时候，政府就得收税了。需要注意的是，这个税是累进的，也就是说，跨境资本流动量越大，税率就越高。

在危机时期，境外资本对人民币汇率的攻击，需要多次地买进美元、卖出人民币，而跨境资本流动累进税的设计就是跨境资本的交易量越大，税率就越高。比如说，最高的边际税率高达 30% 以上，这就能够充分地防止对人民币汇率的攻击了。

举个例子，一个投资者在正常情况下操作人民币兑换外汇，平均的资本流出量是每天 1 亿美元，这个时候税率为 0；当他的资本流出量达到每天 3 亿美元的时候，跨境资本流动累进税开始启动，开始收 5% 的税；达到每天 4 亿美元的时候，边际税率达到 10%；达到每天 5 亿美元的时候，边际税率达到 30%。也就是说，他每天 3 亿美元以下的跨境交易，税率是 0；3 亿~4 亿美

---

① Ju J, Lili, Nie G, Shi K, et al, 2019. Nonlinear Capital Flow Tax: Capital Flow Management and Financial Crisis Prevention in China [J]. China & World Economy, 27 (4): 1-28.

元的跨境交易收税 5%；4 亿～5 亿美元的跨境交易收税 10%；5 亿美元以上的跨境交易收税 30%。有了这样的税收机制，这个投资者每天的资本流出量一定不会超过 5 亿美元。这就使危机时期资本外逃的规模得到有效的控制，从而也有效控制了汇率贬值的幅度。

为什么这个跨境资本流动累进税能防范金融危机呢？那是因为引发国际金融危机的并不是正常的跨境资本流动，比如跨境消费、对外直接投资等，而是金融资本短期的、大规模的、恶意的投机炒作，这种投机炒作一定需要大量地买进、卖出人民币。

而现在，因为有了跨境资本流动累进税这道"防火墙"，投机性的资本流出就无利可图了，那资本就不会大规模外流。投资者没有看到大规模资本外流，人们对人民币汇率的预期就会比较乐观，那人民币就不会有太大的贬值风险。

人民币没有贬值的风险，抵押品的价值就不会下跌，资金链就不会断裂，生产和消费就会正常进行，这样又反过来强化了市场对人民币的信心，资本也就自觉自愿地不会外流了。因为在资本外流这个环节上加上了一道"防火墙"，原来自我实现的恶性循环就被阻断了，转变成了良性的循环，这么一来，国际金融危机自然也就不会发生了。

以上的设计还需要解决一个问题：既然边际税率是累进的，难道那些投资者不会想办法逃税吗？比如说，多开几个账户。既然是从 3 亿美元开始征税，那么，为了流出 8 亿美元，开 3 个账户，保证每个账户的资本流出量小于 3 亿美元不就行了吗？

不错，这确实是核心问题。"防火墙"设计关键的创新之一，就是让投资者自愿地不多开账户。办法很简单，就是加开户费。

跨境资本流动累进税的设计包括两部分，一部分是累进税，资本流动量越大，边际税率就越高；另一部分是开户费，投资者开的账户越多，开户费就越高。

我们的理论计算表明，适当的"开户费 + 累进税率"的组合能确保两件事：第一，每个投资者，不管他的资本流动量有多大，都不会开超过 5 个账户；第二，在累进的边际税率下，没有哪个投资者的资本流动量会超过正常量的 3 倍。这道"防火墙"有效地防范了国际金融危机的发生。

你可能会担心,加这么一道"防火墙"会不会阻碍跨境资本的正常流动呢?答案是不会。因为一般情况下,跨境资本的流动量是正常的,那么,这个税率就是0,"防火墙"不会启动,也就不会影响资本的自由流动。只有当危机到来,出现超常的资本流动时,这个"防火墙"才会启动,让那些投机者套不到利。所以,在理论上,跨境资本流动累进税是一个两全其美的设计。

当然,跨境资本流动累进税还只是一个理论上的创新,实际政策还需要试点,去构建现实可行的"开户费+累进税率"组合。这会因资本流动的种类(债券、证券、保险、银行贷款等)、资本流动的方向(流入或流出)以及资本借贷时间的长短而有不同的设计。尽管如此,利用跨境资本流动累进税构建资本流动"防火墙"的思路,提供了一个货币政策的突变型理论创新。

跨境资本流动累进税的设计,实际上是在利率平价公式中的三个国际金融体系的重要变量之外,加上了第四个变量——跨境资本流动累进税。而这第四个变量,因为是累进的,所以会对冲资本外流带来的贬值压力。当没有跨境资本流动累进税时,资本流出越多,贬值压力越大,而汇率越贬值,资本越外流,这样就形成了一个恶性循环。跨境资本流动累进税的设计使得资本外流越多,税收成本越高,于是投资人就越不愿意流出资本,这样汇率的贬值压力就变小了。所以跨境资本流动累进税使原来不稳定的具有多重均衡的国际金融体系,成为一个稳定的只有一个均衡汇率的国际金融体系。当外生冲击使得市场汇率偏离均衡汇率时,这个稳定的体系会自动恢复到均衡汇率,而不会发生危机。

跨境资本流动累进税的设计使得中国在国际金融竞争中比美国多了一个政策工具。因为美元是强势国际货币,所以美国希望所有国家都维持资本市场完全开放,也就是跨境资本流动不设防,这样美国可以利用美元的不对称地位操纵国际金融市场。美国不会使用跨境资本流动"防火墙",因为这样会损害美元资本的流动性,影响美元的国际货币地位。对于中国而言,情况恰恰相反,多一个政策选择,就可以更加从容地抵御资本流动风险。比如说,当美联储收紧货币政策、提高利息时,如果没有跨境资本流动累进税,人民币立即面临贬值压力。如果有跨境资本流动累进税,我们可以提高资本流出(即期出售人民币、购买美元,远期出售美元、购买人民币)的基础税率,而不需要人民币贬值。2022年9月28日，人民银行决定将远期售汇业务的外汇风险准备金率从0上调至20%，实际上就是将远期出售美元的税率上调，是跨境资本流动累进税的一个实际运用。

如果跨境资本流动累进税的政策设计能够实现，那么中美国际金融竞争就有点像两个人拼刺刀：美元像一个壮汉，光着膀子，抡着大刀；人民币像一个书生，拿着三尺剑，但是戴着盔甲！

11.3.2　货币技术创新：数字货币跨境支付平台

如何应对美元跨境支付体系的封锁，是应对美国金融制裁的核心问题。但中国同样面对两难问题：建立一个有效的人民币跨境支付体系，需要人民币可自由兑换、资本账户开放，而人民币自由兑换、资本账户开放又会带来国际金融危机的风险。跨境资本流动累进税的设计是为了在资本账户开放的同时防范国际金融风险，而数字货币跨境支付平台则是一个反方向的思路：如何在人民币尚未可自由兑换、资本账户尚未开放的情形下推进一个替代美元的跨境支付体系。

这个反方向的思路是基于正发生在货币金融领域的数字革命。一百多年来，国际货币经历了金本位、法币（美元）的技术演变，正处于数字货币技术革命的前夜。按照本书第10章的概念，数字货币是货币金融领域的突变型科技创新，其"蛙跳模型"规律同样适用于货币金融领域。伴随着数字货币技术的发展，现在以美元为主导的国际货币体系一定会发生结构性的转变，美元的世界货币地位一定会转让给某（几）个具有数字特征的货币。当然，在现有国际货币体系中，美元具有主导优势地位，随之产生的是享受美元特权的美国银行、金融利益集团。但是，美元的这种主导优势越强，按照我们上一章的讨论，美元利益集团转换到数字货币技术的机会成本也就越高，中国等其他国家构建超越美元体系、以数字货币技术为基础的新国际货币体系的可能性就越大。

数字货币技术的典型特征是去中心化的区块链技术。现有国际货币体系以美元为中心，去中心化很有可能就会去美元化。

以跨境支付体系为例，美元跨境支付体系的中心节点是担当跨境金融信息传输任务的 SWIFT 和担当美元跨境交易结算和清算中枢的 CHIPS。目前，SWIFT 是跨境金融信息传输服务的全球领导者和标准制定者，其金融通信服务覆盖全球 200 多个国家和地区的 11 000 多家金融机构和企业客户。CHIPS 则是全球最大的私人部门美元资金传输系统，是美元跨境交易结算和清算的中枢，通过与 SWIFT 系统连接，掌控着全球绝大部分的美元跨境支付业务。这两大系统是目前全球美元跨境支付体系的核心，由美国主导。

在现有的跨境支付体系下，主要的支付方式是通过代理行的模式。具体而言，在收付款人未在同一个银行开设账户，且收付款人所在银行之间不存在直接账户（即同业账户）联系的情况下，这两家银行可以通过代理行（即这两家银行均在该行开设账户）进行跨境支付和结算。

以美元的跨境支付清算为例，需要 SWIFT 作为信息传递的平台，每个银行在其上都有自己的账号（SWIFT 编码），银行通过规范的报文和通信标准进行金融交易信息和支付清算指令的确认，而具体的清算和支付则需要 CHIPS 和 Fedwire（美联储转移大额付款的系统）参与完成。由于 SWIFT 的便捷性，几乎所有具有国际业务的银行都加入了该系统，SWIFT 系统成为国家支付清算体系的基础设施。

跨境支付清算体系作为跨境金融的核心基础设施，具有非常强的网络外部性。市场主体在该体系获得服务的价值与连接到该体系主体的数量成正比，通俗点说，用的人越多，做生意就越方便。一旦该体系被全球大部分银行接纳，其便利性和低成本优势就很难被超越，系统便会自发形成具有使用黏性的稳定网络。

当前跨境支付的痛点主要有两个：一是交易从发起到结算的周期长，一般需要 3~4 天；二是交易成本过高，2018 年世界跨境贸易的平均手续费高达 7%。造成这两个问题的核心原因在于跨境贸易涉及的"中介银行"太多，其数量取决于双方公司的开户银行是否相互设立同业账户，一般而言，整个流程会涉及 2~4 家银行。

新的跨境支付结算平台要想成功，有两个关键难题，第一是网络外部性问题：如何克服原有体系的网络外部性，吸引足够多的使用者，产生新平台的网络外部性。第二是汇率决定问题：如何确定数字货币之间、数字货币与其他法币的合理兑换比率。兑换比率（汇率）的设置既要对用户有吸引力，又要防止投机资本利用不同平台进行攻击性套利，使得平台无法承受而崩溃。

多边央行数字货币桥

多边央行数字货币桥（mBridge）是一个基于数字货币的新跨境支付结算平台的尝试。

2022年，由香港金融管理局联合国际清算银行（香港）创新中心、泰国中央银行、中国人民银行数字货币研究所、阿联酋中央银行共同构建的多边央行数字货币桥项目，成功完成了基于四地央行数字货币的真实交易试点测试，该项目已进入试运行阶段。

多边央行数字货币桥概念主要来自香港金融管理局和泰国央行合作的 Inthanon-LionRock 项目，在2021年2月中国人民银行和阿联酋中央银行加入，成立了 mBridge 项目。该平台将多方的央行数字货币映射到同一个分布式账本中，使得交易可以通过智能合约实施跨境同步交收。相比现行的传统代理行模式，mBridge 具有去中心化的治理结构，效率更高，成本更低。

在效率方面，mBridge 能大幅提升交易效率，将原本3~5天的跨境交易时间缩短至2~10秒。传统的代理行跨境支付模式需要经过多个节点，而 mBridge 的多边交易模型能够直接实现点对点的交易，省去中间环节，其交易速度能够达到秒级。在成本方面，根据普华永道估计，mBridge 的交易成本将比代理行模式减少50%。

汇率形成机制方面，mBridge 项目安排了三种汇率形成机制：一是做市商公开报价；二是私下向做市商询价；三是交易双方在"场外"谈价，然后在系统上按照约定的价格进行交易。

mBridge 平台试运行之后，将进一步试点、推广。mBridge 还只是跨境支付市场上一个刚刚出世的婴儿，希望她能健康成长，能够在不远的将来和现有的 SWIFT 体系这个壮汉同台竞争！

在国际金融体系的大国竞争中，目前中国处于追赶的位置，面临着两难的困境，通过跨境资本流动累进税的突变型货币政策创新，我们有可能破解在资本开放的同时防范金融危机的两难困境；而各种数字货币跨境支付平台构成了国际货币体系突变型技术创新。毕竟，对于追赶型货币而言，在国际货币体系的突变型技术创新面前，失去的是锁链，得到的可能是一个新的世界。当然，如果不能抓住时机、勇于创新，机会也将稍纵即逝。

11.4 尾声

美联储货币政策由 2020 年新冠疫情以来的极度宽松，翻转为 2022 年的收紧、持续加息，世界金融市场处在风雨飘摇之中。我不禁想起 2008 年全球金融危机的前夜。

2007 年 10 月世界各国财长和央行行长齐聚美国首都华盛顿，参加国际货币基金组织－世界银行年会，美国次级抵押贷款危机的影响引起与会者关注。10 月 22 日下午会议结束，我信步走出国际货币基金组织大门，来到波托马克河边的肯尼迪演艺中心。极目西眺，波托马克河两岸层林尽染，晚霞与红叶相映。夕阳西下，天色转暗，转身东望，一轮明月冉冉升起，河上小船顺流而下，逐渐消失在天际。国际货币体系或许像那艘渐渐驶离了波托马克河的小船，飘向大西洋，承受惊涛骇浪，最后驶向何方呢？此景难忘，我写下一首七言：

秋 水

2007 年 10 月于美国华盛顿市

一叶扁舟随秋水，

红树白云连天涯。

阅尽两岸无数事，

不知人间有春夏。

任凭寒冬起黑浪，

总有明月送晚霞。

千磨万击向东去，

渡尽大海归我家。

第 12 章
全球治理体系竞争

2000年1月1日上午8点，美国俄克拉何马州诺曼市，新世纪的阳光洒满房间……我好像回到了江苏如皋老家——鞠厦村。鞠厦小学门口那棵被砍了的千年白果古树怎么还在那儿？这棵白果树有三人合抱粗，华盖延展几亩地，主干有20来米高，主干上面又长出4根一人合抱粗的枝干，挺拔地向着天空，支撑着华盖。主干的顶部，也称"天盘"，足够放得下一张八仙桌。日积月累，树叶在天盘上结成厚厚的一层泥，中间居然又长了一棵枇杷树，枇杷树有碗口粗，长成S形。

我好像回到了小时候，爬上白果树的主干顶，站起来往东边的陆家庄看。麦田是金黄的，旁边的黄花菜是碧绿的，一层白雾从绿绿的黄花菜田飘向黄黄的麦田。红红的太阳躲在白雾后面，从陆家庄不紧不慢地升起，有面盆大小，越升越高，越变越亮。

"旧博士，旧博士！"有人在喊我？……我是梦中回故乡了，还是在故乡做梦？或许，梦中回故乡做梦，又梦到了俄克拉何马？……我勉强睁开眼，挣扎着坐起来，看着满房间的阳光，禁不住吟出四句：

晨曦透东窗，

故土夜留香。

端坐细思索，

何处是梦邦？

回想起凌晨和麦克、阿妮塔关于东西方文化、多元文化的讨论，东中有西，西中含东。犹如这个梦境，俄克拉何马中有如皋，如皋中又有俄克拉何马，而全球治理体系亦会通过东西竞争，达到东西相合、渐至佳境？

中美在全球治理体系的竞争，本质上是价值体系之争，是新旧文化之争。那么新世界的文化又会诞生在何方呢？

12.1 新文化会诞生在哪里？

"旧博士，旧博士！"敲门声越来越大，是麦克的声音。我起身开门："麦克，早！"

"早，旧博士！"

"是你在敲门？"

"是啊，敲了好久了。"

"哈哈，我以为在做梦。麦克，什么事？"

"旧博士，昨晚关于东西方文化的讨论太有意思了，我们继续讨论？"麦克端着两杯咖啡。

"你咖啡都拿来了，那到我家后院吧。"我把麦克带到后院坐下，"你说吧，什么新思想？"他一大早来，一定有什么新奇的想法。

麦克左手端着咖啡，右手开始挥舞："我昨天一晚上都没睡着，一直在想一个问题，一个重大问题：新世纪，也就是新世界，和过去有本质的区别，那新世界一定要有与传统文化本质不同的新文化，这个新文化会诞生在美国，在中国，还是其他什么地方？"

不愧是哲学专业高才生，直奔核心问题。我微笑地看着他："今天的阳光和昨天一样的明媚，有什么本质的不同啊？"

麦克挥舞着手："每天的阳光都在变化，只不过我们感觉不到，量变引起质变,现在进入质变了。"

"如果新世纪是质变,那新文化会诞生在哪儿呢?俄克拉何马?诺曼?哈哈,麦克小天才发明新文化。"我忍不住怼他。

麦克狡黠地看着我:"不可能在俄克拉何马,但不能排除麦克小天才。旧博士,我们来讨论产生新文化的条件?"

"你说吧,我听着。"我喝了一口咖啡,看着脸色严肃起来的麦克。

他把咖啡放到地上,双手一起挥舞道:"第一,互联网将世界连在一起,虚拟世界与物质世界相统一。现在推动世界发展的动力是创新,是知识、人力资本,意识与物质也是统一的。所以,新文化一定是一个一元论的文化,不会是二元论文化,天地人合一!这样说来,新文化一定会诞生在一个有一元论文化传统的区域。"

我看着他,说:"你厉害,第一个条件就把俄克拉何马排除了。那第二个条件呢?"

"第二,新文化是传统文化的破坏性创新,destructive creation,所以不会在一个传统文化强势的地区诞生,而会在一个传统文化比较弱,甚至被打倒的地区诞生。你们毛主席说的,一张白纸好画最新最美的图画,不破不立!"

我又喝一口咖啡:"你厉害,又把俄克拉何马排除了,你中国哲学学得不错啊。"

麦克开心地咧开了嘴,飙起了中文,"我还会用中文说中国哲学,天地人合一,不破不立!"

"嗯,带俄克拉何马口音的中文,第三个条件呢?"

"第三,新文化一方面要不破不立,另一方面一定是在一个文化繁荣、开放包容、兴旺发达之地诞生。第四,影响世界的新文化只能在影响世界的大国、强国诞生,所以新文化最有可能在一个强大的经济体诞生。"

"那不就是中国吗?麦克!"我大喊起来。

麦克微笑着看着我,"中国满足第一、第二个条件,好像还不满足第三、第四个条件。据说中国人现在都忙着挣钱,没有时间发展文化。而且,现在GDP的世界前 7 名是美、日、德、英、法、意、中,中国只排到第 7 位,中国的人均 GDP 世界排名第 134 位，不到美国的 3%。即使在亚洲，中国 GDP 总量也不到日本的四分之一，要赶上日本还有很长的路，还不是一个强大的经济体。"他从地上端起咖啡，同情地看着我，问："旧博士，我是不是把这个话题聊死了？"

"没有，"我看着他，"中国不满足第三、第四个条件，美国不满足第一、第二个条件，有哪个国家满足所有条件吗？"

麦克看着我："现在还没有，或许五十年以后会有。"

"哪个国家更有可能满足这四个条件呢？"

"不知道！"

麦克不再说下去了，默默地爬上我家后院的胡桃树，跳回到他家后院。新世纪蔚蓝的天空中折射的阳光忽然压向我的头顶、胸膛直至全身，我有点喘不过气，禁不住心潮澎湃，有写文章的冲动。我回到房间，上网浏览中文新闻，先映入眼帘的是中国台湾地区领导人选举的消息，主张"台独"的民进党候选人陈水扁的支持率高于国民党候选人连战，有可能结束国民党在台湾地区半个世纪的执政地位，台湾海峡暗潮汹涌。

欧洲方面，欧盟在 1999 年 1 月 1 日推出欧元，统一了货币，欧洲一体化在经历了半个世纪的蹉跎与坚忍不拔的奋斗之后终于迈上新的台阶。然而，伴随着欧元诞生的是美国主导的科索沃战争。1999 年 3 月 24 日到 6 月 10 日，美国带领北约国家对南联盟发动了代号为"盟军"的空袭行动。意气风发的欧元在美国对南斯拉夫的狂轰滥炸中大幅贬值，美元重回国际货币体系领导地位。在 21 世纪的第一个春天，无论是在亚洲还是在欧洲，美国都攻城略地，如日中天。

1991 年苏联解体之后，美国成为全球唯一的超级大国，它带领着盟国，逐渐形成"一超多强"的世界秩序。在亚洲，美日主导着亚洲的经济、安全，中国经济迅速增长，积极参与美国主导的全球价值链分工。在欧洲，俄罗斯还没有从"休克"中爬起来，科索沃的炮声既彻底瓦解了苏联阵营在巴尔干半岛最后的抵抗，又打击了雄心勃勃的欧元，向国际金融市场传出明确的信号：美元，只有美元，才是国际金融市场的主宰。21 世纪似乎毋庸置疑是美国的世纪，以至于约翰斯·霍普金斯大学国际政治经济学教授福山认为世界历史"终结"了,美国主导的世界秩序进入稳态了。

如果麦克是对的,新世界是一个多元文化的世界,那么东方文化就应该复兴。如果麦克的四个条件是对的,那么东亚不仅需要强劲增长,还需要学习欧洲,在区域经济一体化上有一个质的飞跃。

我打开稿子,写下文章的题目:华夏共同体的构想。①

> 约占人口总数四分之一,居住在全球每一块土地,延绵万年的华夏各族人民正在建设一个崭新的世界。
>
> ……
>
> 在经济一体化的世界潮流中,……华夏各族人民却被严重的贸易壁垒所分割,某些区域间的直接贸易甚至被禁止。贸易壁垒阻碍资源的有效配置,滞后经济发展。消除贸易壁垒,实行自由贸易,是大势所趋,人心所向。……组建华夏共同体,首先实行贸易自由,再实现生产要素的自由流动,进而统一货币,是历史进步的需要、经济发展的必然。

将时钟拨回 20 多年之后的当下,新世纪元年时如日中天的美国,出乎所有人的意料,在短短的 20 年之中,连续受到 2001 年"9·11"恐怖袭击事件、2008 年金融危机、2020 年新冠疫情三次危机的冲击,已经摇摇晃晃、危机四伏了。而三足鼎立的多元世界秩序,犹如巨石缝中的树苗,挣脱石头的夹击,仰起头,茁壮成长,在风雨中展示自己昂扬的身姿。

本章我们将讨论大国竞争的第三个核心领域:全球治理体系的竞争,集中讨论全球经济治理体系的竞争。全球经济治理分为国际金融治理与国际贸易治理。国际金融治理依然是由美国、美元主导,而在国际贸易治理上,无论在 WTO 这种多边贸易体系中,还是在区域经济治理中,大国竞争都越来越激烈,所以本章将集中讨论中美在国际贸易治理体系上的竞争。

---

① 参见:鞠建东,2000. 华夏共同体的构想[Z]. 工作论文.

12.2 WTO 的困境

WTO 是维护全球贸易秩序的国际组织，是多边贸易治理体系的象征。它有三大功能，上诉机构、贸易谈判和政策审议。我们在第 8 章中提到过，2019 年 12 月，掌握国际贸易争端终审判决权、被称作国际贸易"最高法院"的 WTO 上诉机构，只剩下一名在任法官。由于法官人数不足，上诉机构无法受理任何新案件，WTO 上诉机构陷入停摆状态。这是 WTO 上诉机构有史以来遭遇的最严重的一次危机。

在 WTO 的上诉机构停摆之前，贸易谈判就已举步维艰。2001 年 11 月，在卡塔尔首都多哈举行的 WTO 第四次部长级会议启动了新一轮多边贸易谈判，试图在八个领域，即农业、非农产品市场准入、服务、知识产权、规则、争端解决、贸易与环境以及贸易和发展问题，全面降低贸易壁垒，简称"多哈发展议程"。议程原定于 2005 年 1 月 1 日前全面结束谈判，但直到 2005 年年底仍未能达成协议，最终于 2006 年 7 月 22 日在 WTO 总理事会的批准下正式中止。

多哈发展议程过去已近 20 年，在农业、发展和规则等议题上，解决问题的进展依然缓慢，反映 21 世纪国际经济贸易现实的电子商务、投资便利化等新议题没有得到及时处理；审议和监督功能方面，贸易政策透明度有待加强，WTO 机构运行效率亟待提高。2018 年 G20 布宜诺斯艾利斯峰会提出，要对 WTO 进行必要改革，以解决其面临的生存危机。除了功能受阻，WTO 一直遵循的四大原则也正在经历方方面面的混乱和冲击。

一是非歧视原则。主要有两方面，第一，最惠国待遇，即对于一个国家所适用的关税，要适用于所有国家，不得歧视任何一个国家；第二，国民待遇，即本国的企业和外国的企业应该享有相同的待遇，一视同仁。

二是公平竞争原则，即任何国家不得采取不公正的贸易手段来扭曲国际贸易的竞争，包括对出口企业补贴、向其他国家倾销产品，也不得通过配额对进出口数量进行限制。

三是贸易自由化原则，WTO 的最终目标是在全球实行贸易自由化，要求所有国家不断进行关税的减让，不断地取消非关税的壁垒，来促进贸易的自由化。

四是透明度原则，即一国所有的法律法规、行政规章和司法的判决都需要透明，不仅本国公民、本国企业可以了解，来该国生活、做生意的外国公民、外国企业也可以了解。

这四个原则以往是 WTO 用来维持国际贸易秩序的四大利器，但现在这些原则也出现了巨大的问题。第一，非歧视原则里面有一个很重要的例外。在WTO 的成员里有发达经济体和发展中经济体。出于历史原因，WTO 允许发展中经济体在市场开放的过程中享有与发达经济体有差别的待遇，即允许发展中经济体保护其幼稚产业，这是为了帮助发展中经济体的经济发展。但现在美国坚决地要取消对发展中经济体的差别待遇，尤其是对中国的。

第二，关于公平竞争原则，中、美、欧盟等国家和地区在制度多样性上出现巨大分歧。美国和欧盟指责中国的产业政策是补贴政策，要求 WTO 限制产业政策的使用，而中国则坚持有效市场、有为政府。应该看到，一方面，市场机制本身具有多样性，美欧的市场机制并不是标准，中国同时发挥市场决定作用和政府积极作用的经济体制被实践证明具有强大的生命力；另一方面，数字经济、人工智能等新经济模式有强大的经济外部性，所谓完全竞争的市场经济已经与新经济的市场结构具有巨大区别，市场失灵成为常态。美欧等发达国家同样越来越依赖政府、依赖产业政策来推动经济发展，它们所坚持的有限政府的完全竞争市场机制，已经越来越不能适应新经济的发展。

第三，关于贸易自由化的原则，无论是发展中经济体还是发达经济体，在继续贸易自由化方面都有巨大争议。首先，对于发展中经济体来说，它们希望发达经济体能开放农业市场。发达经济体，像日本、美国、欧盟，对农产品实施强有力的保护措施，征收很高的关税。对于发展中经济体希望发达经济体降低农产品关税的要求，发达经济体不同意，且即使它们的政府愿意，也很难做到。因为发达经济体的贸易开放措施是和利益集团绑定在一起的，比如法国、日本或者美国的农民势力都非常强大，所以让发达经济体取消对农产品的补贴，是很难做到的。其次，对于发达经济体来说，以前考虑的主要是跨国企业在全球资源配置的效率，而现在由于全球化给发达经济体带来了国内的收入不平等，比如，美国大量制造业工人失业，这样发达经济体内部也反对继续贸易自由化。美国等发达经济体出现了强烈的贸易保护主义、单边主义倾向，发达经济体的国内政治利益冲突，使得这些经济体无法获得国内利益集团对贸易自由化的一致支持。

其实，多边贸易体系原本是想形成一个所谓的"超级全球化"。也就是说，一方面，要形成一条全球的超级价值链；另一方面，还要形成像WTO这样的全球贸易治理体系；同时，全球还要跟随美国主导的意识形态。全球这么多国家，发展水平的差异这么大，全球的贸易都让一个WTO体系来管理，并要求价值观一致，这基本上是做不到的。所以，WTO多边贸易体系的停摆、失序，也几乎是必然的趋势。

12.3 区域贸易协定的兴起

WTO陷入了困境，是不是全球贸易就没有秩序了呢？也不是，因为除了像WTO这样的多边贸易治理体系，还有区域贸易协定。区域贸易协定是指两个或两个以上的国家，或者不同关税区之间，为了消除成员间的各种贸易壁垒，规范彼此之间的贸易合作关系而缔结的国际条约。比如，欧盟的贸易协定、美加墨自贸区的贸易协定、东盟十国的贸易协定等。

你可能会问，WTO的第一条原则就是不能有歧视，而欧盟只是在它的联盟内部把成员之间的关税变成零，这对欧盟之外的其他经济体不就是歧视了吗？这是一个好问题。

WTO的前身是关税及贸易总协定（以下简称"关贸总协定"）。在关贸总协定的第24条里，有一个"例外原则"。这个例外原则允许其成员展开区域性的自由贸易，前提是这些成员在推动区域贸易自由化的同时，对外部国家的利益不造成伤害。比如，美加墨自贸区的三个成员在签署自贸协定的时候，要对外部经济体（比如中国）的贸易给予保护，保证外部经济体的利益不受伤害。

区域贸易协定在对区外关税的设置上主要有两类，一是关税同盟，以欧盟为代表。关税同盟要求同盟内部成员之间零关税,同时,同盟成员对外征收的关税要保持一致;二是自由贸易区,如我们熟知的美加墨自贸区和RCEP(《区域全面经济伙伴关系协定》)、CPTPP(《全面与进步跨太平洋伙伴关系协定》)等都是自由贸易区。自由贸易区要求成员之间的关税是零,但是它们对于外部经济体的关税可以不一样。为了防止自贸区成员之间的进口投机,即从自贸区内关税最低的经济体进口区外产品,再零关税倒手到区内其他经济体,自由贸易区通常要求"原产地规则",即只有产自成员经济体内的商品才享有零进口关税的待遇。

区域贸易协定的国家结构有两大模式,一类是多国合作模式,一类是"轮轴—辐条"模式。多国合作模式是由规模相当的多个国家共同推动的区域贸易合作,东盟十国自贸区是典型的例子。区内并没有一个处于主导地位的大国,而是由泰国、马来西亚、新加坡、菲律宾、印度尼西亚、文莱、越南、老挝、缅甸、柬埔寨十国共同推动经济一体化的进程。欧盟也是多国合作模式,虽然德国在欧盟是最大的经济体,但并不足以主导欧盟经济,德国、法国、意大利是共同推动欧洲经济一体化的区域大国。"轮轴—辐条"模式是指区域贸易协定中有一个核心大国(用"轮轴"来代表)和相对于大国而言的若干小国(用"辐条"来代表)。核心大国对于其他成员具有显著的规模优势,在区内经济合作中处于主导地位。美加墨自贸区是典型的"轮轴—辐条"模式,美国在自贸区的生产、消费、贸易市场上所占份额都超过80%,是美加墨自贸区的核心大国。

在WTO举步维艰之际,区域贸易协定却蓬勃发展。到2022年,全球已有358个实际运行的区域贸易协定(见图12-1),包含了全球50%以上的贸易总量。全球贸易治理体系实际上是由多边贸易治理体系(WTO)与区域贸易协定两个轮子共同推动的。从20世纪90年代,一直有关于多边贸易治理体系与区域贸易协定之间关系的争论。它们到底是相互替代,还是相互促进?从结果来看,90年代的欧盟和北美自由贸易区推动了WTO的成立和发展。在目前WTO停摆的情形下,可以预期区域贸易协定会加快发展。

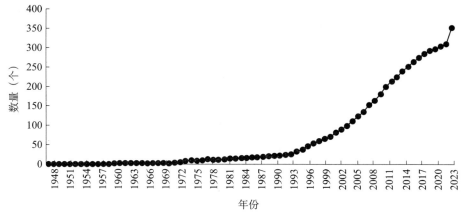

图 12-1　1948—2023 年累计生效的区域贸易协定的数量

资料来源：世界贸易组织。

12.4　欧洲的经验

我们来看一下目前全球最为成功、最具影响力的区域经济合作组织——欧盟。

第二次世界大战给欧洲经济带来沉重的打击，西欧国家痛定思痛，希望增强合作，避免战争。另外，当时世界上出现了美国和苏联这两个对立的超级强国，西欧国家再也无法维持它们原有的地位，于是也希望通过合作，增强西欧整体在世界上的地位。

随着欧洲统一思潮的流行，1946 年 9 月，英国首相温斯顿·丘吉尔提议建立"欧洲合众国"，之后主要经历了欧洲煤钢共同市场、欧洲经济共同体、关税同盟、要素自由流动、货币统一各个阶段的一体化，现拥有 27 个成员经济体。

1949 年 12 月 13 日，欧洲委员会咨询议会通过决议，建议成立欧洲超国家权限的钢铁高级机构，以协调管理西欧各国的钢铁工业。1950 年 5 月 9 日，法国外交部长罗贝尔·舒曼，在同美国国务卿艾奇逊商谈后，发表了一个西欧煤钢联营计划，也就是"舒曼计划"。法国、联邦德国、意大利、荷兰、卢森堡、比利时六国接受了"舒曼计划"的构想，于 1951 年 4 月 18 日签订

《巴黎条约》，成立欧洲煤钢共同体。随后，欧洲国家为促进欧洲经济联合而建立了共同市场，亦称欧洲经济共同体（简称"欧共体"）。

欧共体的主要目标之一就是要消除成员之间所征收的出口关税和所实行的配额。为了实现关税同盟，欧共体采取以下主要措施：取消内部关税；统一对外关税税率；取消配额限制；所有与配额限制相关的或有同等效力的措施都被禁止。在要素流动方面，1986年欧共体各成员政府首脑签署了《单一欧洲法案》，明确提出了要在1992年12月31日前建成内部市场，该"内部市场应包括一个没有内部边界的区域，在此区域内，商品、人员、服务和资本的自由流通应予以保证"。

在货币统一方面，1979年3月，欧共体当时的12个成员决定调整计划，正式开始实施欧洲货币体系（EMS）建设规划。1991年12月，欧共体12个成员在荷兰马斯特里赫特签署了《欧洲经济与货币联盟条约》，规定最迟在1999年1月1日之前建立经济货币联盟，届时在该联盟内实现统一的货币、统一的中央银行以及统一的货币政策。1994年成立了欧洲货币局，1995年12月正式决定欧洲统一货币的名称为欧元（Euro）。1998年6月1日，欧洲中央银行正式成立。1999年1月1日，欧元正式启动。1999—2001年为欧元启动的3年过渡期。图12-2显示了欧盟发展的主要历程。

图12-2 欧盟发展的主要历程

欧盟的建设历程代表了区域经济一体化的四个阶段。第一阶段是商品市场一体化，一般称之为共同市场。这个阶段又分为"条条"与"块块"，"条条"是行业市场一体化，比如欧洲煤钢共同体，以取消成员之间某个或某几个行业的贸易壁垒为目的；"块块"是自由贸易区，以取消成员之间全部商品的贸易壁垒为目的，以及关税同盟，以统一成员的对外关税为目的。

第二阶段是要素市场一体化，一般称之为共同体，这个阶段以成员之间资本、技术、劳动力、数据等要素自由流动为目的。

第三阶段是经济政策一体化，主要是货币政策与财政政策一体化，欧盟实现了货币政策一体化，但还在财政政策一体化的道路上奋斗。

第四阶段是政治、外交与防务的一体化，建立一个强大的欧洲联邦，这是欧洲统一的最高阶段。

至于欧盟在第四阶段能走多远，尚需时间的考验。

12.5 亚洲的困境

在区域治理的进程中，亚洲一体化的水平大大落后于欧洲，陷入了困境之中。

2020年6月，新加坡总理李显龙在《联合早报》发表了一篇署名文章，说新加坡现在处于一种"无所适从"的状态。为什么呢？因为新加坡在安全方面依赖于美国，希望美国帮助维护亚洲的安全秩序，但是在经济上又依赖于中国。现在中美出现争端，美国要求新加坡站队，于是新加坡左右为难。其实除了新加坡，菲律宾、马来西亚、越南以及日本和韩国这些亚洲国家，都有这种左右为难的感觉。那么亚洲秩序，或者说亚洲治理体系，为什么会陷入困境呢？

12.5.1 亚洲经济结构的巨变

图12-3是中国、日本占东亚及东南亚地区[①]GDP的比重。从图中我们可以看到，在2010年之前，日本一直是东亚及东南亚地区最大的经济体。2000年，日本GDP是中国的4倍左右。

---

① 指东盟10国及中国、日本、韩国。

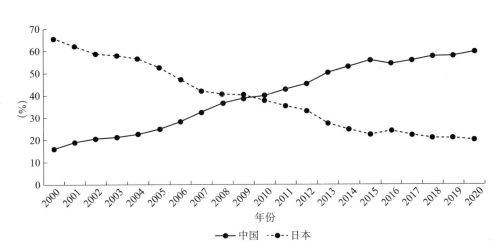

图 12-3　2000—2020 年中国、日本占东亚及东南亚地区 GDP 的比重
资料来源：世界银行数据库。

从 20 世纪 70 年代开始，亚洲的经贸结构被称为"雁行模式"：日本是领飞的头雁，其他经济体，比如"亚洲四小龙"（韩国、新加坡、中国台湾、中国香港）、"亚洲四小虎"（泰国、马来西亚、菲律宾、印度尼西亚）和中国内地，是两边的人字形大雁。第二次世界大战以后，日本在军事、政治上依附于美国，而除中国内地外的其他经济体都在生产、消费、贸易上依赖美国市场。所以，亚洲经济秩序在第二次世界大战之后是以美日为主导，一直到中国内地经济在亚洲崛起。

自 2001 年加入 WTO 之后，中国经济迅速发展。2010 年，中国的 GDP 超过日本；2020 年，中国的 GDP 是日本的近 3 倍。如图 12-3 所示，自 2014 年起，中国在东亚及东南亚区域 GDP 中的占比已经超过 50%，也就是说，东亚及东南亚区域已经形成了以中国为核心国家的"轮轴—辐条"模式。与此同时，亚洲的经济秩序并没有相应地转换为以中国市场为核心的经济秩序。相反，美日处处打压中国对亚洲经济秩序的主导权，按照美国总统拜登的说法，中国不应参与全球贸易和技术规则的制定。东亚及东南亚地区经济从日本领飞的"雁行模式"向以中国为核心大国的"轮轴—辐条"模式的结构巨变，伴随着美日对中国在亚洲经济秩序中主导权的打压与排斥，构成了亚洲治理体系困境的第一个原因。

12.5.2 亚洲经济治理体系的碎片化

东亚及东南亚地区最为活跃的区域经济合作组织是东南亚国家联盟，简称东盟（ASEAN）。东盟创建于 1967 年，现有印度尼西亚、马来西亚、菲律宾、泰国、新加坡、文莱、越南、老挝、缅甸、柬埔寨 10 个成员。

1992 年 1 月，在新加坡举行的第 4 届东盟首脑会议决定从 1993 年 1 月 1 日起，在 15 年内建成东盟自由贸易区，在东盟内部将关税最终降至 0~5%。2003 年 10 月，第 9 届东盟首脑会议发表的《东盟第二协约宣言》宣布，将建设以安全共同体、经济共同体和社会文化共同体为三大支柱的东盟共同体。2007 年 11 月 20 日，东盟通过了《东盟经济共同体总蓝图》，决定把东盟自由贸易区建成货物、服务、投资、资本、技术、劳动力可以自由流动，没有关税和非关税壁垒的统一市场。

2011 年 11 月，东盟提出区域全面经济伙伴关系倡议，旨在构建以东盟为核心的地区自贸安排。2020 年 11 月 15 日，第四次 RCEP 领导人会议召开。会后，东盟 10 国和中国、日本、韩国、澳大利亚、新西兰共 15 个亚太国家正式签署了 RCEP。2022 年 1 月 1 日，该协定生效，成为亚太地区规模最大、最重要的自由贸易协定。

亚太地区另一个重要的区域合作协定就是 CPTPP，这是由日本、加拿大、澳大利亚、智利、新西兰、新加坡、文莱、马来西亚、越南、墨西哥和秘鲁等 11 国签署的自由贸易协定。CPTPP 的由来比较有趣：2005 年 7 月，智利、新西兰、新加坡和文莱四国签订了 TPSEP（《跨太平洋战略经济伙伴关系协议》）；2009 年 11 月 14 日，美国总统奥巴马在其亚洲之行中正式宣布美国将参与 TPP（《跨太平洋伙伴关系协定》）谈判，强调将以此促进美国的就业和经济繁荣，为设定 21 世纪贸易协定标准做出重要贡献，要建立一个高标准、体现创新思想、涵盖多领域和范围的亚太地区一体化合作协定；2016 年 2 月 4 日，在新西兰奥克兰，美国、日本、澳大利亚等 12 个国家正式签署 TPP；2017 年 1 月 20 日，美国新任总统特朗普就职，并宣布从 TPP 中退出；2018 年，在美国退出之后，日本、加拿大、澳大利亚、智利等 11 国在智利首都圣地亚哥举行协定签字仪式，并将 TPP 改名为 CPTPP。CPTPP 新架构保留了原 TPP 95% 以上的项目，仅搁置 20 项条款，其中有 11 项与知识产权有关。2021 年 9 月 16 日，中国正式申请加入 CPTPP。

比较有意思的是，2009 年奥巴马把 TPP 看成他最重要的外交成就，是美国重返亚洲的重要战略举措。TPP 被称为"经济北约"，也被戏称为 ABC，即"除去中国的所有国家"，是美国试图重新主导亚太经贸规则制定、在亚太地区遏制中国的战略安排。TPP 的不少条款，比如严格的劳工标准、针对国有企业的规定、对补贴的严格要求等，都是为了排除中国而特别打造的。有趣的是，后来美国由于国内政治的冲突，退出了 TPP。而中国一方面觉得 CPTPP 的大部分条款和中国深化对外开放的方向是一致的；另一方面，美国退出后，中国如果加入 CPTPP，会成为其中最大的经济体，可以参加并影响亚太地区的经贸规则的制定，因而决定申请参加 CPTPP。

从以上亚洲地区自贸区的演变历史可以看出，亚洲的经济治理体系目前处于一个碎片化的状态。东盟、RCEP、CPTPP 等自贸区地理范围、驱动目标、规则标准都有很大差别。RCEP 以经贸合作目标为优先，而 CPTPP 更多考虑政治目标；RCEP 是从东盟自贸规则出发，贸易自由化水平相对较低，而 CPTPP 是从北美自贸规则嫁接而来，贸易自由化水平相对较高，但更多地反映了北美跨国企业对知识产权过度保护的要求。

RCEP 在规则制定上，采用的是东盟推动、多国合作的模式；CPTPP 在美国退出以后，也是采用多国合作的模式。亚洲经济治理体系这种碎片化的状态，一方面是由于美日主导的亚洲秩序式微，同时美日又打压中国，美国与中国在亚洲的竞争处于胶着状态；另一方面则是以小国合作模式出现的东盟正在积极填补亚洲秩序的真空。但是，当东亚及东南亚地区已经形成以中国为核心的"轮轴—辐条"经济结构时，这种小国推动的"多国合作模式"治理体系，甚至是以压制中国为部分目标的治理体系，就不再适应亚洲地区的发展现实了。

12.6 "亚洲共同体"与亚洲秩序重建

亚洲治理体系的困境,反映在区域经济一体化方面,就是水平低、矛盾多。和欧洲相比,东亚及东南亚的区域经济一体化还停留在共同市场阶段:重要的要素市场(如技术、资本、劳动力、数据等)都处于分割状态;在重要的社会议题(如气候变化、新冠疫情等问题)上也没有有效的区域合作。

以欧洲经济一体化的路径为参考,亚洲经济治理体系的下一步就是亚洲要素市场的一体化,也就是"亚洲共同体"(简称"亚共体")的建设。而亚洲治理体系的建设,是全球治理体系至关重要的一环,当然会反映中美在全球治理体系上的博弈。我们首先需要分析的,也是中美在全球治理体系中的竞争策略。

12.6.1 中美在全球治理体系中的竞争策略

美国国务卿布林肯解释美国与中国的竞争策略是"投资、结盟、竞争",即投资自己、联合盟友、与中国竞争。其主要目的有两个:第一,在全球价值链上"去中国化",改变美国在全球价值链的关键产业"过度依赖"中国的状况。将全球价值链的一些关键产业,比如芯片、大功率电池、化工医药原料等,从中国转移到美国及其盟国,以保证美国的所谓"产业安全"。第二,遏制中国的技术创新与产业升级,保证美国在高科技产业的全球霸权地位。

美国在全球贸易治理体系的"结盟"策略服务于以上两个目的,希望在全球贸易治理体系上孤立中国、"去中国化",更准确地说,是"使中国边缘化"。那么为达到这个目的,美国可以采取什么策略呢?

我们可以用图12-4"大型区域贸易协定签署情况图"来分析美国的"去中国化"策略。亚太地区的CPTPP、北美地区的《美国—墨西哥—加拿大协议》(USMCA)、《日本与欧盟经济伙伴关系协定》(EPA)、东亚及东南亚的RCEP,这些是全球已经签署的大型自贸区,在图中用实线代表;《跨大西洋贸易与投资伙伴协议》(TTIP)尚未签署,在图中用虚线代表。

在这些大型自贸区中,日本是CPTPP、EPA、RCEP的成员,处于这些大

第 12 章 全球治理体系竞争

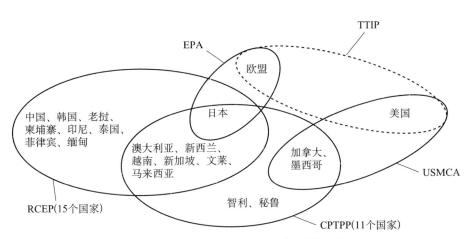

图 12-4 大型区域贸易协定签署情况图

型自贸区连接点的核心节点。美国要边缘化中国，只需要走出三步：第一步，重返 CPTPP，和日本、澳大利亚等国一起，主导除去中国的亚太地区的经贸规则制定。日本、澳大利亚、新西兰、越南、新加坡、文莱、马来西亚等既是 CPTPP 成员，也是 RCEP 成员，所以美国可以通过对这些国家的影响，在 RCEP 遏制中国，阻挠中国在 RCEP 实现有利于中国的区域经济一体化目标。第二步，签署美欧自贸协议，即 TTIP，使美欧两大经济体融为一体。第三步，在以上两步完成之后，美国同时在 CPTPP、USMCA、TTIP 这三个大型自贸区中占据中心位置，并可以制约中国在 RCEP 的发展。在此基础上，美国可以将 CPTPP、USMCA、TTIP 打通，形成一个覆盖除去中国以外的世界上主要经济体的巨型自贸区，以实现全球经济治理的"去中国化"。

但是，由于美国国内的一些利益集团不再支持贸易自由化，而倾向于贸易保护主义，目前美国无法在国内形成一致的力量，推动上述三步"去中国化"步骤，但此乃不愿也，非不能也。一旦美国国内矛盾缓和，或者美中竞争的国际矛盾能够压倒国内矛盾，那么美国的"去中国化"会立即付诸实践。而且即使重返 CPTPP 和推进 TTIP 缺乏国内政治支持，拜登政府也已经在实行改头换面的"去中国化"策略。

2022 年 5 月，拜登政府推动成立了由美国、日本、韩国、澳大利亚、新西兰、印度、文莱、新加坡、马来西亚、印度尼西亚、泰国、越南、菲律宾、斐济等14国组成的"印太经济框架"（IPEF），提出公平和有弹性的贸易、供应链弹性、清洁能源和脱碳、税收和反腐败等四个关键支柱。而所谓供应链弹性，就是推进成员国在半导体、关键矿物和清洁能源技术等领域的供应链的合作，在亚太地区建立一个"去中国化"的技术市场。

2022年，拜登政府动作频频，对中国大陆的半导体产业进行围剿，推动包括美国、日本、韩国、中国台湾在内的所谓"芯片四方联盟"，试图将中国大陆排除在全球半导体供应链之外。

美国在数字经济、技术市场、国际金融等要素市场上的"去中国化"策略，目的就是诱使、迫使中国落入"追赶者陷阱"。回顾一下我们在第10章中讨论的"追赶者陷阱"概念，在领先国和追赶国的国际分工中，当领先国成功地占据高技术行业、实现垄断利润，并诱使、迫使追赶国分工到竞争激烈、利润低的加工制造行业时，领先国就摆脱了"领先者困境"，而使作为对手的追赶国落入"追赶者陷阱"。

在中美竞争中，中国在制造业占优，而美国在科技、货币金融体系上占优。美国前总统特朗普与中国在制造业产品上展开全面的关税战，但"杀敌八百，自损一千"，关税战在打击中国出口贸易的同时，也提高了美国国内的生产成本、商品价格，损害了美国消费者的利益，反而引起了众多美国企业的反对。在拜登政府执政时期，美国调整了与中国竞争的策略，加强在科技、货币金融领域对中国的压制，加强在新经济领域，尤其是数字经济领域与中国的竞争。

那么，面对美国的"去中国化"策略，什么是中国最优的博弈策略呢？

我们讨论中国三种可能的博弈策略。第一种是什么都不做，接受美国在数字经济、技术市场、货币体系与国际金融市场等要素市场上的"去中国化"，我们称这种策略为"被动接受"。第二种是在全球反击，努力推动中国主导的全球治理体系，不仅在商品市场，也在数字经济、服务业、科技、货币体系与金融等领域同美国展开全面的治理体系竞争，我们称这种策略为"全球反击"。第三种是与亚洲国家以及其他和中国经济联系紧密的国家一道，在数字经济、服务业、科技、货币体系与金融等领域同美国展开竞争，我们称这种策略为"有限反击"。

第 12 章 全球治理体系竞争

如何判断以上三种策略的优劣呢？按照第 9 章的讨论，中国发展的目标就是长期增长、不发生危机，所以，判断的标准就是这个策略是否最有利于中国经济的长期增长。需要注意的是，美国在服务业领域、科技领域、货币体系与金融领域是处于领先地位的。如果中国"被动接受"，美国有可能在这些领域建立"去中国化"的全球治理体系，这样将大大地提高中国在服务业、高科技、货币体系与金融领域的跨国交易成本，拉低中国的经济增长。所以，"被动接受"不是一个占优的策略。

那么中国的"全球反击"是不是一个占优的策略呢？我们没有数据来评估这个想象中的"全球反击"的收益与成本，但是可以拿特朗普、拜登两届美国政府在制造业对中国的"全面贸易战"成果来作一个参照。2018 年美国在制造业上已经落后于中国，但是特朗普的关税战在中美制造业产品上全线展开，目的包括打压中国制造业出口，提升美国制造业出口量，遏制中国制造业的发展，降低中国制造在全球价值链的影响力。而 4 年之后的 2022 年，中国制造业的出口从 2018 年的 23 181.61 亿美元增长到 2022 年的 33 212.49 亿美元；美国对中国贸易逆差不降反升，从 2018 年的 3 233.27 亿美元增长到 2022 年的 4 041.38 亿美元；中国制造业占世界的比重也从 2018 年的 17.82% 增加到 2022 年的 21.72%。特朗普、拜登两届政府都对中国高科技产业竭尽全力围追堵截，但是从 2018 年到 2022 年，中国的新能源汽车出口增长 623%；在美国极限打击之下，华为手机 Mate 60 在 2023 年 9 月重返高端手机市场，也宣示了中国芯片产业的突破。

美国在制造业总量上落后于中国，但是在高科技制造业上领先中国，尚且不能对中国制造业进行"全线遏制"。中国在服务业、科技、金融等领域大大落后于美国，如果要"全面反击"美国，基本没有太多着力点，只能在中国的服务业与科技进口上"全面"提高关税，但这反而会影响中国的科技进步。或者，中国可以在一些发展中国家与美国展开技术与金融竞争。但是，发展中国家不是全球科技与金融的主要市场，这样做一方面收益不大，另一方面也无关大局。

12.6.2 "亚洲共同体"的发展历史与目标

上述分析表明,中国的最优策略应该是"有限反击"。在数字经济、服务业、科技、货币体系与金融等关键领域,一方面,如果中国在亚洲被边缘化,那就会在全球被孤立、边缘化,所以中国不得不进行有限反击;另一方面,亚洲是全球增长最快、最大的市场,守住了亚洲,就可以确保不被美国孤立、边缘化。美国有可能"去中国化",但无法"去亚洲化"。中国只要能够在数字经济、服务业、科技、货币体系与国际金融等领域与亚洲一体化,就能成功地推动全球治理体系的重构。

"有限反击"就是推进数字经济、服务业市场、技术市场、货币体系与国际金融等要素市场的亚洲一体化,也就是建立"亚洲共同体"。那中国应当如何做呢?

"亚洲共同体"的概念并非由中国首先提出,其"雏形"可追溯至 2002 年 1 月日本首相小泉纯一郎在访问新加坡期间提出的"东亚共同体"构想。[①] 2003 年日本和东盟举行特别首脑会议,会后发表的《东京宣言》确认了建立"亚洲共同体"这一目标。2009 年 9 月,日本首相鸠山由纪夫在与中、韩领导人接触时多次提及"亚洲共同体"的建设,把"亚洲共同体"定位为在亚洲与美国和欧盟并驾齐驱的世界"第三极"。2009 年 10 月,第二次中日韩领导人会议在北京举行,中日韩敲定未来合作的大方向:共建"亚洲共同体"。之后由于亚洲错综复杂的地缘政治、诸多遗留的历史问题、跌宕起伏的大国博弈、美国的域外干涉等因素,"亚洲共同体"实际上处于停滞状态。除时机与条件并不成熟外,前期建立"亚洲共同体"还缺乏能有效凝聚共识的议题。

从历史角度看,虽然"亚洲共同体"进展缓慢,但始终没有被放弃。中国现在推动"亚洲共同体"的建设,是"旧瓶装新酒",名称没有变,有利于历史的连续性,但内容有了实质性的变化——之前的"亚洲共同体"是由日本提出并主导的,反映了当时日本在亚洲经济的主导地位;现在是由中国主

---

① 东亚地区经济合作的学术探讨可以追溯到 20 世纪 80 年代,参见:鞠建东,张力,张峰,等,1989. 东北亚经济区合作构想 [J]. 科技导报,5:20-25。

导，反映了亚洲以中国市场为核心的"轮轴—辐条"模式现状，更进一步，"亚洲共同体"的建设也反映了中美在亚洲经济秩序上的博弈。

"亚洲共同体"的目标可从短期、中期、长期三个阶段进行分析。短期以技术市场和数据市场自由化为目标，可打破美国对中国的国际技术垄断联盟。中期致力于强化亚洲经济共同体，将亚洲现有的自贸区、货币基金、亚洲基础设施投资银行等多边合作平台进行整合，实现自由贸易，并逐步实现技术、资本、劳动力等要素在共同体内的自由流动。长期建立类似于欧盟、具有亚洲特色的亚洲治理体系，使其成为全球经济"三足鼎立"治理体系中的重要一极。

总之，在亚洲地区，建立一个非歧视、公平竞争、自由贸易、透明的技术市场，符合亚洲各国的利益。对于中国而言，一旦这样的亚洲技术市场建立起来，美国对中国的技术封锁也就被瓦解了。

12.6.3 "亚洲共同体"建设路径

建设非歧视、公平竞争、自由贸易、透明的亚洲技术市场在短期有利于中国，在长期有利于亚洲、有利于世界；但是，在短期一定会遭到美国的反对和打压，也并不一定能获得日本、韩国等国家的支持。因此，"亚洲共同体"的建设，在短期一定要依赖中国的主导和推动，而且需要中国付出一定的成本。

那需要付出什么样的成本呢？答案是"用市场换规则"。中国单边向其他成员开放中国市场，而并不要求其他成员向中国对等开放其国内市场，但是要求其他成员遵守"亚洲共同体"规则。用其他成员在中国的巨大规模报酬换取"亚洲共同体"其他成员支持非歧视、公平竞争、自由贸易、透明的亚洲技术市场的规则。

"用市场换规则"的实现路径可以是一个16字方案：单边开放，双边谈判，先易后难，有序进入。

单边开放就是指中国首先单边开放中国市场，把制造业、服务业、技术、数字经济、投资等市场向愿意加入"亚洲共同体"的其他成员单方面开放。RCEP的产品市场开放大约是20年左右的日程，中国可以提前单方面开放产品市场；更进一步地，服务业、科技、数字经济、金融等市场的开放在亚洲还没有全面推进。中国的单方面开放会使其他成员享受中国市场巨大的规模效益。但是，单边开放是有条件的，作为一种交换，对方需要保证在未来也向"亚洲共同体"的所有成员开放其市场，但可以选择时间的长度，比如可以选择在 5 年、10 年之内开放，甚至更长时间。更重要的是，成员首先必须支持统一的亚洲技术市场，承诺不能对其他成员实施技术歧视、封锁。

非歧视、公平竞争、自由贸易、透明的 WTO 四大规则被美国抛弃，中国无法在全球重建 WTO 四大规则，但是可以在"亚洲共同体"重建 WTO 四大规则。中国是"亚洲共同体"的"轮轴"，也主导"亚洲共同体"的规则制定。既然是中国主导，就可以采取双边谈判的方式，有先后次序，逐个国家来谈判。

"亚洲共同体"不一定局限在地理上的亚洲国家，不少和中国经贸关系紧密的国家并不是亚洲国家，比如南美的巴西、阿根廷、秘鲁，非洲的埃塞俄比亚、坦桑尼亚，欧洲的俄罗斯，甚至英国等国家。只要愿意遵守"非歧视、公平竞争、自由贸易、透明的技术市场"的规则，不在技术市场封锁、遏制、歧视中国，都可以成为"亚洲共同体"的成员。

在亚洲地区，最主要、最难的是日韩，但是我们可以先易后难、有序进入。比如，我们可以先邀请柬埔寨、老挝成为"亚洲共同体"的成员，接着邀请印度尼西亚、哈萨克斯坦、巴基斯坦。这些国家相对缺乏先进技术，建设统一的亚洲技术市场、在技术上不歧视也不遏制中国对它们而言没有什么成本；而它们将从中国市场的全面开放中获得巨大收益，所以这些国家的理性选择应该是加入"亚洲共同体"。一旦"亚洲共同体"逐步扩大，对于那些尚未加入的经济体来说，观望的时间越长，它们的成本就越高。所以接下来马来西亚、越南都会加入。最后，当被中国、亚洲市场边缘化的成本越来越高时，韩国、日本也将不得不成为"亚洲共同体"的成员。

中国打算建立亚洲基础设施投资银行（以下简称"亚投行"）的时候，采取的就是相似的策略。一开始，那些发达国家觉得中国根本做不起来，但中国采取了双边谈判的办法，一个国家、一个国家地去谈判，结果很多国家都愿意加入。随着亚投行的阵容越来越大，英国就迫不及待地表示愿意成为亚投行的成员。随后，阿根廷、巴西、白俄罗斯这些国家都陆续加入。目前，亚投行一共有一百多个成员，分布在全球六大洲，所以我们应该借鉴建立亚投行时这种双边谈判、先易后难、滚雪球的办法去推进"亚洲共同体"的建立。

12.7 尾声：新文化会诞生在亚洲吗？

2022年9月15日，欧洲议会通过决议认为匈牙利严重违反欧盟民主规范，不再属于"完全民主"政体，强调欧盟必须竭尽所能，使匈牙利回归到符合欧洲价值的状态。

相对于欧盟，东亚及东南亚区域内没有一致的价值观，一直被认为是建设"亚洲共同体"的一个障碍。我研究"亚洲共同体"遇到的一些故事，也反映了对这个问题的探索和理解。

2000年元旦，当我思考新世界秩序时，如何在亚洲构建类似于欧盟、北美自由贸易区的亚洲治理体系是一个核心问题。民主是欧盟成员一致的价值体系，类似地，我也希望在亚洲经济体中寻找共同的价值体系。华夏文明是东亚影响最大、最为悠久的文化体系，于是，以华夏文化为背景，推动华夏文化圈的经济体深度合作，建立经济共同体，成为我思考亚洲秩序的方向，并将欲撰写的文章取名为"华夏共同体的构想"。

2002年，我从俄克拉何马大学学术休假，回到北京工作一年，非常兴奋地推广"华夏共同体的构想"。然而，彼时的北京学术界正在热火朝天地讨论加入WTO、搭上全球化快车、拥抱国际规则。出乎意料却又是情理之中地，这篇关于三足鼎立世界秩序的文章到处碰壁、无人问津，也找不到地方发表。我在北大、清华做了两场有关"华夏共同体的构想"的学术讲座，除了一片质疑声，几乎没有引发讨论，只好作罢。

10年之后的2012年，在全球金融危机之后，世界格局发生巨大变化，三足鼎立的全球价值链结构已经若隐若现。我终于在清华大学经管学院举办了"中国开放新阶段"学术讨论会，提出"中国开放新阶段与华夏共同体的构想"，并开始在东亚"周游列国"，推动有关"华夏共同体"的学术讨论。

我第一站到韩国参加学术会议，宣讲"华夏共同体的构想"。参会学者对文章内容反响积极，但是对于"华夏共同体"的名称提出质疑，认为这个名称带有大中国主义的色彩。与会学者热烈讨论，建议用一个相对中性的名称，因为东亚不少国家依然沿用月历，而西方历法用日历，大家建议用"月历共同体"的名称。

我第二站到日本参加学术会议，并把文章的名称改为"月历共同体"。日本学者也对文章内容反响积极，但是不同意"月历共同体"这个名称，因为日本已经弃用月历，只用日历。一部分与会学者建议用"儒家共同体"，但是另一部分反对，觉得"儒家"的名称在价值取向上不够包容。后来有学者建议，找一个中日韩人民共有的文化符号作为共同体的名称。找来找去，大家觉得"筷子"是中日韩人民都使用的，于是建议取名"筷子共同体"。

我第三站到了新加坡参加学术会议，宣讲"筷子共同体"。与会学者同样对文章内容反应积极，但是不同意"筷子共同体"的名称，因为马来西亚、印度尼西亚等东南亚国家不用筷子。

到底用什么名称合适呢？讨论来讨论去，东亚及东南亚国家都接受的名称只能是地理名称，也就是"亚洲共同体"。而且，"亚洲共同体"的名称已经在东盟与中日韩领导人会议上提出，于是，我从此之后就用"亚洲共同体"这个名称了。

以上共同体名称演变的故事反映了东亚及东南亚国家价值观的差异与多元，但这是建设"亚洲共同体"的障碍吗？

一些东南亚国家和地区的领导人，以新加坡前总理李光耀、马来西亚前首相马哈蒂尔·穆罕默德为代表，提出了有别于西方主流价值的"亚洲价值"，强调集体主义，但这样的"亚洲价值"遭到不少人的质疑与反对。看起来，亚洲也没有一个为各方所接受的"亚洲价值"，但这是建设新文化的障碍吗？

如果我们同意小天才麦克的判断，新世界与旧世界有本质区别，新文化是对现有文化的破坏性创新，也就是我们在第10章所说的突变型创新，相对于要将不是"完全民主"的匈牙利开除的欧盟，亚洲恰恰是"一张白纸好画最新最美的图画"，具备了后来者居上的"蛙跳"优势。

如果我们同意麦克新文化诞生地需要满足的"一元论、传统文化被打倒、开放包容、强大经济体"四个条件，那么亚洲将是那个新文化诞生、成长、繁荣的鲜花盛开的地方。

第 13 章
创 新 世 界

2000年1月1日下午，和麦克的讨论使我禁不住思考新旧世界的本质区别在哪里。哲学小天才麦克强调新旧世界的文化有本质区别，作为一个经济学家，我更多地关注社会发展动力的区别何在。

只有理解了新旧世界发展动力的本质区别，我们才能理解为什么世界秩序会发生范式改变，从霸权迭代转换成竞争共存！

新世界的阳光透过依然挂满枝头的胡桃，洒在我家后院的小桌子上，我打开文档，奋笔疾书：

> 时代不同了。人力资本、技术和知识等创造性资源在总量上已超过物质资本、河流和土地等物质资源，并在发展中起主导作用。因而人类通过剥夺、斗争与战争实现物质资源再分配的旧发展方式正在被通过合作、学习与创新实现经济增长的新发展方式所取代。

新旧世界发展动力的本质区别是占主导地位的生产要素的区别。在人类社会过去万年的历史中，决定社会发展、分配的是物质资本，是土地、机器、厂房。而从20世纪90年代开始，人力资本已经取代物质资本，成为社会发展、分配的主导力量，企业家精英也由过去的大庄主、制造业大鳄变成以比尔·盖茨、乔布斯等为代表的科技天才。

人力资本、科技发展源于创新。然而，究竟什么是创新呢？它是灵光一现，还是可以被人类把握？如果可以被把握，它的规律又是什么？

13.1 如何描述创新过程？

过去的数十年，经济学领域对于创新做了大量的研究。20世纪90年代，芝加哥大学教授保罗·罗默将人力资本积累引入经济增长模型，认为知识的学习提高了全要素生产率，推动了经济增长，由此开创内生增长理论。罗默创造性地构建了"想法（ideas）→技术进步→经济增长"的过程。诺贝尔经济学奖获得者、芝加哥大学教授罗伯特·卢卡斯，诺贝尔经济学奖获得者、明尼苏达大学教授爱德华·普雷斯科特都对创新与内生增长理论做出重要贡献。2000年前后，美国宾夕法尼亚州立大学教授乔纳森·伊顿，和当时在明尼苏达大学担任教授的萨缪尔·寇顿尝试搭建创新的微观分析框架，将个体想法的产生过程与企业生产率的分布函数联系在一起，并基于此建立了Eaton-Kortum（EK）模型，奠定了"想法→创新→技术进步→市场实现"的分析框架。

图13-1展示了经济学领域对创新过程的描述，形象地表现了"想法→创新→技术进步→市场实现"这一过程。

创新的源头是所谓的"想法云"。想法是不可触摸的、不以物理形式存在的，因此，没有物理质量（重量），但是，想法有好坏，想法的好坏用质量的高低来评价。越好（质量越高）的想法越能帮助我们创造更新的知识、更好的技术，越能更大幅度地改善产品的质量。图13-1的那朵想法云是怎么形成的呢？在这个地球上，每时每刻都有人随机地产生一些创新性的想法，这些想法汇集在一起，就像是水蒸气凝结成的小水滴、小冰晶，它们在空气中凝聚、混合在一起，越聚越多，就形成了一朵飘浮在空中的云彩——这就是想法云，它是地球上从古至今所有想法的集合。

当代经济学文献中假设：任何一个时间点、任何一个区域，都存在一朵想法云，这朵想法云我们用图13-1的云来代表。因为想法没有可知的物理

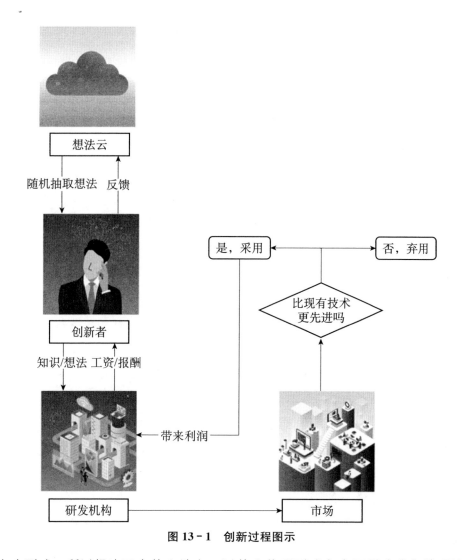

图 13-1 创新过程图示

存在形式,所以想法云在什么地方,以什么物理形式存在不影响我们的理论分析。

文献中假设想法是离散、可数的,也就是可以有 1 个想法、2 个想法、3 个想法,以至于无穷多个想法等。可以用一个概率函数描述想法进入人脑的概率。什么意思呢?就是说,在一段时间内(比如说 1 分钟内),掉入人脑的想法数量(1 个想法、2 个想法……k 个想法)的概率约等于某一个函数值。当然,一段时间内(比如说 1 分钟)掉入人脑的想法数量是不确定的,数量越小的可能性越大,数量越大的可能性越小。①

文献中还假设,想法的好坏,也就是想法的质量也是随机的,也用一个概率函数来描述,大于零,小于无穷大,但质量越高,概率越小。②

如图13-1所示,创新过程包括了两个循环,第一个是创新者与想法云的循环,第二个是创新者与研发机构、市场的循环。在第一个循环中,创新者从想法云中随机抽取想法,而创新者大脑产生的新想法也反馈给想法云,成为想法云的一部分。在第二个循环中,当创新者获得一定质量的新想法之后,结合劳动、资本和其他中间投入从事研发活动,进行创新,生产出新的技术。新想法的质量越高,创造出来的新技术就越好。然后这个新生产出来的技术要和现有技术做比较,比现有技术差就放弃,比现有技术好就采纳。这个比较的过程实际上就是市场测试、实现的过程:如果新的技术被采纳了,就会做成新的产品(或者是新的生产过程)投入市场,在市场上实现利润;假如市场不接受新的技术,那么就放弃。再然后,部分利润转成对创新的投入,并以薪酬的方式回报给创新者,继续下一阶段的创新。

我们以张小龙和他的团队发明微信为例,来说明这个创新过程。

首先是创新者大脑与想法云互动循环。2010年年底,关于移动互联网络的即时通信软件,米聊、TalkBox语音聊、Kik、WhatsApp等的想法(信息)不断地掉入张小龙的大脑中。张小龙产生了"腾讯做一个新的通信工具"的想法,并将这个想法汇报给腾讯董事长马化腾。2010年11月19日,腾讯的微信项目启动,张小龙负责。

随后是"创新者→研发活动→市场实现"循环。微信项目启动后,马化腾给了张小龙1亿元人民币,让他自己组建团队。2010年11月20日,一个六七人的微信产品小组正式组建,张小龙和微信团队的办公地点位于广州市华景路1号南方通信大厦10楼。张小龙将他的"腾讯做一个新的通信工具"

---

① 文献中用泊松分布函数来代表掉入人脑的想法数量:在一定时间段内掉入人脑的想法数量为 k 的概率为 $\Pr(X=k)=\dfrac{\lambda^k}{k!}e^{-\lambda}$。

② 想法的质量通常用帕累托分布函数来描述,即想法的质量 x 低于 q 的概率为 $F(q)=\Pr(x\leqslant q)=1-\left(\dfrac{q}{\underline{q}}\right)^{-\theta}$。

的想法，与 1 亿元人民币的资金、六七人的团队、南方通信大厦 10 楼的办公地点相结合，展开微信的研发活动。2011 年年初，微信上线、进入市场，张小龙在微信 1.0 版本中推出了相当于免费发短信的文本功能。

创新者大脑与想法云互动循环和"创新者→研发活动→市场实现"循环都是在不断迭代的。刚开始推向市场时，微信的用户量不大。为了抓住用户，张小龙团队不断产生新的想法，譬如给微信增加一些更人性化的功能，包括查找附近的人、朋友圈、摇一摇、漂流瓶等。在微信推出"查找附近的人"功能后，用户数量增长曲线出现了一个陡峭的上升；而在发布"摇一摇"功能后，微信用户量出现暴涨。2012 年 3 月，微信用户破亿；截至 2021 年 12 月，微信在全球拥有超过 12 亿活跃用户，是中国活跃用户最多的社交软件。微信的天量流量给腾讯带来巨大的收入，而部分收入又投入张小龙的微信团队，继续创新。

按照以上讨论的创新过程，我们可以进一步将人类的创新活动分为四个阶段：

(1) 产生想法（Idea）。想法看不见、摸不着，是人思考中所产生的信息，是还没有以听、看、读等方式储存的信息。

(2) 转化知识（Knowledge）。知识是通过听、看、读等方式，以音频、视频、书籍文献等形式储存与交流的想法。知识可分为编撰知识（Codified Knowledge 或 Explicit Knowledge）和默识知识（Tacit Knowledge 或 Implicit Knowledge）。编撰知识是指易被记录、储存、流传的书面、音像知识，例如教科书、课程音频等；默识知识是指难以形成书面或音像记录的知识，往往体现为需要面对面传播的经验，例如车间设备的调试步骤、编程技巧、投资技巧等。

(3) 提高生产率（Productivity）。想法和知识被应用于生产物质产品、提供服务时，就转化为生产率。生产率在一定程度上可以通过投入的生产资料、产出的价值来进行评估、测量和推断，是创新的具象体现。在研究中，经济学家往往用全要素生产率、劳动生产率等指标来指代。想法和知识只有被应用到研发活动、创新技术、提高生产率后，才会对生活、生产以及国际分工产生实际的影响。生产率的提高既可以表现为生产成本的降低、产品质量的提高,也可以表现为新产品的创造。

(4) 实现价值 (Valuation)。它包括个人与社会价值的实现,经济与非经济价值的实现。首先,虽然知识本质上是公共品,但为了促进科技创新,人类社会建立了知识产权保护方式,比如说专利制度保障了知识、技术在一定时间、一定空间内只能被所有者使用,或经所有者同意转移给他人使用,知识、技术因此通过知识产权保护而产生利润,帮助创新者实现经济价值。其次,除了经济价值,知识、技术创新还给创新者带来名誉等非经济价值。进一步,创新可以推动社会的进步,因而创新者也可以实现其社会价值。最后,创新是对宇宙、人生规律的探讨,通过不断加深对宇宙、人生规律的认识,可以使创新者的人性得以升华。

想法、知识、提高生产率的知识、实现价值的知识是四个不断缩小的信息集合。想法是最大的信息集合,以某种形式储存并可以交流的想法成为知识,只有部分知识能提高生产率,最后,一部分能提高生产率的知识可以帮助创新者实现价值。

13.2 如何衡量创新?

创新活动有多种多样的表现形式,可以将其归纳为三种。

第一种表现形式是新产品的创造。在历史的长河中,创新首先表现为新产品的不断出现。新产品既可以是新的品牌,比如说新的衣服,也可以是从未出现过的产品,比如说电灯相对于煤油灯、手机相对于有线电话等。新的产品提高了人们的消费效用与生活质量,拓展了人们的生活空间。

第二种表现形式是过程创新。新过程的产生提高了产品质量与生产效率。创新产生的新生产过程、新工艺、新管理模式等,可以实现更低的生产成本和生产更优质的产品。例如,沃尔玛创造了供应链管理方式,通过对顾客需求、供应商和合作伙伴以及供应链交互信息进行管理,实现了低存货和低成本,提高了零售服务的效率。

一个经典案例生动地表述了过程创新是如何提升生产效率的。亚当·斯密在其故乡观察造针厂的工作情形时,发现一个没受过专业训练的工人,如果不熟悉机器的运用，一天也未必可以做出 1 枚大头针。但是经由分工的办法，将大头针制造程序分为抽铁线、拉直、削尖线、做圆头等 18 个阶段，每一个阶段都雇佣技艺熟练的工人，一家很小的工厂在只雇佣 10 个工人的情况下，每天可以生产 48 000 枚大头针。分工通过拆解制造业的工序，可以提高工人的熟练度，节省转换工作程序造成的时间损失，并更有机会去改良机器，从而实现提高产量的过程创新。

过程创新提升生产效率的另一个案例是油画流水线。1997 年深圳大芬油画村吴瑞球接到客户 40 天 40 万幅油画的订单。于是他招募了 200 名画工，测算下来每人每天完成 50 张就可以完成订单。现实是这 200 名画工水平相差很大，完成工作的质量和数量均达不到要求。于是吴瑞球搭建起"油画分工流水线"，要求每个画工只画每张构图的一部分。比如一幅梵高的《自画像》，一人勾勒人物轮廓，一人画头部，一人画面部，一人画衣服，一人上色。每五个人一组，每组一天加班加点可以完成 450 幅画，且质量也很高，在 40 天内轻松完成订单。油画流水线同样通过分工的形式提高了生产力。

第三种表现形式是新产业的诞生与生产结构的改变。在互联网时代，众多基于网络的服务业蓬勃发展，例如移动支付、外卖点餐改变了零售行业的生产结构，快递成为一个快速发展的行业。

在这些创新活动中，如何衡量创新活动的规模与效果呢？图 13-2 给出了投入和产出两端的三个指标来衡量创新。第一个是投入端的指标，即研发经费支出总量（R&D）与研发人员总量，衡量个体对创新所付出的成本和努力。现代企业的财务报表会详细记录研发开支和研发成本，包括研发所使用的劳动力、资本、中间投入成本等。第二个是产出端的衡量指标，即发表文章和申请专利，这是研发产出的两个主要表现形式。第三个是效率端的指标，即生产率。生产率的提高有两种途径，一种是购买技术，另一种是自主研发创新。从研发投入到论文发表和专利申请的过程，或者到生产率提高的过程，衡量了创新的转化效率，是创新成果的体现。

接下来，我们首先来看这三个指标在中国的增长趋势。投入端指标用创新投入指数衡量，包括 R&D 经费占 GDP 的比重、R&D 人员年全时当量等指标。

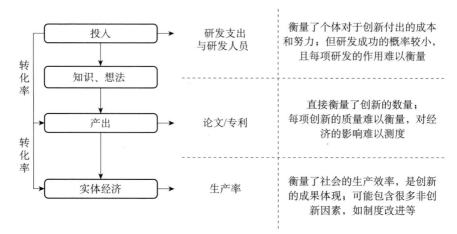

图 13-2　创新的衡量标准

以 2005 年为基准值 100，2021 年，我国创新投入指数达 219。2005 年我国 R&D 经费占 GDP 的比重为 1.32%，2021 年，我国 R&D 经费占 GDP 的比重达到 2.44%，比 2005 年增长了 84.8%；从 R&D 人员来看，我国 R&D 人员年全时当量从 2005 年的 136.48 万人年上升至 2021 年的 571.6 万人年，年平均增长率为 9.4%。可以看出，近年来我国科研人员数量稳步上升。

两个产出端指标则用创新产出指数与创新成效指数来衡量。创新产出领域包括每万人科技论文数等指标，创新成效领域包括新产品销售收入占主营业务收入的比重等指标。

以 2005 年为基准值 100，2021 年的创新产出指数达到 353.6，创新成效指数达到 189.5。2021 年我国发表科技论文 203.4 万篇，是 2005 年的 94.34 万篇的两倍有余。2021 年，我国规模以上工业企业新产品销售收入 29.6 万亿元，相较于 2004 年的 2.28 万亿元，增长了近 12 倍。①

我们接下来看三个指标的国际比较。在美国、欧盟（含德国）、德国、日本、印度、俄罗斯、中国七个主要经济体中，中国的研发开支在 2000 年位于倒数第二，仅略高于印度，是美国的九分之一；而 2020 年中国的研发开支已

---

① 资料来源：中国政府网（https://www.gov.cn/xinwen/2022-10/28/content_5722329.htm，访问时间：2024 年 3 月 17 日）；国家统计局年度数据（https://data.stats.gov.cn/easyquery.htm?cn=C01，访问时间：2024 年 3 月 17 日）。

上升到全球第二的位置，超过了欧盟。研发开支排名第一的是美国。中国的研发开支从 2000 年的 398 亿美元增长到 2019 年的 5 170 亿美元，近 20 年增长了近 12 倍，年平均增长率达到 14.5%。

同样在美国、欧盟（含德国）、德国、日本、印度、俄罗斯、中国七个主要经济体中，从专利申请数量看，中国从 2012 年开始专利申请数量远远超过其他所有国家，排名第二的是美国，排名第三的是欧盟。由于中国的国家体量和人口基数大，专利申请的总量也可能较高。从各国专利申请批准数量看，中国同样位列第一，美国排名第二，欧盟排名第三。因此，中国的专利申请快速增长并非只提高了申请数量，申请的成功率也同样增长较快。从具体数据看，2021 年中国的专利申请数量是 158.56 万，专利申请通过数量是 69.59 万，均居世界首位，中国专利申请通过率是 43.9%。排名第二的美国，2021 年的专利申请数量为 59.15 万，专利申请通过数量为 32.73 万，美国的专利申请通过率为 55.33%。对比来看，中国的专利申请数量和申请通过数量在绝对数值上均远高于美国，但是专利申请通过率与美国相比依然存在差距。中国的专利申请数量从 2000 年的 5.19 万增长到 2021 年的 158.57 万，21 年间增长了 30.55 倍，年平均增长率达到 17.68%。[①]

论文发表是通过纸质媒介公布观点、理论，一般形式包括论文、书刊等。2016 年中国在科学和工程领域（Science and Engineering）的国际论文发表数超过 40 万篇，首次超过美国成为世界第二，但尚低于欧盟的 61 万篇。但是，中国论文的引用指标表现不如发表数量。最高引用率 1% 的文章数量排名第一的是美国，第二是欧盟，中国在 2011 年超过日本排名第三，但是距离美国依然有很大的差距。同时，中国论文的平均引用量也略低于世界平均水平。因此，中国论文的引用尚有不足，但总的数量很高。

我们总结一下，在第一个指标研发开支方面，在七大主要经济体中，中国在 2000 年到 2020 年的 20 年间增长了近 13 倍，年平均增长率达到 14.5%。2020 年中国的研发开支已上升到全球第二的位置，仅次于美国。在第二个指

---

① 资料来源：世界知识产权组织数据库（https://www.wipo.int/ipstats/en/statistics/country_profile/，访问时间：2023 年 11 月 28 日）。

标专利申请和通过方面,从 2010 年开始,中国的专利申请总数达到世界第一,并且远远超过其他所有国家;专利申请通过的数量在 2015 年之后也达到了世界第一。在第三个指标科技领域的论文发表数量上,中国同样在近 20 年从七大经济体中排名落后直追到世界第二的水平;但是论文引用量和影响力尚低于世界平均水平,论文质量亟须进一步提高。总体来看,无论是研发开支、专利还是论文,到 2020 年,中国的年生产量都居于世界第一或第二的水平。但是由于中国的科研起步晚,21 世纪以来,在专利申请通过率和论文引用上还落后于美国,专利和论文质量均有待进一步提高。

13.3 想法云的五个假设

在经济学文献中,想法云是一个描述创新过程的理论假设。什么是想法云呢?举个例子,人类诞生以来,所有人的所有想法的加总集合,就构成了想法云的一部分。想法是创新之源,所以想法云的性质决定了创新的基本特征。我们将散落在文献中有关想法云的特征总结成如下五个假设。

13.3.1 想法的质量服从帕累托分布

1897 年,意大利经济学家帕累托研究 19 世纪英国人的财富和收益模式,在调查取样中,发现大部分的财富流向了少数人手里。同时,他还从早期的资料中发现,这种微妙关系在其他的国家也一再出现,而且在数学上呈现出一种稳定的关系。于是,帕累托从大量具体的事实中总结:财富在人口中的分配是不平衡的,社会上 20% 的人占有 80% 的社会财富。同时,人们还发现生活中存在许多不平衡的现象。因此,二八定律成了这种不平等关系的简称,不管结果是不是恰好为 80% 和 20%(从统计学上来说,精确的 80% 和 20% 出现的概率很小)。

帕累托用一种指数函数来描述他所观察到的数据分布规律,这种指数函数被称为帕累托分布。在大量的经济学、社会学数据统计中,帕累托分布可以很好地模拟经济、社会活动中的二八定律,而二八定律也被称为帕累托法则。举例而言,除收入以外,某区域人群的智商、某个领域研究人员的论文引用数等都服从一定参数下的帕累托分布。

我们假设想法的质量服从帕累托分布。举个预测股票价格的例子来解释想法的质量。某一天,"沪深 300 指数"的收盘价为 3 800,随机选取 100 个股民预测明天的"沪深 300 指数"的收盘价。每个股民都按照自己的想法独立地预测,预测越准确,这个股民在这一天有关"沪深 300 指数"的想法质量就越高。假设第二天的"沪深 300 指数"收盘价为 3 700,100 个股民的预测值当中一般有 20 人左右预测值比较准确,即其预测值与真实值的偏离幅度比较小;而另外 80 人左右的预测值与真实值的偏离幅度比较大。也就是说,随机抽取 100 人,他们的想法质量服从帕累托分布,大约 20 人的想法质量比较好,80 人的想法质量比较差。

再举一个例子:老师在课上要求大家 10 分钟内独立地写一篇"三足鼎立世界秩序"的作文。10 分钟后,大家把作文交上来,老师按照百分制给所有同学的作文打分。当选课的同学足够多时,比如说有 1 000 人,老师将发现作文的质量逼近帕累托分布。按照作文的质量打分,20% 的作文能获得好的成绩,而 80% 的作文成绩一般。

13.3.2　想法的质量分布是区域化的

想法的质量分布是区域化的。这是什么意思呢?

第一,不同区域的想法的密度不同。举个例子,清华大学今天上午 10 点在 3 教 101 教室举办经济学讲座,在 201 教室举办数学讲座,这两个教室在上午 10 点的想法的分布函数、密度都不一样。在 101 教室,有关经济学的想法的密度会大大高于举办数学讲座的教室;而在 201 教室,有关数学的想法的密度会大大高于举办经济学讲座的教室。

第二,每个地区的想法均服从帕累托分布。虽然 101 教室与 201 教室里想法的内容不同,但是 101 教室的经济学想法和 201 教室的数学想法都服从帕累托分布,只不过参数不一样。

第三,想法的传播存在成本,距离想法越近,获得想法越容易。王同学去了 101 教室听经济学讲座,李同学去了 201 教室听数学讲座,那么王同学就比李同学更容易获得经济学的想法。王同学在 101 教室,他有关经济学方面的问题可以直接向做讲座的老师提问。李同学在 201 教室，就不方便直接向 101 教室的老师提问。李同学获得经济学想法的成本会更高一些。

第四，区域之间可以交流。一个地区的人可以通过交流获得另一个地区的想法。如果两个教室的讲座都在网上直播，虽然李同学去了 201 教室听数学讲座，但是他可以打开手机，听 101 教室经济学讲座的直播。这样即使身在数学讲座教室，这位李同学也可以通过直播获得经济学讲座有关经济学的想法。

13.3.3　想法的质量分布具有历史相关性

知识在于积累，想法作为知识的源泉，也在于积累。因此，想法具有历史相关性的属性。具体而言就是，明天想法的质量与今天想法的质量有关，而今天想法的质量与昨天想法的质量有关。

举个例子，我的一个研究生正在做有关"中美技术竞争"的博士论文。他现在的研究想法建立在他过去两年所阅读的相关论文基础之上，和他硕士研究生期间学习的"国际贸易"课程相关，和他本科学习的"中级微观经济学"课程相关，也和他在中学期间学习的"数学"课程相关。简言之，他现在的研究想法建立在他长期的知识积累之上。

13.3.4　想法具有公共品属性

想法本身具备公共品的属性，即使用上的非竞争性和受益上的非排他性。竞争性是指一个人用了某个产品，这个产品就少了，其他人就没法用了，比如说，桌子上只有一瓶牛奶，王同学喝了，李同学就喝不上了。使用上的非竞争性就是一个人使用了一个想法，并不会减少可供其他人使用的想法数量，比如说王同学知道了考试的正确答案，并不妨碍其他同学也知道正确的答案。受益上的非排他性是指没有办法阻止一个人获取某个想法。比如说，我一直有"退休之后到五道口地铁摆摊唱歌"的想法，我没有办法阻止北大的教授也可以有"退休之后到五道口地铁摆摊唱歌"的想法。当然，哪位教授能实现"去五道口地铁摆摊唱歌"，那就要看各人的努力和运气了。

13.3.5 想法的演化具有客观性和主观性

那么什么决定了想法云中想法的好坏与多少呢？每个人的思维活动，一方面受已有想法、已有物质环境以及投入创新过程中的劳动、资本和其他中间投入品（比如科研仪器、材料）等的影响；另一方面，每个人的思维活动又同时贡献给想法云新的想法。我们称前者是想法演化的客观性，后者是想法演化的主观性。每个人接受想法的过程同时也是创造想法的过程，因此想法既是客观的也是主观的。

如果想法只是从已有的客观知识产生，那么不可能存在"无中生有"的原始性创新。原始性创新的含义是创造了目前不存在的新的想法，而物质资源是客观存在的已有资源、事实、规律，所以想法不可能仅仅来源于物质资源。同时，想法也不只是外生的，人的思维活动也同时创造想法。也就是说，想法不仅仅是客观的，也具有主观性，是思考探究未知事物的过程产生的主观创新。

13.4　创新世界模型与量子力学模型的相似性

基于以上五个假设，我们可以构建创新世界的数学模型。这个数学模型可以大概描述如下：

第一，全世界有大约 80 亿人，每个人的创新过程如图 13-1 所示，也就是有大约 80 亿个这样的过程。

第二，每个人的想法的产生是随机的，服从一定参数的泊松分布函数；每个人的想法质量也是随机的，服从一定参数①的帕累托分布函数。每个人想法的产生是一个随机抽取的过程，类似于摇奖，事（摇奖）前同质，事（摇奖）后异质（产生差别）。也就是说，在产生想法之前，每个人都是平等的，都有同样的机会产生高质量的想法；而产生想法之后，因为每个人产生的想

---

① 参数是函数关系中除自变量与因变量外的、影响自变量与因变量变化关系的、预先确定的变量。比如在泊松分布函数 $\Pr(X=k)=\frac{\lambda^k}{k!}e^{-\lambda}$ 中，λ 就是一个参数。

法质量的不同，因此每个人所拥有的收益出现差异，产生高质量想法的人的收益高于产生低质量想法的人的收益。

第三，想法在不同区域的传播需要时间，而时间的长短具有随机性。一个想法被人接收后，通过语言、符号、文字等载体转化成知识，而知识在空间上的传播需要一定的时间。

第四，研发人员将最好的想法投入研发活动，而且每个企业的生产率具有随机性。每个研发人员在所有接收到的想法中选择质量最好的，而每个企业会在所有研发人员的想法中选择质量最好的。随后企业会将研发人员的新想法与现有想法进行比较。若新想法质量更高，则采用新想法作为以后的生产技术；反之则放弃新想法，仍然使用原有想法生产，并采取市场上最高可能定价来获取最大利润。企业将研发人员最好的想法，结合资本、劳动投入、中间品投入等生产产品，并投入市场，每个企业的生产率同样服从一个随机分布函数。

第五，企业的生产率可以用全要素生产率来衡量。经济学文献中严格证明，按照以上"想法→创新→技术进步→市场实现"过程所产生的企业的生产率服从一个称之为弗雷歇函数的指数分布函数。①

第六，如何检验这样的数学模型呢？我们能够测量的数据是企业的全要素生产率，大量的企业全要素生产率分布的实证研究发现企业全要素生产率确实可以用弗雷歇指数分布函数来描述。这间接地检验了创新模型的一系列假设，也间接地检验了我们关于想法云的一系列假设、数学模型。

创新世界模型和百年前诞生的量子力学模型有很多相似之处。为了研究看不见、摸不着的微观物质运动规律，量子力学催生了不确定性的方法论革命。1900年12月14日，为了研究黑体辐射问题，普朗克提出辐射量子假说，假定电磁场和物质交换能量是以间断的形式（能量子）实现的，能量子的大小同辐射频率成正比，比例常数称为普朗克常数。普朗克常数的发明之日，也成为量子力学的诞生之日。量子力学用"波函数"来预测一个粒子可能的

---

① 企业的生产率服从弗雷歇指数分布，即企业 i 的生产率 Z_i 低于 z 的概率为 $F_i(z) = \Pr(Z_i < z) = e^{-T_i z^{-\theta}}$。

位置和速度，而非确定的位置。虽然对量子力学做出巨大贡献，但爱因斯坦以"上帝不会掷骰子"的观点反对海森堡的不确定性原理。然而，1925年海森堡提出的矩阵力学，彻底地废除了牛顿力学中的经典元素，1926年玻尔提出量子力学应该被理解为没有任何因果联系的概率。表13-1将创新世界模型和量子力学模型的相似性做了对比。

表13-1 创新世界模型与量子力学模型的相似性

	量子力学模型	创新世界模型
基本单位	基本粒子	想法
微观视角	粒子的能量具有异质性	想法的质量具有异质性，服从帕累托分布
宏观视角	用"波函数"来预测粒子可能的位置和速度，而波在空间和时间上的传播过程用波动方程描述	想法的质量分布可以由企业生产率的分布来间接测量。想法云的扩散同样具有空间上随地理距离衰减和时间上滞后的特性
不确定性原理及含义	观测前的粒子状态是按照概率分布的形式存在的，而一旦产生观测这个行动，观测到的即为分布坍缩到概率为1的某个特定状态	想法云同样以概率分布的形式存在。而想法一旦被使用、观察，即企业生产用到的实际技术，已经是对想法云中某个想法进行抽取后的实现结果

创新世界模型和量子力学模型都是对看不见、摸不着的运动规律的探索，都通过概率分布函数描述运动规律。当然两者之间有根本性的区别，创新世界模型描述的是非物质世界，而量子力学模型描述的是物质世界。那么创新世界模型和量子力学模型的这种数学方法上的相似性带给我们什么启发呢？第一，正如基本粒子不可测一样，个体想法也同样不可测，但这不妨碍想法云（人类总体的想法）的分布是稳定的、可测的，个体想法只是想法云的一个观察值。第二，想法云（人类总体的想法）的稳定分布，使得我们可以探讨想法世界的规律。第三，不可观察的想法世界的规律可以由可观察的企业生产率分布来间接地描述、揭示。第四，正如量子力学对基本粒子规律的探究极大地推动了我们对世界的认识，推动了生产力的发展，改变了我们的生活，对想法世界规律的探究也将推动我们对世界进一步的认识，变革我们的生活。

13.5 创新世界的基本矛盾：沙漠找水问题

21世纪人类进入新世界，一个创新的世界。创新世界模型建立了一个理解、分析新世界的理论框架，那么这个新世界有什么不同于以往的新的矛盾特征呢？这些新的矛盾特征对于我们理解大国竞争、新世界秩序重构有什么帮助呢？

想法是创新之源。我们在这一节用沙漠找水的例子来分析新世界的基本矛盾。"水"类似于"想法"，我们用"找水"来比拟创新。

我们先来想象这样一个画面：有一支100人的队伍在沙漠中前进，沙漠里没有足够的水，他们把随身带的水喝完，就必须去找水了。找不着水，就不能活着走出沙漠，因此谁也不敢掉以轻心。

但是，光知道要找水还远远不够，接下来就是一系列的具体挑战了。这100人是一起朝同一个方向去找，还是每个人分头去找？找到了水源之后，是谁找到就归谁，还是见者有份，所有人平均分配？是花功夫自己找水，还是向找到水的同伴买水？每一个挑战都很现实，都关系到这100个人的生死存亡。如果你是其中的一员，你会怎么选，怎么做？

以上三个找水的问题放到创新的语境下，就变成三个创新的基本问题。第一，是集中创新，还是分散创新？第二，创新成果是公有还是私有？第三，是自主创新，还是模仿创新？这三组不同的选择，揭示了关于创新的三组基本矛盾。这些问题都没有唯一正确的答案，但是，通过解析这三组基本矛盾，我们可以更好地理解新世界的逻辑。

13.5.1 沙漠找水第一问题：集中还是分散？

对于100个在沙漠里找水的人来说，我们做两个假设：第一，事前同质，每个人找到水的概率都是20%。第二，事后异质，找到水源的人能活下来，找不到水源的人就死掉了。那么这100个人需要做一个决定，是集中找水还是分散找水。

朝一个方向找水，无论是100个人还是只有1个人，找到水的概率是一样的，都是20%。如果这100个人抱团，集中起来朝一个方向去找水的话，结果会怎么样呢？结果是：要么幸运找到了水，这100个人全都活下来；要么没找到，所有人都渴死了。他们能找到水全都活下来的概率是多少呢？是20%。如果分散开来，每个人都按照不同的方向去找水的话，那么在100个人里面可能有20个人找到水（因为找到水的概率是20%），但会有80个人找不到水。这就意味着，有20个人活下来，有80个人会死掉。分散与集中的不同之处在于，如果分散，有20个人活下来，而80个人一定会死掉；如果集中，要么都死，要么都活，但是活的概率是20%。

那么应该集中找水还是分散找水呢？从这个问题来看，集中找水与分散找水的预期结果是一样的，但它们有各自的优点和问题：集中找水，事前公平，事后也公平，运气好团队所有人一起活，运气不好整个团队全部淘汰；分散找水，事前公平，事后一定有差别，运气好的活，运气差的死，但作为100个人的团队，一定有人成功。

回到创新的问题上来，集中找水类似于政府的集中创新，分散找水类似于市场机制的分散创新。政府的集中决策与市场的分散决策同样是一对矛盾，各有优缺点。

如果我们考虑其他因素，集中找水可以筛选更有经验的团队领导人，比如说，从那100个人里面，推举出一个曾经在沙漠里走过的人，他成功找到水源的概率超过了20%，能达到30%～40%，大家都愿意听他的。这种情况下，集中决策比分散决策更好。

同样，分散找水时，如果我们考虑信息的筛选，比如说这100个人都有电话，大家在分头找水的时候，可以打电话沟通。有些人会说，我这个方向好像看到水的痕迹了，向这个可能性更大的方向找水的人就更多。这样就可能有更多的人，比如说30个或40个人，找到水活下来。如果有一个信息共享的过程，那么分散找水可能比集中找水更好一些。

更进一步，集中与分散可以相互补充，我们可以设计更复杂、更精密、能发挥集中与分散两方面优势的机制，来提高成功找水的概率。但是，集中与分散是第一对在创新过程中一直存在的基本矛盾，集中使得大家方向一致，也会有团结的力量，方向对了力量倍增，但方向错了就会全军覆没；分散使得每个人都有机会，但是一定会有人被淘汰，会有事后的不均。

13.5.2　沙漠找水第二问题：公有还是私有？

继续上面的假设，这100个人已经决定分散找水，如果找到水源，假设水足够100人喝。

我们加两个条件，第一，每个人带1 000元钱；第二，沙漠地区只能打卫星电话，每个人带手机，每一次通话要交100元。按照20%的概率，有20个人找到水源，还有80人没找到。那么幸运地找到水的那20人，是否应该打电话来通知同伴呢？

问题是，找到的水源，是见者有份，谁都能喝，水源公用？还是谁第一个找到，水源就归谁，水源私有？这个问题类似于在创新过程中，想法是公共品，但是幸运地获得新的想法，由此发明的新技术是公有还是私有？

第一种情况，水源是公有，见者有份。那么找到水源的人如果花100元，打电话通知同伴水源的具体方位，他没有办法收费，也没有办法阻止同伴来了之后喝水。如果每个人绝对自私，只考虑自己的私利，那么那些找到水源的人就不会花100元来救同伴的命，结果只有20个人走出沙漠，另外80人死了。如果有些找到水源的人不那么自私，会花钱打电话通知其他伙伴，那么会有更多的人走出沙漠，但这取决于找到水源的人有多无私。更进一步，打一次电话要交100元，找到水源的小甲通知同伴小乙来到水源之后，这100元的电话费是小甲付，还是小乙付？如果小乙喝到水之后不愿意付这100元，该怎么办？

第二种情况，水源私有，谁发现水源就归谁。水的私有产权制度怎么建立呢？我们还是假设打电话要付100元，20人找到水之后，还有80人没有找到水，平均每个找到水的人负责4个没有找到水的同伴。

小甲找到水，这个水源就归小甲了。如果他有商业头脑的话，他可能会这样做。打电话给好朋友小乙，要求小乙：①交这100元的电话费；②两个人合伙一起守住小甲的水源，再先后通知三个同伴小丙、小丁、小戊来。小丙、小丁、小戊要上交身上所有的1 000元，才允许他们喝水。小丙、小丁、小戊上交的钱，小甲、小乙两人平分。如果小丙、小丁、小戊不交钱，小甲、小乙就两个人打一个,不让他喝水。

这样的私有水源制度是通过强力建立的,但一旦建立,就是有效的。100人都喝上水,走出沙漠,只是走出沙漠之后出现了收入不平等,有60个人失去了他们所有的财产。

假如找到水的概率不是20%,而是1%,这样的私有水源制度也会出问题。幸运之神眷顾了小甲,100个人当中,他是唯一找到水源的人,但还有99人没有找到水。他怎么建立私有产权制度来保护他发现的水源呢?他找到好朋友小乙,请小乙和他一起保护水源,然后依次打电话给剩下的98人来水源,并要求每人都上交身上的1 000元,之后才能喝水。但是,小甲、小乙将发现的水源据为私有,并以此敛财,会造成巨大的不平等。在沙漠这样残酷的生存环境下,这样巨大的不平等很可能带来动乱。比如说,小丙接到电话后,不是一个人来,他是纠集了一群人一起来。这群人到了水源附近,马上就起义了,不管三七二十一,直接把水源从小甲和小乙手中抢走了。

水源如果公有,找到水源的人没有积极性去告诉同伴,因此水源被利用的效率不高。水源如果私有,会出现不平等,带来社会动乱。创新的成果公有还是私有,这是一对始终存在于创新过程的矛盾。

想法云是一个公共品,因此源于想法云的创新同样具有公共品的属性。想法云是由这个地球上所有人的想法共同形成的,里面既有你的想法,也有我的想法;既有中国人的想法,也有美国人的想法;不仅有当代人的想法,还有前辈们的想法。这些想法不断地产生、凝结,混合在一起,发生各种变化,然后,里面的某一滴"水珠",才有可能掉进一个幸运的脑袋,落地生根,成为一个真正有价值的创新。

不管是爱因斯坦,还是乔布斯、马斯克,他们的创新都不是凭空想出来的。他们的想法离不开他们受过的教育和专业训练,离不开前人的科研积累,也离不开整个科学共同体为他们提供的学术环境、实验室、设备和团队。

而且,大多数时候,伟大的创新背后,其实是一群同样伟大的科学家,经过一个漫长的过程,投入了集体的智慧和心血,一点一滴铺垫了道路。只不过,到了某一个关键的时间点,总有一位天才站出来,完成最后一公里的冲刺。掌声和光荣当然属于这位天才,但是,你能说这个创新的全部贡献,只来自他一个人吗?当然不能。

所以,想法是不能脱离我们人类群体而独自产生和实现的。既然想法是公共品,谁都能使用,那么问题是,如果创新的成果和收益不能归自己,谁还有动力来创新呢?所以,为了激励新的想法产生,推动新技术的发展,我们又必须通过产权保护将知识、技术一定程度地私有化。这种知识、技术的私有化与创新的公共品属性,是创新过程始终存在的第二对基本矛盾。

13.5.3　沙漠找水第三问题:模仿还是自主?

创意和想法是从哪里来的呢?有两个最常见的路径,一个是内生路径,一个是外生路径。内生路径就是指自己实验、摸索、自主创新;外生路径是指向他人学习、模仿,在他人的创新基础上做修补和迭代。那么到底应该自主创新,还是模仿创新呢?

我们还是回到沙漠找水,进入第三个问题。和第二个问题的环境类似,找到水的概率是 20%,也就是说,在 100 个人找水的不同路径中,有 20 个路径有水源。我们假设水源私有,水源的产权归发现人所有。另外,每一个水源被发现之后,所有人都会收到通知一个水源已被发现,但通知没有说谁发现水源和水源在哪里。

第一个找到水源的是小甲,他找到水源之后,打电话给小乙来和他一起守护水源,用水源赚钱,小乙来了。然后他又打电话给小丙,告诉小丙来水源喝水,但是要交 1 000 元钱。小丙有两个选择,第一,去小甲的水源喝水活命,但是要交 1 000 元;第二,自己继续寻找水源。第一个选择对应到创新过程中的模仿创新,而第二个选择代表了创新过程中的自主创新。此时小丙应模仿创新还是自主创新?

第一个水源已被小甲发现,剩下 19 个水源、99 个方向。如果小丙继续自主寻找水源,那么他找到水源的概率是 19/99。假如小丙找到水源,那么他可以和小甲一样,找一个合伙人共同守卫水源,然后再将水卖给三个伙伴;因为要花 300 元打电话,所以他最多能挣 2 700 元。小丙面对的问题是:自己继续找水源活命并挣钱(有渴死的风险),还是交 1 000 元去小甲的水源喝水活命(没有渴死的风险)?

换到创新的语境里来，这意味着，假如你选择自主创新，发明新技术的风险更大，但如果成功，你掌握的技术会更先进，获得的利润会更大。假如你选择模仿创新，就没有自己掌握的核心技术，大部分核心技术是外国的，但是可以避开发明新技术的风险，很快生产最新的产品。但模仿创新也面临着被卡脖子的风险，比如说技术领先的国家一旦限制技术出口，模仿国家的新产品就生产不了。自主创新还是模仿创新，这是创新过程的第三对基本矛盾。当然，在现实社会的创新过程中，自主创新和模仿创新并不是对立的，可以相结合，但是总有以模仿创新为主还是以自主创新为主的问题。

13.6　新世界秩序与创新的基本矛盾

没有想法，就没有创新。想法是驱动新世界发展的基本力量。然而，如何获得新的想法呢？集中还是分散、公有还是私有、模仿创新还是自主创新，这三对矛盾构成了创新世界的基本矛盾。无论是完全的集中、公有与模仿创新，还是完全的分散、私有与自主创新，都不是一个长期、稳定、高效率的创新机制。一个好的创新体制，是这三对矛盾的平衡，而不同时期会有所侧重。

先说分散和集中。分散适宜于大家都不知道方向的创新，也就是到了技术的最前沿，就如任正非说的无人区。这个技术的最前沿，既有可能是在渐变型技术创新中，需要经过长期的努力，走到现有技术的最前端；也有可能是在突变型技术创新中，需要勇敢地舍弃旧技术，开始新技术的研发。没有人在你的前面了，谁都不知道该向哪个方向创新。这种情形下，分散创新有可能更合适。如果创新不是在技术的最前沿，而是在追赶阶段，创新的方向是已知的，更多的是生产过程的创新，这个时候组织起来，适当地集中力量办大事，就有可能是合适的。

再说想法的私有与公有这对矛盾。对于创新成果一定程度的保护，也就是"已经产生的想法"的一定形式的私有，有助于激励创新，而想法的公有则能使创新成果惠及更多的人，也可以设置一定的时间条件予以平衡。

最后我们讨论自主创新和模仿创新这对矛盾。自主创新和模仿创新这对矛盾的另一个表达方式就是内生与外生：自主创新是内生创新，也就是自己创造出想法；而模仿创新是外生创新，也就是自己并不创造想法，而是模仿、学习已经存在的外部想法。

自主创新的技术归自己所有，但是慢、困难；模仿创新的技术，想法不是自己原创，一般无法获得核心技术，但是快、相对容易。一方面，如果不掌握核心技术，就会被对手卡脖子。而且学习的能力取决于自主创新的水平，小学水平掌握不了研究生的课程，一个大的经济体必须拥有自主创新的能力、完整而开放的创新体系。另一方面，想法云分布在全球，不同国家在技术前沿一定会各有所长，所以开放、学习、模仿对于一个国家始终保持在技术前沿，至关重要。

自主创新与模仿创新的关系应该遵循这样几个原则：第一，创新体系是开放的，鼓励向一切先进技术学习、模仿。第二，像中国这样大的经济体，应该在所有关键技术领域具有竞争力，鼓励各行各业达到、领先于全球技术前沿。第三，在核心技术上反对国际垄断、保护技术安全。一方面，对于任何一个核心技术，国外垄断技术在国内市场的份额不宜超过70%；另一方面，与世界领先的技术相比，自主研发的技术滞后不能超过一代。

13.6.1　创新世界的发展动力

新世界的发展由创新推动，而创新源于想法，所以源源不断地产生高质量的新想法是新世界的发展动力。

当每个人都追求并能够产生最多数量、最高质量的想法时，新世界就会产生最多数量、最高质量的想法，从而得到最快的增长。

最多数量、最高质量的想法可以表达为"质量加权的想法总数的最大化"[1]。因此，每个人追求"质量加权的想法总数的最大化"就是创新世界的发展动力。怎么理解这一点呢？

---

[1] 假设质量空间的集合为 Z，z 是质量空间任意一个想法，而 $n(z)$ 是一个人的质量为 z 的想法数量，那么这个人的"质量加权的想法总数"就被定义为所有质量与同质想法数量的乘积之和，即 $\sum_{z \in Z} z \times n(z)$。

第一，当一个人质量加权的想法总数最大时，这些高质量、多数量的想法就会为他带来最高的利润，使他的个人利益最大化。

第二，在一个人的行为不影响他人获得高质量、多数量想法的前提下，当他的质量加权的想法总数最大时，他对社会的知识积累的贡献也最大。

第三，在一个人的行为不影响他人获得高质量、多数量想法的前提下，当他的质量加权的想法总数最大时，他对世界的理解也最深刻。

总体而言，在个人行为不影响他人获得高质量、多数量想法的前提下，每个人追求"质量加权的想法总数的最大化"将使得他的个人利益、对社会的贡献、对未知世界的探索同时得到最大程度的实现。

然而，想法的质量是相对的。一个人可以通过压制其他人获得更多、更好的想法，来使自己的想法变得相对的"高质量"，这种压制就是对想法的某种形式的垄断。因此，如果出现了对想法的垄断，个人利益、对社会的贡献、对未知世界的探索这三者之间就不一致了。想法或者创新的垄断，也就成为创新世界的核心问题。

13.6.2　创新世界的核心问题：想法能被垄断吗？

想法或者创新的垄断有两种表现形式：第一是市场垄断，也就是超级企业的垄断；第二是政府垄断，也就是国家垄断。

先说市场垄断。21世纪出现了一批超级企业，而且企业的规模越来越大。市值最高的苹果公司一度超过3万亿美元。若将市值转化为GDP计算，苹果一家公司的体量就足以超越英国，成为美国、中国、日本、德国之后的"全球第五大经济体"。超级企业的力量已经超过了全球绝大部分国家的力量。

超级企业的出现，是创新世界的一个特征。一方面，新经济大部分产品是知识、信息、软件产品，这些产品都源于想法云，都具有公共品的特征，因而这些产品的边际生产成本几乎为零，比如下载一个APP（应用程序）、拷贝一个软件的成本几乎为零。同时，新经济产品的研发成本巨大，比如要开发一个新的操作系统需要数千亿的投资。另一方面，新经济产品常常是流量越大，生产力越高，高度地依赖数据。大的公司常常是靠大规模的数据库挣钱。再一方面，新经济产品很多是平台产品，比如脸书、微信、亚马逊、淘宝等，这些平台产品都具备很强的网络外部性：参加网络的人数越多，流量越大，就越方便，效率也越高。这些特征都使得新经济企业具有很强的规模报酬递增效应，企业越大，效率越高，因而出现行业自然垄断。如果不加干预，新经济的市场结构不是完全竞争，而是垄断，主要的新经济行业在全球都会出现自然垄断。

再说政府或者国家垄断。一方面，研发投入越来越集中在少数大国，使得创新也越来越集中在少数大国；另一方面，在大国博弈的背景下，美国越来越频繁地、强度越来越大地动用国家力量遏制中国的创新，试图独占并保持其在创新领域的全球垄断地位。

无论是市场垄断，还是国家垄断，只要超过一定的规模，都不利于创新！因为垄断压制了非垄断企业和国家获取想法的机会和能力，因而减少了新想法的产生。

人类历史上不乏垄断、控制，问题是：以前物质世界的垄断是对土地、房屋、珠宝的垄断，而在创新世界的垄断是对创新的垄断，并有可能上升到对想法、思想的垄断。这种对想法的垄断有可能通过人脑芯片技术得以实现。

对想法的垄断并非无稽之谈。以色列历史学家尤瓦尔·赫拉利，在《未来简史》这本书里忧心忡忡地说，未来随着人工智能技术的发展，机器会越来越比人更适合工作，从工人到律师、医生、股市的高频交易员，甚至艺术创作，这些工作都可以由机器来做。这么一来，个体作为一个劳动者的经济价值、军事价值就都被消解了，普通人可能就成了无用的人，或者被人工智能所操控的人。

但是，有一些人经过了升级改造，能够效率更高地创新，并且操控人工智能，他们就有可能成为"超人"甚至"神人"。所以未来的世界秩序有可能演变成普通人听算法的，算法听能操控人工智能程序的人的。

赫拉利的说法并不遥远。马斯克的公司正在发明人脑芯片。这种芯片植入人脑之后，人可以通过芯片来改善自己的大脑智力，恢复肢体功能，治疗阿尔茨海默病，甚至可以将人脑与互联网相连接，移植或者删除记忆等。

如果这样的芯片研制成功，那么结果是什么？有可能出现一批拥有超级智能的"神人"。人脑芯片的技术是马斯克的，他当然可以将人脑芯片的技术分等级，并决定这个世界上谁用最高级的芯片、谁用低级的芯片、谁不能用芯片。装上高级人脑芯片，就会更有效率地获得想法、应用想法、实现创新。那么，就凭人脑芯片，马斯克以及和马斯克一样拥有研制人脑芯片技术的人，基本上就能垄断、控制全人类了——这跟在沙漠里找到水源、通过把水源私有化来控制人群，是同一个道理。

拥有高级的人脑芯片就有可能实现对想法的垄断。极少数"神人"通过对想法、创新与技术的垄断有可能奴役全人类。想法本质上是公共品，极少数幸运的"天才"获得超常的想法，发明了技术，这些想法和技术属于全人类，应该服务于全人类。但是，这些"天才"却有可能利用这些技术把自己变成"神人"，并控制全人类。

一旦马斯克这样的技术"天才"垄断了人脑芯片，即使马斯克本人希望服务全人类，不想将自己变成"神人"，控制全人类，他能做到吗？只要马斯克垄断了人脑芯片，他就做不到。因为他背后的垄断资本的力量不会允许他这样做。资本逐利的本性一定会用人脑芯片奴役全人类，榨干"神人"以外的每一个普通人的每一滴血汗。自人类诞生以来，所有人都有做梦的自由，俗话说，"梦里什么都有"。一旦马斯克这样的技术"天才"垄断人脑芯片，大部分人将失去做梦的自由。

一旦马斯克这样的技术"天才"垄断了人脑芯片，他和他的至亲好友就能够安稳地做"神人"，统治全人类吗？他同样做不到！从马斯克这样的"天才"垄断人脑芯片的第一天起，他和他的至亲好友就会立即生活在恐惧、动荡之中。谁不想做"神人"？谁又甘于被奴役？从"天才"垄断人脑芯片的第一天起，被奴役的普通人一定会起义、造反，"神人"不久就会被推翻、消灭、废弃，而造反成功的普通人会成为新的"神人"，继续垄断人脑芯片，奴役全人类。随后是新的起义和新的"神人"，如此循环。只要人脑芯片可以被垄断，成为"神人"和统治全人类的巨大诱惑会使得全世界陷入动荡与战乱之中，世界从此永无宁日。

当从对物质的垄断上升到对想法的垄断时，人类面临的选择是：允许对想法的垄断，从而使人类分层为"神人"与普通人，还是通过制度的设计，限制、禁止对想法的垄断，使得想法云面前人人平等，人人拥有想法、创新的自由？

用沙漠寻水的例子类比，假如出现了一张准确描述水源位置的地图，是允许寻水人员争抢地图，抢到地图的人为王，而其他人成为他的奴隶，还是通过机制设计，保持水源信息面前人人平等？

限制对想法的市场垄断，需要政府的力量来平衡市场垄断。而限制政府、国家对想法的垄断，需要国家之间的竞争，以及市场竞争来平衡政府的垄断。

对于市场垄断，即使像意大利这样的全球第八大经济强国，也无法单独抗衡苹果、亚马逊、谷歌、脸书、特斯拉这样的超级公司，更别说未来的超级垄断公司。全球现在能够平衡超级垄断公司的政府只有美国、中国、欧盟。首先在三大经济体内部限制人脑芯片的市场垄断，就要求企业不能占据经济体50%以上的市场份额，也就是每个经济体至少要有两家以上的人脑芯片公司。而限制国家垄断，就要求美国、中国、欧盟三大经济体都应该拥有自己的人脑芯片公司，这样全球至少有六家人脑芯片公司相互竞争。

美、中、欧政府需要通力合作，坚决抑制类似人脑芯片这种可能会带来严重伦理问题的产品的全球垄断，保证类似产品市场的公平竞争，保证人人都有产生想法、思想、梦想的自由，为新世界的和平、稳定与发展奠定基础。保证想法云面前人人平等是新世界的核心挑战，或许，三足鼎立的世界治理体系为应对这个核心挑战提供了一个基础。

13.7 尾声

蓝天下，白云间，我们每时每地每事都在观察、感悟、改造这个"苟日新，日日新，又日新"的世界。1997年7月下旬，香港回归祖国后不久，我去香港参加计量经济学会远东会议。会议结束之后，飞机呼啸着离开刚刚升起五星红旗与紫荆花旗的香港，于此中西交汇之地，于天地之间观察世界，只见阳光照射下，太平洋与天空融为一色，我思绪万千，写下一首七言感怀。录于此，结束本章。

感怀

万山高低千花香，
千水急缓万月明。
坐地日行十万里，

抬首已过百亿旬。
东风西雨筑大道，
江河奔腾归海平。
水载乾坤溶一色，
日照疑是满天金。

第 14 章
十年战略（2024—2034）

按照第 3 章中美关系五阶段的划分，目前处于第三阶段，即大国竞争阶段的上半场。中国在经济总量上追赶美国是这一阶段的主要特征。因此，中国的大国竞争战略成功与否，可以用一个指标来衡量，就是经济总量（名义GDP）能否在 2035 年前后追上美国。

14.1 目标的现实性与挑战性

GDP 是一个综合指标。"GDP 在 2035 年追上美国"这个战略目标的实现需要中国在依然落后的科技、金融、军事和全球治理四个领域稳步缩小与美国的差距，而这个目标的实现也为中国在大国竞争阶段的下半场（2035—2060），在以上四个领域逐步超越美国提供了基础。

按照第 9 章"大国竞争的增长—危机模型"，这个战略目标的实现需要中国成功地防范日本式、苏联式、国际金融、社会、公共政策与区域安全等六种危机，实现经济的强劲增长。

2022 年，中国人口是 14.12 亿，美国人口是 3.33 亿，中国人口大约是美国的 4.24 倍。中国 GDP 是 17.96 万亿美元，人均 GDP 是 1.27 万美元；美国

GDP 是 25.46 万亿美元，人均 GDP 是 7.64 万美元，中国 GDP、人均 GDP 分别大约是美国的 70.5% 和六分之一。

按照预测，到 2035 年中国预期人口数为 14.01 亿，是美国预期人口数的 4 倍。[①] 如果 2035 年中国人均 GDP 达到美国的四分之一，那么中国 GDP 将在 2035 年追上美国，这同时要求中国 2024—2034 年平均每年 GDP 增长率比美国高 4%。

这个目标既具有现实性，又具有挑战性。回顾历史，日本的经验教训值得借鉴。

图 14-1 展示了美日人均 GDP 与 GDP 在 1960—2020 年的发展对比。从人均 GDP 来看，1960 年日本人均 GDP 是 475 美元，是美国人均 GDP（3 007 美元）的约六分之一。其后 10 年，日本经济高速增长，10 年平均增长率达到 8.47%，在 1970 年，日本人均 GDP 增长到 2 056 美元，达到美国人均 GDP（5 234 美元）的 39%，并于 1987 年赶上美国。从 GDP 总量来看，1995 年，日本 GDP 达到美国 GDP 的 72%，这是日本相对于美国经济规模的峰值，之后日本经济陷入停滞，1995—2005 年 GDP 平均增长率为 1.11%。2005 年，日本经济总量相对于美国不仅没有增加，反而一路下滑到 37%。

参照日美的对比数据，中国现阶段相当于日本的哪个阶段？如果从人均 GDP 的角度看，2022 年中国人均 GDP 大约是美国的六分之一，现阶段的中国相当于 1960 年的日本。类似于 60 年代的日本，今后的十年中国将是一个高速增长的阶段。即使达不到日本 60—80 年代 8% 的 GDP 年平均增长率，中国今后十年的平均 GDP 增长率只要能达到 5%~6%，那么到 2035 年，人均 GDP 达到美国的四分之一、GDP 总量追上美国应该是一个可以实现的目标。

如果从 GDP 总量的角度，中国现阶段相当于日本 1995 年的阶段，中国今后十年可能面临日本式危机。如果掉入类似于日本在 1995—2020 年的"追赶者陷阱"，中国今后十年与美国在经济总量上的差距甚至有可能扩大，GDP 总量追上美国将是一个艰巨的挑战。

---

① 数据来源：《世界人口展望报告 2022》，https://population.un.org/wpp/Download/，访问日期：2023 年 11 月 20 日。

图 14-1 日美人均 GDP 与 GDP 历年对比

当今中国的发展阶段,是类似于 1960 年的日本,还是 1995 年的日本?

一方面,从发展水平上看,中国人均 GDP 仅为美国的六分之一,类似于 1960 年的日本,尚具有巨大的发展空间。另一方面,中国 GDP 已经超过美国 GDP 的 70%,类似于 1995 年美日大国竞争时的日本,中美大国竞争进入胶着状态,美国强力打压中国的高科技产业发展,遏制中国的经济增长。而且,中国 GDP 已经达到世界 GDP 的 18% 左右,提高中国经济总量在世界市场的份额变得越来越困难。我们称人均 GDP 水平所带来的影响为水平效应,称 GDP 总量排名所带来的影响为总量效应。从水平效应来看,中国经济尚具有高速增长的潜力;从总量效应来看,中国经济已然是全球经济中的庞然大物,在全球市场,尤其是欧美市场的增长空间受到强力挤压,继续快速增长面临挑战。

水平效应代表了 "GDP 在 2035 年追上美国" 这一战略目标的现实性,而总量效应则代表了其挑战性。我们的战略方针就是要充分发挥水平效应的积极作用,尽量减少、避免总量效应的消极作用。

避免总量效应的消极作用要求中国既不要在全球过度扩张,也不能失去"根据地",这个战略方针可以用"不称王、稳市场"来代表;而发挥水平效应积极作用的战略方针可以用"稳市场、谋共享"来代表。"稳市场"战略的核心是建立与中国经济联系紧密的 20 亿到 25 亿人口的"亚洲共同体"的市场秩序,这样既能减少总量效应的消极作用,也能发挥水平效应的积极作用。换一个说法,"稳市场"就是建立"亚洲"秩序!

因此,我们可以将 2024—2034 的十年战略总结为九个字:不称王,稳市场,谋共享。① 以下做详细的讨论。

14.2 不称王

国家的竞争和企业的竞争有相似之处。一个行业的市场结构主要反映在这个行业的头部企业的市场份额,而世界市场的结构也类似地表现为主要国家的市场份额。工业革命以来,美欧发达国家成为世界市场的主要垄断力量,以中国为主的新兴经济体的发展,必然改变世界市场的结构:美欧发达国家的世界市场份额下降,中国等新兴经济体的世界市场份额上升。

所谓总量效应,就是中国占世界市场的份额已达到 18%,其进一步上升必然挤压美欧等现有发达国家的市场份额,从而引发激烈的大国竞争。

按照"创新—市场"循环来分析,中国在世界市场份额的上升,会带来中国对世界市场主导力量的上升,增加利润空间,从而进一步地反馈研发投入,形成"创新—市场"的良性循环。中国战略的核心问题在于应该主导何种规模的市场。是主导世界市场,还是主导区域市场,甚至仅仅是国内市场?总结全书,中国主导的市场范围应该是以中国市场为核心的"亚洲",既不过度扩张到全球市场,也不能被"去中国化",压缩、封锁到国内市场。不过度扩张就是"不称王",不被压缩、封锁就是"稳市场"。

不称王就是不试图称霸世界,有两个含义:第一,不试图取代美国的世界霸权;第二,不与美国共治世界。

14.2.1 不试图取代美国的世界霸权

我们从三个方面分析为什么中国不试图取代美国的世界霸权,即不可行、

---

① 有关战略目标、方针、措施的讨论,参见:鞠建东,刘斌,2024. 大国竞争与新时代的中国经济发展战略 [J]. 外交评论,4:1-21.

没好处、不应该。不可行是因为实力不够，没好处是因为对中国得不偿失，不应该是因为对世界得不偿失。

图 14-2 描述了中国主导的市场规模与中国的社会福利、美国的社会福利、世界的社会福利等三个指标之间的关系，社会福利大约等于收益减去成本，就是净收益。横轴是中国主导的市场规模在世界市场的份额，最小仅仅局限于中国国内市场，用 x^0 代表。2021 年，$x^0 = 18\%$。中间的"亚洲"① 包括东亚、东南亚、欧洲、南美、非洲等与中国市场紧密联系的经济体，用 x^* 代表。世界是整个世界市场，用 $\bar{x}$ 代表，$\bar{x} = 1$。纵轴则是中国主导的市场规模分别给中国、美国和世界带来的社会福利。中国福利曲线、世界福利曲线都在中国主导"亚洲"时达到最高点，而美国福利曲线则随着中国主导市场规模的增大而下降。

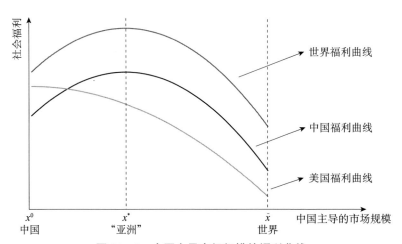

图 14-2　中国主导市场规模的福利曲线

中国不试图取代美国成为新的世界霸权国家，首先是因为不可行。按照预测，2060 年之后，世界前四大经济体为中国、印度、美国、欧盟，各自经济总量的世界占比分别为 29%、18%、16%、16%。按照我们在第 3 章对中

---

① 我们用"亚洲"代表和中国市场紧密相连的亚洲和其他区域的经济体。2019 年，与中国贸易依赖度最高的前 30 个经济体为：蒙古国、吉尔吉斯斯坦、几内亚、伊朗、澳大利亚、阿曼、塔吉克斯坦、老挝、委内瑞拉、智利、秘鲁、巴西、越南、菲律宾、韩国、贝宁、喀麦隆、坦桑尼亚、新西兰、乌拉圭、印度尼西亚、巴基斯坦、日本、巴拿马、沙特阿拉伯、肯尼亚、哈萨克斯坦、埃塞俄比亚、科威特、马来西亚。

美关系五阶段的分析，即使在非常顺利的情况下，在 2060 年中国 GDP 达到美国 GDP 的两倍，虽然位居世界第一大经济体，但中国也占不到世界经济总量的 30%。而且，2060 年之后，中国人口下降的压力逐步增大，中国占世界经济总量的份额也可能随之下降。中国要想主导世界市场，就需要联合另外两大经济体，以达到世界市场 50% 以上份额的实力，也就是说，中国需要领导印度、欧盟来主导世界市场，而这是不现实的。

中国不试图取代美国成为新的世界霸权国家，其次是因为没好处，也就是这样做的收益小于成本。主导市场，即主导市场的治理或者秩序与规则，一方面给主导国家带来收益，另一方面也需要大量的资源投入，因而给主导国家带来成本。

当市场的规模扩大时，规模报酬也会增大。这种规模报酬首先来自规模扩大带来的企业生产成本的下降、产品多样化的提升和产品质量的提升。所有市场内的经济体都会从市场规模报酬中获益，而主导国家会获得这种规模报酬中较大的份额。其次，当市场规模扩大时，市场的垄断利润也会增大，主导国家也会在市场垄断利润中拥有更大的份额。这两方面之和是主导国家因市场规模扩大而获得的收益。

市场秩序是公共品，而这种公共品主要有赖于主导国家的投入，包括规则的制定、监管，市场基础设施的建设与维护，市场安全的维护与保障等。市场内的小经济体既无实力、也无激励来提供市场秩序，通常只是市场秩序的搭便车者。而市场内的主导国家有实力、有激励、有责任来主导市场秩序的供给。市场的规模报酬减去公共品提供的成本就是市场规模给一个国家带来的净收益，也就是社会福利。

当中国试图主导比"亚洲"更大的市场，甚至试图主导全球市场时，由于实力不够，建立市场秩序的成本会急剧上升，并超过收益，因此图 14-2 中的中国福利曲线在"亚洲"（中国主导的世界市场份额为 x^*）时，达到最高点，之后迅速下降。换句话说，中国取代美国成为新的世界霸权的边际收益小于边际成本，没好处！

最后，中国也不应该取代美国成为新的世界霸权国家。图 14-2 中我们假设世界福利曲线也在中国主导的市场份额为 x^* 时，达到最高点。当前的世界秩序正从美国霸权向多元、竞争共存的世界新秩序迈进，美国已经无力主导世界市场，而全球价值链已经呈现出三足鼎立的格局，所以当中国主导的市场规模从中国国内向"亚洲"扩张时，世界秩序适应了全球价值链的结构变化，因而世界福利是上升的。但是，如果中国试图取代美国成为新的世界霸权，那么世界秩序同样也与全球价值链三足鼎立的结构不相适应，过犹不及，世界福利会因此而下降。计利当计天下利，从世界福利的角度，中国也不应该取代美国成为新的世界霸权。

14.2.2　不与美国共治世界

2005年，美国彼得森国际经济研究所所长弗雷德·伯格斯滕提出中美"G2"的构想。"G2"的构想，即所谓的中美共治，得到奥巴马政府的高度关注。这些年来，中美共治不断成为中美关系、世界格局的讨论热点。其论据无非是美国带领盟国（G7）主导世界的"一超多强"的世界秩序已经难以为继，世界上最大的发达国家美国与最大的发展中国家中国，可以紧密合作来主导世界秩序。也有观点认为，美国和中国各有所强，美国用美元主导国际货币体系与国际金融市场，中国在全球制造业占据主导地位，中美共治世界可以各用所长，各取所需。或者美国的资本与中国的劳动力绑定，中国的资本让渡中国市场及其垄断利益给美国资本，美国通过国内政策补贴美国劳动力，继续获得美国工人对美国制造业外包到中国的支持，维持2008年之前的美国资本、技术与中国劳动力相结合的"超级全球化"。

所谓"中美共治"的前提是不改变美国主导的世界秩序，中国只是作为美国实力的补充，帮助美国管理世界。"中美共治"实际上就是我们在第7章讨论的"趋同论"，要求中国放弃独立的经济、技术、金融制度，要趋同、服从于美国主导的经济、技术、金融制度，使中国的经济与金融体系和美国的绑定。

这种"中美共治"的观点似是而非，其核心问题是看不到中国发展阶段的转变、中美关系的阶段性变化与中美利益冲突的结构转变。我们在第3章将中美关系分为五个阶段，1979—2015年是中美关系第二阶段，即小国—大国阶段，在此阶段中国经济发展的主要目标是工业化，其特征是大量农村剩

第14章 十年战略（2024—2034）

余劳动力向制造业的转移。在此阶段，中美优势互补，国家利益基本一致，美国技术、资本与中国低成本劳动力的结合共同推动了全球化的迅速发展，因此中国加入美国主导的全球经济秩序符合双方的利益。

2016年之后，中国经济总量已经达到美国的60%，中美已经进入大国竞争阶段。中国的发展阶段已经从工业化向知识化转变、从加工制造向技术创新转变，华为等中国高科技企业和美国高科技企业在全球市场已经处于竞争状态。奥巴马政府热衷的"中美共治"，是看到了2008年全球金融危机之后美国实力下降、中美利益从互补向竞争转变，希望通过"中美共治"，将中美关系绑定在小国—大国阶段，以"中美共治"的形式实现"美国主导"的实质。特朗普时期的"趋同论"，要求中国按照"市场经济原则"，放弃政府的产业政策对企业创新的支持；拜登时期的"小院高墙"，严控对中国的高技术产品出口、投资，通过大规模发放美元支持美国与盟国的基础设施、科技研发与产业安全。

这三种不同名称的政策，都有同一个目的，即压制中国高科技产业的发展，维持美国在高科技领域的全球主导地位。按照我们在第10章的分析框架，这些政策虽然名称各不相同，其实质都是诱导中国落入"追赶者陷阱"，同时打破美国的"领先者困境"，使得美国研发、生产高科技产品，而中国从事加工制造的国际分工模式得以强化、固化。但是，如果中国掉入"追赶者陷阱"，就会步入"日本式危机"的增长停滞，2035年经济总量赶上美国的第三阶段的发展目标就无法实现。

2018年之后，全球经济与金融体系的基本矛盾，即全球价值链三足鼎立的结构与美元主导的国际货币体系不匹配的矛盾越来越尖锐。这对矛盾无法在"中美共治"的名义下调和，要么美国以"中美共治"之名，行"去中国化"之实，继续维持世界霸权；要么人民币国际化顺利发展、国际货币体系从单极走向多级，世界秩序从美国霸权走向三足鼎立的大国竞争共存。按照我们在第12章的分析，美国选择"去中国化"，中国选择"有限反击"，这是双方的竞争均衡。所谓"中美共治"，其实质是中国选择"被动接受"，但这不是中国的最优选择。

14.3 稳市场

图 14-2 中的中国福利曲线和世界福利曲线指出当中国主导的市场规模为"亚洲"时，中国与世界的福利都达到顶点。所谓"稳市场"就是稳定、繁荣以中国市场为核心的"亚洲"市场。随着中国主导的市场规模的增大，美国的社会福利受到什么影响呢？首先考虑当中国主导的世界市场区域小于"亚洲"时的情况。一方面，当中国主导的市场规模增大时，美国在"亚洲"地区的垄断利润下降，这会减少美国的社会福利；另一方面，当中国主导的市场规模从中国扩张到"亚洲"时，全球市场变得更加多样化、更具有竞争性，这对全球消费者（包括美国消费者）都有好处。我们假设美国在"亚洲"区域的垄断利润的下降大于美国消费者的收益，这样随着中国主导的市场规模的扩张，美国的社会福利是在下降的。当然，当中国主导的市场规模从"亚洲"扩张到"全球"时，全球市场变得垄断程度越来越高，美国消费者的效用也随之下降，因此，我们在图 14-2 中假设"美国社会福利曲线"一直下降。

这就是说，中国主导的市场规模从"中国"扩张到"亚洲"并不符合美国的国家利益，所以，美国会反对中国稳定"亚洲"市场。美国不仅希望将中国主导的市场规模压缩到中国国内，甚至希望美国垄断中国国内的高技术市场。"稳亚洲市场"不是一个可以自动实现的目标，而是一个需要艰苦努力、成功地进行大国博弈，才能实现的目标。

稳市场包括建立"亚洲"治理体系、稳技术市场、稳资本市场，我们以下逐一讨论。

14.3.1 建设三足鼎立的全球治理体系

建立 20 亿到 25 亿人口、与中国紧密相连的"亚洲"市场秩序是建设三足鼎立的全球治理体系的关键，中国如能"稳亚洲市场"，以中国为核心的亚洲价值链、美国为核心的北美价值链、德国为核心的欧洲价值链的三足鼎立的全球经济结构就是稳定的。中国如果不能"稳亚洲市场"，那么就会被压迫到中国国内市场，最后中国国内市场也守不住，就会被美国主导的跨国资本、技术所垄断、边缘化，全球经济结构重回美国主导的格局。所以，一个以中国市场为核心、开放的"亚洲"市场是中美双方必争之地。

读者也许会将"稳市场"战略类比于历史上的"高筑墙"战略。需要指出的是，"稳市场"与"高筑墙"虽然在功能上都是稳定区域内社会、经济、军事形势，积累实力，谋求区域内稳定发展，但是"稳市场"与"高筑墙"在战略方向上有本质的区别。第一，稳市场是开放，而不是闭关自守。第二，稳市场不是筑墙防守，而是主动出击。第三，"亚洲"市场的概念超越了中国及周边国家和地区的地理概念，也超越了亚洲国家和地区的概念，主要是一个与中国市场紧密相连的"市场共同体"的概念。比如一些拉美国家、欧洲国家、非洲国家，虽然地理上远离中国，但是在经济上和中国市场紧密相连，同样可以是"亚洲"市场的核心成员。第四，"稳市场"不像"高筑墙"那样隔离特定的地理区域，而是集中于市场治理体系的建设，其核心一是市场规则，二是市场的进入与退出机制，所以，所谓"墙"就是"市场规则"。第五，"稳市场"是动态的稳定。一些国家和地区依赖中国市场的程度随时间而变，当一个经济体非常依赖中国市场时，加入以中国市场为核心的"亚洲"市场利大于弊，这个经济体会选择遵守"亚洲"市场的规则、加入"亚洲"市场；反之就会退出。只有让遵守"亚洲"市场规则的经济体进入，而违反规则者退出，"亚洲"市场的规则才能动态地、有效地运转。所以稳定的不是市场成员经济体，不是一国一区的得失，而是规则以及成员的动态进入与退出。第六，特别重要的是，"稳市场"和"高筑墙"在目的上有本质区别。历史上的"高筑墙"是配合"缓称王"，最终目的是称王、图谋天下。类似地，三足鼎立与三分天下也有本质的区别。历史上的"高筑墙""三分天下"等建立稳固根据地的最终战略目的还是图谋天下，而我们"稳市场"战略、"三足鼎立"的最终目的不是称霸而是共存。正如上一节我们所讨论的，称霸全球、取美国而代之"不可行、没好处、不应该"，建立稳定的"亚洲"市场秩序，从而形成竞争共存的新世界秩序才是我们的最终目的。

14.3.2　建立"亚洲"秩序

"稳亚洲市场"需要建立市场秩序，也就是我们在第 12 章讨论的"亚洲共同体"的建设。"亚洲共同体"的规则与治理体系,即亚洲秩序,是"亚洲"市场的一个公共品,主要依赖于作为"亚洲"市场核心的中国来推动建设。

建设"亚洲"秩序包括几方面的内容:第一,主导制定"亚洲共同体"的规则与治理体系。第二,保持"亚洲"市场的稳定与繁荣。第三,维护成员经济体的动态进入和退出。"亚洲共同体"是一个动态的共同体,成员的进入与退出是常态,经济体按照自己的利益决定进退,遵守规则者进,违反规则者退。中国应该和"亚洲共同体"成员经济体一起,有效维护成员的动态进入与退出,保持"亚洲共同体"的动态平衡。第四,主导协调"亚洲共同体"与世界其他经济体的对外经济关系。

1823年美国总统门罗提出,美国不干涉欧洲国家的内部事务,也不容许欧洲国家干预美洲的事务,提出"美洲是美洲人的美洲"的口号,后来更将美洲划分为美国的势力范围。那么,中国建立"亚洲"秩序是不是亚洲版的"门罗主义"?中国要将亚洲划分为自己的势力范围,不容美欧国家干涉吗?当然不是!

第一,"亚洲共同体"或者"亚洲"市场不仅仅是一个地理概念,而是与中国市场紧密相连的经济体的共同市场,主要是一个经济或者市场的概念。比如说,有些非洲国家高度依赖中国市场,也可以是"亚洲共同体"的成员。因为中国是这个"亚洲"市场最大的经济体,必然担负起提供秩序等公共品的责任。而门罗主义主张地理分割,将美洲视为美国的后院,不允许世界上其他国家干预。

第二,门罗宣言的发表源于美洲西班牙殖民地的独立运动,强调美洲的独立,反对欧洲列强对美洲的殖民,但是门罗主义也成为美国干涉拉丁美洲国家主权的代名词。有别于门罗主义对他国主权的干涉,"建立亚洲秩序"是在尊重他国国家主权的前提下对"亚洲"市场规则的维护。门罗主义是地区霸权,把美洲划为美国的势力范围,实质上是对拉丁美洲国家内部事务的干涉主义。而在"亚洲共同体"中,中国并不干预成员的内部事务,而是成员自己决定是否加入"亚洲共同体",遵守"亚洲"市场秩序。当成员违反"亚洲"市场秩序时,中国不是像美国那样去搞政变、推翻成员政府,而是请违反规则的成员退出"亚洲共同体",姜太公钓鱼——愿者上钩,不愿者请回。

第三,门罗主义在提出初始,国际主流的政治制度是君主专制制度,国际关系准则是基于权势平衡的均势政治,殖民主义盛行。门罗主义提出了"非殖民原则",适应了拉美各国寻求独立的潮流,同时美国的民主共和制度为国际社会注入新的选择,代表了那个时代发展的方向。但是,后来尤其是20世纪美国称霸世界之后,门罗主义演变成美国对拉丁美洲国家的意识形态输出。相反,"亚洲共同体"鼓励、尊重成员经济体的文化多样性、制度多样性,不输出意识形态。

第四,门罗主义是孤立主义,相反,"亚洲共同体"是开放的。正如我们在第8章所讨论的,"亚洲共同体"是三足鼎立的双层治理体系中的"一足",是新的全球治理体系的关键支撑。门罗主义是霸权主义的旧世界秩序的产物,而"亚洲共同体"是新世界治理体系结构的一个部分。新世界治理体系将全球秩序划分为全球公共品与区域公共品的双层体系,"亚洲共同体"、美加墨自贸区、欧盟以及其他区域合作机构共同构成相互支持、相互合作、互相开放的区域治理体系。

在这一小节结束之前,我们特别指出两点:第一,"不称王、不谋求全球霸权"与"稳定亚洲市场、建立亚洲秩序"是大国竞争战略的一体两面、互相支撑的两个轮子,缺一不可。中国如果不能稳定"亚洲"市场,那么"不称王"就有可能演变成"去中国化",被孤立和被边缘化。相反,如果过分扩张、到处出击、与美国争霸全球,就无法在"亚洲"建设扎实的规则制度、软性与硬性基础设施,会使得力量、资源过于分散,反而使得"亚洲"也稳不住、守不住,造成全局的崩溃。确定中国主导的市场规模,即"亚洲"市场的范围,有序、有力、有效地建立"亚洲"市场的秩序是现阶段战略的灵魂!第二,以想法、数据、人力资本推动的新世界,与以物质资本推动发展的旧世界,在"稳定根据地、积累实力、谋求发展"的战略目标上是一致的,但是具体方式有了本质的区别。"稳市场"不是守城市,也不是建立地理上的势力范围,而是在全球市场,尤其是全球想法空间、数据空间、要素市场建立稳定的市场份额与规则。

14.3.3 稳技术市场

所谓稳技术市场，主要是两方面，第一，建立亚洲技术市场的"研发→创新→市场→利润"良性循环；第二，保护亚洲技术市场的竞争。这两方面要求的核心都是反垄断，尤其是反国际技术垄断。

在创新时代，想法云面前人人平等。在其他条件相同的前提下，每个人事前获得新想法的概率都是相同的，将创新资源集中到一家企业与创新时代的基本特征相违背。然而，正如我们在第13章所讨论的，集中与分散是新世界一对永恒的矛盾，垄断是一个程度的概念。市场的过于集中即为垄断，所谓反垄断，就是保护竞争，反对市场的过于集中。

什么是过于集中？在任何一个行业，如果只有一家企业，就不再有行业内的企业竞争了，这是我们要反对的。所以，在一个行业，至少要有两家企业。无论是国内企业还是国际企业，只要一家企业的行业份额超过50%，就需要发起反垄断调查。对于重要的行业（产品），比如说大语言模型、线上支付、社交平台、操作系统、搜索引擎、铁路运输、电力供应等行业（产品），应该保证至少有两家企业，以确保最低水平的市场竞争。

所谓国际技术垄断，就是指"亚洲"市场的核心技术被区外跨国企业垄断，比如说，区域外企业的市场份额超过70%。国际技术垄断是垄断的一种特殊形式，与单纯的市场垄断有三方面的区别。

第一，在大国竞争的情形下，压制崛起国的高科技发展是守成国的战略目的，因此国际技术垄断损害了中国的技术安全，比单纯的市场垄断危害更大。

第二，对于国际技术垄断，因为中国政府没有跨国公司母公司的管辖权，不能通过拆分的方法保护市场竞争。

第三，国际技术垄断不单纯是企业垄断，常常是由政府支持的技术垄断。因为国际技术垄断是政府行为，已经超越了市场垄断带来的伤害，必须通过政府行为加以反制。以智能手机操作系统为例，目前手机操作系统主要有美国谷歌公司的安卓系统和美国苹果公司的 IOS 系统，两者占到全球市场份额的99%，在中国市场上，这两大系统也同样占到中国市场份额的95%以上。只从市场垄断角度分析，虽然安卓系统在中国市场的份额达到80%，但是安卓与IOS两个系统市场竞争激烈，而且安卓系统是开源系统，安卓的市场垄断对中国经济的伤害还是可以容忍的。

但是，美国政府制裁华为等中国高科技企业，禁止它们使用安卓系统，对它们造成巨大伤害。美国政府随时可能禁止其他中国企业、高校、个人使用安卓、IOS系统，如果出现那样的情况，中国的智能手机市场会立即出现巨大的混乱。从技术安全角度出发，中国政府不能让95%以上的手机操作系统市场由两家美国公司占有，必须让国产手机操作系统占有一定的市场份额。

只有国产技术达到一定的市场份额，国产技术才有能力抵御国外封锁技术的风险。我们认为，以70%为国际技术垄断的界限是合适的，也就是说外国技术不能超过中国市场份额的70%。

核心技术是大国竞争的制高点，是必争之地，这在本书的各章中有详细讨论。本节补充回答三个问题：第一，为什么以前不反国际技术垄断？第二，反国际技术垄断是否符合世界人民的利益？第三，怎么反国际技术垄断？

为什么以前不反国际技术垄断，而现在反？

技术落后是发展中国家的常态。1978—2018年，中国大部分时间在大部分核心技术领域是落后的，是被外国垄断的，但这并没有妨碍中国在这四十年的高速增长。那么2018年之后，为了保持中国经济的高速增长，为什么要改变政策，反对发达国家的技术垄断？因为中国经济发展的阶段、产业结构改变了。1978—2018年，中国经济处于工业化的阶段，加工制造业是中国经济发展的主导行业。大量剩余劳动力从农村转移到制造业，使得中国的全要素生产率迅速提高，经济高速发展。中国拥抱全球化浪潮，发挥在劳动密集型行业的比较优势，大力发展加工、制造行业，推动了中国从农业到工业的产业升级。在这个阶段，中国经济的创新，主要是生产过程的创新，是技术的转移、模仿，而不是新技术发明、产品创新。在这个阶段，中国也不具备在原创技术发明和高科技领域挑战美欧发达国家、与其竞争的实力。

2018年之后，中国经济的工业化已经完成，农村剩余劳动力红利时代已经结束，中国经济从工业化阶段进入知识化的创新阶段。加工制造业不再是中国经济的主导行业,中高科技制造业、服务行业成为中国经济发展的新的火车头,创新所带来的全要素生产率提高、高科技产业的持续升级成为中国经济发展的主要推动力量。中国经济的创新主要依赖于新技术发明、产品创新。

这要求中国经济建立"创新—市场"的良性循环,要求中国企业在核心技术上占有足够支撑持续发展的市场份额。这必然带来与欧美等发达国家在高科技领域的激烈竞争,也只有打破发达国家在核心技术上的垄断才能实现。

反国际技术垄断是否符合世界人民的利益?

中国反国际技术垄断,保护技术安全;美国则反制造业、原材料垄断,保护产业安全。美国通过《2022年芯片与科学法》《2022年美国竞争法案》《通胀削减法案》等法案,建立经济安全和弹性办公室,提出产业安全的概念。特朗普政府反对中国的产业政策,而拜登政府在反对中国的产业政策的同时,却在大搞美国的产业政策,试图在芯片制造、电池、化工原料、稀土等领域减少对中国制造的依赖。同样,欧盟也利用产业政策保护欧盟的产业安全。各大经济体强调的"产业安全"就是反国际垄断,只不过中国主要反国际技术垄断,而美国主要反国际制造垄断,所以反国际垄断已经成为全球主要经济体的共识了。

这种反国际垄断是否会削弱全球规模报酬,降低全球生产的效率呢?这个问题需要从三个方面考虑,第一是规模报酬和多样化的平衡。当一个产品的平均生产成本随着规模而下降,那么就会出现规模报酬递增,也就是说,规模越大,生产的效率就越高。大部分高科技产品(尤其是软件产品)都是规模报酬递增的,因为高科技产品的成本结构主要是研发等固定成本,而边际生产成本很低。这样产品卖得越多,每件产品所平摊的成本(固定成本+生产成本)就越低,所以规模报酬是递增的。如果放任市场竞争,那么规模越大的企业,生产效率就越高,所以每一个产品最后只有一家企业生产,也就是会出现全球垄断。但是,这种全球垄断却不一定是最优的,因为一个产品的全球垄断虽然提高了单个产品的生产效率,但是却降低了产品的多样性。以汽车为例,如果大众汽车的生产效率是规模报酬递增的,那么是不是全球的汽车就只有大众一个品牌呢？那当然不是，因为人们还希望汽车品牌多样化，有人喜欢大众汽车，有人喜欢丰田汽车，有人喜欢奔驰汽车。

第二是规模报酬和产业安全的平衡。比如说，飞机的生产是规模报酬递增的，需要巨大的生产规模才能把每架飞机的平均成本降下来，但是全球只有一家波音飞机公司就是最优吗？当然也不是，如果只有一家波音公司，而波音的飞机生产又出了问题，那全球就都没有新的飞机可以使用了。现在波音出问题，还有空客。所以为了全球的飞机产业安全，也不能只依赖一家大飞机制造公司。

第三，反国际技术垄断还是促进创新的重要措施。像微软这样的超级企业，在20世纪90年代之后就在计算机操作系统上垄断全球。微软形成行业垄断之后，花费大量财力打压同行的小企业。只要小企业的创新挑战了微软的行业垄断，微软就会把这些小企业买断，以保护自己的垄断地位。大树之下，寸草不生！大量的研究表明，创新依靠中小企业，而行业垄断阻碍创新。最后，我们在第13章讨论过，在一个想法驱动创新的时代，不能出现全球对想法的垄断，不能出现对人脑芯片的垄断。所以，在高科技产品上反对国际技术垄断，也是创新时代人类发展与安全的基石。

怎么反国际技术垄断？

反国际技术垄断是政府行为，必须通过反垄断政策来干预市场。垄断是规模的博弈，小国无力抗衡超级公司，所以反技术垄断只有中国、美国、欧洲这样大的经济体的政府才有可能实施。

对于国际技术垄断，无论采取什么政策措施，本质上，都需要培养本土技术的竞争力。而本土技术的竞争力，需要一定的市场份额来培育、发展。所以通过政策来保护本土技术一定的市场份额成为反国际技术垄断绕不过去的手段，无非是什么样的政策效率更高、干扰市场更少、成本更低。我们在第10章提出了所有在中国境内销售的产品，必须保证使用30%中国核心技术的反国际技术垄断政策。可以将这个政策拓展到"亚洲"市场，成为在"亚洲"市场上的反国际技术垄断政策，也就是说，在"亚洲"市场，要求亚洲技术必须占有30%的市场份额。

以手机操作系统为例，安卓和苹果 IOS 系统占有"亚洲共同体"（简称"亚共体"）市场的 95% 以上，超过了 70% 的上限，因而构成了在"亚共体"市场的国际技术垄断。谷歌与苹果公司都是美国企业，"亚共体"无法拆分这两家外国企业，反垄断政策只能从市场需求端执行。手机操作系统的下游需求端为手机，因此反垄断政策主要表现为两个方面。

第一，要求手机企业在"亚洲"市场销售的手机总量的 30%，必须使用"亚共体"成员生产的操作系统。"亚共体"将对违反这个要求的企业的手机产品征税，税率按照总出货手机中使用"亚共体"操作系统的比例征收，比例越小，税率越高。

第二，补贴使用"亚洲"操作系统的手机。举例而言，在"亚洲市场"上销售的"小果"手机会有两种类型，一种是使用进口操作系统的，称之为"小果 A"，一种是使用"亚洲"操作系统的，称之为"小果 B"。当"亚洲"操作系统还没有达到进口操作系统的水平时，"小果 B"的质量会低于"小果 A"，"小果 B"的市场价格甚至会低于生产成本。在这样的情况下，政府将补贴"小果 B"，保证"小果 B"的利润率。

和美国政府在美国、欧洲以及美国其他盟国的市场上全面禁止中国的 5G 技术相比，以上的反国际技术垄断政策是一个相对温和的政策。在中美贸易争端中，美国的主要诉求就是"市场准入"与"技术封锁"。以手机市场为例，美国以"市场准入"的名义要求中国开放手机市场，这样苹果等手机就可以占据中国的高端市场。与此同时，以"反对强迫技术转让"与"知识产权保护"等技术保护的名义限制中国国产芯片、操作系统等的发展，通过严厉的技术封锁打击华为等中国高科技公司，使得中国的高端芯片、操作系统等技术市场被美国技术所独占。其结果就是美国的"创新—市场"循环得以良好运行，而中国的"创新—市场"循环被打断。华为等中国高科技公司不得不退出高端手机市场，中国的高端手机市场被美国芯片、操作系统所垄断。

2023 年 9 月，华为经过艰苦的努力，重返高端手机市场。我们一方面为华为的技术突破而备受鼓舞，另一方面需要清醒地认识到单个企业的技术突破带有偶然性，并不足以建立"创新—市场"循环。只有持续、透明、长期的反国际技术垄断政策，才能培育良性的"创新—市场"循环。

美国"市场准入"与"技术封锁"的政策陷阱必须打破！中国市场的开放是全面的开放，产品市场与技术市场应该同时开放。从政策上，美国等发达国家要进入中国的产品市场，就也要允许技术进入中国市场，不能产品市场要进入，技术市场却要封锁。中国产品市场的开放、非歧视，以对方的技术市场的开放、非歧视为前提，这是"以市场换规则"的核心。

14.3.4 稳资本市场

"亚洲"市场的稳定要求"亚洲"资本市场的稳定。全球价值链区域化与美元主导的国际金融市场之间的基本矛盾在加剧，而解决这个基本矛盾就要求建设"亚洲"货币体系、推进"亚洲"资本市场一体化。在建设欧洲货币体系、欧洲资本市场一体化的历程中，德国马克扮演了区域核心货币的作用，与此类似，人民币成为"亚洲"市场核心货币的进程需要加快。

人民币怎么样才能成为"亚洲"市场的核心货币呢？第一，人民币要和美元解绑，建立浮动汇率制度；第二，亚洲各经济体原来与美元挂钩的货币逐步脱离与美元的绑定，转而与人民币挂钩。

在2019年下半年美元兑人民币汇率"破7"之后，中国央行退出了对人民币的常规干预，人民币汇率在转向由市场决定的浮动汇率机制上迈出实质步伐。2022年下半年，人民币汇率出现升值趋势，中国出口承受压力；2023年人民币汇率又出现贬值压力。中国央行是否应该干预汇率浮动，稳定汇率呢？人民币汇率的自由浮动是人民币成为"亚洲"市场核心货币的必要条件，我们不能为了短期刺激出口而影响人民币浮动汇率制度这个基石。

要让人民币与美元解绑，隔离金融市场对人民币汇率的冲击，我们需要新的政策工具来有效地隔离人民币与美元，这是我们设计"跨境资本流动累进税"更加基本的政策意义。

"跨境资本流动累进税"的设计，是在三个国际金融体系基本变量（资本市场开放、汇率、货币政策）之外，加上了第四个变量——"跨境资本流动累进税"！

"跨境资本流动累进税"作为国际金融体系的第四个政策变量，增加了一个维度的政策空间。比如说，当人民币有升值压力时，出现更多的资本流入，我们可以调高基准的跨境资本流入税率，抑制资本流入，从而减缓人民币升值压力；而当人民币有贬值压力时，我们可以调高基准的跨境资本流出税率，抑制资本流出，从而减缓人民币贬值压力。这样通过"跨境资本流动累进税"的政策设计，不仅可以防范国际金融危机，而且可以有效地隔离人民币与美元。

综上所述，在复杂多变、危机四伏的国际金融市场，稳资本市场不是"高筑墙"，而是通过主动制定新的资本市场规则来规避风险、稳定市场。"浮动人民币汇率制度"与"跨境资本流动累进税"的结合，会成为稳资本市场的政策利器。在一个全新的国际金融政策体系下，中国可以主动出击，开放资本市场，使得人民币国际化有量级上的飞跃。

14.4 谋共享

中国经济保持健康、高速增长，将推动包括美国在内的全球经济增长，因此，中国目前阶段的战略目标，即中国经济总量以年平均5%左右的速度增长，本质上与全球人民社会福利的改善是一致的。中国的人均GDP逐步接近美国，中国的经济总量在2060年前后达到美国的两倍，霸权迭代的世界秩序将随之终结，竞争共存的世界秩序即将到来。中国的战略目标符合世界发展的趋势，而美国遏制中国的发展则违背这个趋势。中国的战略是顺势而为、拾级而上，本质上，是与世界各国人民共享长期、稳定的增长。

谋共享包括以下几方面内容：

第一，向世界提供公共品，包括提供稳定的三足鼎立的世界秩序，防范气候变化风险和现有技术垄断带来的世界局势动荡。

第二，提供全球最大的商品市场。随着中国经济的健康增长，中国商品市场规模将迅速超过美国，成为全球最大的商品市场，并成为全球企业最重要的盈利来源。

第三，是全球最大的商品生产国。2010年之后，中国制造业产值超过美国，成为全球最大的制造业国家。在可以预期的将来，中国将保持全球最大、最具韧性、最高效的制造业国家的位置。全球价值链的安全、高效运行依赖于中国制造业的正常运转。

第四，是全球最大的资本输出（输入）国。中国是全球储蓄最多的国家，也是全球最大的净资本输出（经常账户顺差）国家。2022年中国对外直接投资达到1 465亿美元，连续11年位列全球前三。同时中国的外国直接投资流入达到1 891亿美元，是仅次于美国的全球第二大外国直接投资流入国。中国将成为全球产业投资最大的来源地与目的地。

第五，在全球创新时代，最重要的共享是想法、知识与科学技术的创造与共享。2022年，中国研发投入达到4 577亿美元，仅次于美国的6 794亿美元，世界排名第二。2022年中国的专利申请数量、授予数量都排名世界第一，远超世界第二的美国。2022年中国科技论文发表数量也超过美国，排名世界第一。2022年中国高校在校生规模达到4 655万人，排名世界第一；高校总数3 013所，排名世界第三。

中国的科研与创新规模、高等教育规模的各项指标都或已居世界第一，或在近期内将居于世界第一。第二次世界大战以后，美国成为全球科研、高等教育的中心，集中了全球最高水平的科研机构、最好的大学，各国优秀的学生纷纷前往美国接受研究生以上教育，在美国的大学、科研机构、企业进行科技创新，并将创新成果传播到全世界，同时，美国也建立了科技霸权，并据此获得高额垄断利润。美国在第二次世界大战后建立了全球最有效的科研、高等教育体系，这个体系强调个人自由和知识产权保护。我们在第13章讨论了创新世界的三个基本矛盾，即公有还是私有、集中还是分散、模仿创新还是自主创新。无论是完全的公有、集中与模仿创新，还是完全的私有、分散与自主创新，都不是一个长期、高效率的创新机制。一个好的创新体制是这三对矛盾的平衡，而不同时期会有所侧重。美国体制强调私有、分散与自主创新，忽视了作为创新源泉的想法和知识本质上是公共品；忽视了伟大科学家的惊世骇俗的科技成果是建立在无数普通科技人员的努力之上，人类的创新本质上是集体行为；忽视了个人的自主创新必须与想法空间的规律相一致。所谓"天之道，利而不害；圣人之道，为而不争"。

美国的科研、高等教育体制鼓励个人自由，但忽略了美国国内贫富差别的不断扩大，科技公司越来越严重的垄断。在国际上，美国的科技创新变成美国对世界的科技霸权、对其他国家的技术遏制与对世界市场垄断利润的掠夺。

新世界的创新有四个本质要求：第一，由全人类共同参与；第二，成果为全人类所共享；第三，推动世界共同发展；第四，人性在创新活动中得到升华。美国的创新体制或许做到了第一个要求，但是不能满足第二、三、四个本质要求，我们寄希望于中国为新世界带来一个共创、共享、共同发展、共同升华的创新、教育体系。

14.5 结语

让我把时光拨回到 2000 年 2 月 19 日（庚辰龙年正月十五），美国俄克拉何马州诺曼市，我从新世纪元旦开始写的这篇对新千年的展望终于到了结语部分。

我在后院大树下的木板桌上铺开稿纸，午后的斜阳透过两颗胡桃树的树枝和残存的胡桃，打在我脚下金黄的树叶上，邻居家的狗依旧一阵一阵地、欢快地叫着。院子外，俄克拉何马草原上三三两两的奶牛依然悠闲地甩着尾巴，"磕头机"的大锤头有规律地摆动着。新世界人类的理想是什么呢？新世界的基本原则又是什么呢？想到这儿，遥远的天空似乎又涌来绵绵不断的声音，压向我的头顶。人类的理想当然是"人生圆满，世界大同"，而新世界的基本原则需要兼顾分散与集中、私有与公有、自主与模仿这三对矛盾。个人的进步可以用"自力更生，奋发图强"8 个字来代表；社会的进步则可以用"互相学习，共同进步"8 个字来代表。新世界的创新是人类共同的创新，而人性的升华则表现为对世界、对想法云的运行规律的不断理解与掌握，所以新世界的社会理想可以用"以法治国，还道于民"8 个字来代表。新世界的创新、发展源于想法的创新、发展，而想法云的分布函数是稳定的，因此新世界的发展大道可以用"真实可靠"4 个字来代表。

午后的太阳渐渐被乌云挡住，电视里传来的大西洋西岸的声音与大西洋东岸的乌云在我头顶交汇，乌云越来越密集、厚重，起风了！我埋头疾书：

在我们这个不停转动的星球上，东方西方从来就是相对的。东方之东方为西方，西方之西方为东方。经历了两千年血与火的洗礼后，信奉上帝、不知天地的西方与深究天地、忘却人民的东方又相会于这碧波长天。七十三万多个日出日落揭示的自然规律是：失去西方的东方将失去通往明天的道路，失去东方的西方将面临无边无尽的黑夜。

东西方相战，将无胜者；东西方相合，将成为一个完备的世界。

弹去身上的硝烟，洗去脸上的血迹，沿着欧洲联盟、北美自由贸易区、"亚洲共同体"等大小相间、纵横交错、崎岖不平的道路，我们互相搀扶着，爬行着，来到新世界的大门。

大门左书：　　自力更生　奋发图强

右书：　　　　互相学习　共同进步

横书：　　　　以法治国　还道于民

门后真实可靠的大道通向极远处的理想世界。旭日东升，理想世界的大旗迎风飘扬，隐约可见。上书：

人生圆满　世界大同

附录

各章小结

第1章 国际贸易争端为什么会发生？

该章首先介绍了全书的主题：理性、共存，用理性的方法分析大国的竞争共存之道。理性分析要突破当代经济学在约束条件下实现最优化的分析框架，而大国共存则需超越数千年来霸权更迭的世界秩序传统思维。

国际贸易争端产生的本质原因是，国家之间存在整体与局部、长期与短期的利益冲突。这章建立的国际贸易争端三大原理，提供了国家之间整体、长期利益冲突的分析框架。

第一个原理是比较优势原理，这也是当代国际贸易理论最基本的原理，阐述了各个国家如何按照机会成本来确定国际分工，提高跨国之间的资源配置效率。

第二个原理是跨国垄断利润原理：国际贸易活动中，一个国家或其企业利用其在世界市场的垄断地位，获取跨国垄断利润，对跨国垄断利润的争夺会引发国家之间整体利益的冲突。当代一个国家在世界市场的垄断地位，通过技术垄断、金融垄断、规则垄断和军事垄断这四个方面来实现。

第三个原理是分工固化的增长陷阱原理：即使在理想的自由贸易状态下，如果技术是外生给定的，自由贸易可能打破"资本报酬递减原理"，使得穷国与富国的资本报酬趋于一致；使得穷国固化在劳动密集型的国际生产分工中，失去产品升级的动力以及从农业化向工业化、从加工到创新的结构转变的动力；使得穷国掉入低增长的陷阱，形成穷国恒穷、富国恒富的国际收入分配格局。穷国要打破分工固化的增长陷阱，会引发与富国在长期利益上的冲突。

第一个原理解释如何通过国际分工将全球产出之饼做大,而第二个与第三个原理解释在划分全球产出之饼上的国家利益冲突。

第2章 经济总量如何增长?

经济总量的长期增长既代表了一个国家的实力,也代表了它的长期、整体的利益。

当代经济学关于增长的理论主要有外生增长理论与内生增长理论。外生增长理论发现技术进步是经济增长的驱动力,而内生增长理论则进一步揭示了技术进步的来源。外生增长理论与内生增长理论都是在宏观层面研究经济增长的现象,但是只见森林,不见树木,缺乏对经济增长微观与中观机制的分析。

为了更好地解释增长,本章提出经济增长的微观与中观机制。在微观机制上,我们提出"双轮驱动模型",强调技术创新和市场规模的良性循环;在中观机制上,我们提出"增长定理",即一个经济体保持长期增长的充分必要条件是其产业结构的持续升级。

按照经济活动的四个步骤,创新、生产、交换(贸易)、消费(市场),本章将全球化分为全球发现时代(1500—1819)、全球贸易时代(1820—1978)、全球生产时代(1979—2018)和全球创新时代(2019年至今)。我们发现,全球化在各个阶段的推进,伴随着全球垄断形态的演变:在全球发现时代,产品市场的全球垄断得以解放,转化为贸易的垄断;在全球贸易时代,贸易的全球垄断得以解放,转化为生产的垄断;在全球生产时代,生产的全球垄断得以解放,转化为创新的垄断;而在当今的全球创新时代,创新的全球垄断又会向何种形态转变?

第3章 大国如何竞争?

通过分析大国竞争的普遍规律和特定历史条件下的竞争特点,本章建立了当代大国竞争的"六领域—三要素—五阶段"的分析框架:大国竞争在制造业、经济总量、科技、金融、军事和全球治理等六个核心领域展开,两国关系由相对实力、政治和文化认同度、第三方效应等三个要素决定，并据此提出的中美两国关系的对抗（1949—1978）、小国—大国（1979—2015）、大国竞争Ⅰ（2016—2035）、大国竞争Ⅱ（2036—2060）和竞争共存（2061年之后）等五个阶段。

当崛起国的制造业总量赶上守成国、经济总量达到守成国的60%时，两国进入大国竞争阶段。中美两国于2016年进入大国竞争阶段，当前处于大国竞争阶段Ⅰ。在大国竞争阶段Ⅰ，中国的主要发展目标是在2035年前后在经济总量上追上美国；在大国竞争阶段Ⅱ，中国的主要发展目标是在2060年前后在科技、金融、军事和全球治理等四个领域赶上美国。

第4章　解析关税争端

本章介绍贸易争端三大定理，首先是国家之间局部利益冲突的斯托尔珀-萨缪尔森定理：一个国家的贸易开放增加这个国家丰裕要素的收益，但降低这个国家稀缺要素的收益，在短期增加出口部门的收益，但降低进口部门的收益。

然后是短期利益冲突的最优关税定理与技术竞争的希克斯定理：当关税政策或技术政策相对增加这个国家出口产品价格，但降低进口产品价格时，这样的关税政策或技术政策有可能改善这个国家的社会福利。至此，与第一章的三大原理一道，我们建立了贸易争端的整体与局部、长期与短期利益冲突的分析框架，为解析中美贸易争端提供了有效的工具。

2018年3月23日，美国贸易代表办公室发布"301调查报告"，提出市场准入、贸易不平衡、知识产权保护与所谓的强制技术转让、产业政策与国有企业等四个表面原因，并借此发动了对华贸易争端。深入分析中美关税争端对两国贸易平衡、社会福利与贸易结构的影响，会发现中美争端更加本质的原因在于两国在整体与局部、长期与短期利益上的冲突。

第5章　镜像策略：如何避免对抗？

本章讨论大国竞争的战术。毛泽东在如何避免国共冲突、一致团结对外方面提出了"人不犯我，我不犯人；人若犯我，我必犯人"原则；在如何赢得战争胜利方面，提出了"你打你的，我打我的"原则。

我们将这两个原则总结为大国竞争的战术原则。"人不犯我，我不犯人；人若犯我，我必犯人"实际上是镜像策略，因为我方的策略看起来就像对方策略的镜像。我们通过一个简单的博弈模型，证明了镜像策略是避免对抗、实现合作的纳什均衡。而"你打你的，我打我的"的核心是掌握主动权，"打得赢就打，打不赢就走"。

以中欧光伏和葡萄酒关税争端为例，本章分析了镜像策略如何成功地避免了对抗。然后分析美国对跨国公司的长臂管辖，可以发现，因为涉及长期、整体利益的冲突，中美争端不仅需要在战术层面选取最优策略，更重要的是战略方向的制定与实力的竞争。

第6章 三足鼎立：全球价值链的结构变化

全球基本矛盾，即全球经济基础与上层建筑之间的矛盾，决定大国竞争的战略。本章讨论全球经济基础，即全球价值链的结构变化。

通过分析全球贸易、生产和消费网络结构，我们发现它在2000年呈现出以美国为核心的亚太价值链和以德国为核心的欧洲价值链的两极格局，而在2019年它转变为以美国为核心的北美价值链、以中国为核心的亚洲价值链和以德国为核心的欧洲价值链的三足鼎立的格局。这一转变标志着全球经济基础的根本性变化。

进一步分析核心国家在各自区域的地位，可以发现北美价值链、亚洲价值链呈现出大国—小国的"轮轴—辐条"模式，而欧洲价值链则呈现出"多国合作"的模式。

第7章 国际货币体系基本矛盾

全球上层建筑的第一个内容是国际货币体系，国际货币体系经历了从金本位制到如今的后布雷顿森林体系的演变。

尽管全球经济基础已经由美国主导转变为美、亚、欧三足鼎立的格局，国际货币体系仍然以美元为主导。美国可以利用美元的国际主导地位收取国际铸币税，即通过发行货币获得收益，同时将通货膨胀的成本转嫁给其他国家；也可以将美元武器化，作为制裁、打击其他国家的工具。因此，三足鼎立的经济格局与单级货币体系之间的不匹配构成了国际货币体系基本矛盾。

这个矛盾使得国际经济金融体系处于不稳定的状态。解决这个矛盾可能有"趋同论""去中国化""多极国际货币体系"三种思路。建立美元、人民币、欧元三足鼎立的国际货币体系，是一个与全球经济基础格局相匹配的国际货币体系的改革方向。

第8章　世界秩序基本矛盾

全球上层建筑的第二个内容是全球治理体系。第二次世界大战之后建立的全球治理体系，经历了苏联解体、"超级全球化"开启，演变为美国主导的"一超多强"的世界秩序。全球价值链的三足鼎立结构，与美国主导的全球治理体系之间的不匹配是世界秩序基本矛盾。

全球治理体系面临的挑战，源于各国国家主权与美国主导世界秩序的冲突、各国国内利益集团的冲突以及全球价值链的结构变化。

当全球化进入创新时代时，全球的核心公共品发生变化，治理逻辑也随之改变。霸权更迭的旧世界秩序范式已经结束，而竞争共存是新世界秩序的方向。将世界失序归因于中美对世界领导权的争夺是严重的误导，世界失序是全球经济基础与上层建筑矛盾的表现。

全球治理体系可以有全球与区域双层。多边的归多边，区域的归区域，建立三足鼎立的双层全球治理体系是全球治理体系的发展方向。

第9章　什么决定大国竞争的未来？

大国竞争的赢者获得更高的经济总量增长率，而输者的经济总量则陷入停滞，甚至负增长。据此，我们建立了大国竞争的"增长—危机"分析框架。

在大国竞争的环境下,守成国与崛起国的增长具有多重均衡。如果一国的经济总量达到潜在增长率、实现最优增长,我们将其最优增长路径定义为正常增长均衡;我们将不能实现其最优增长路径的其他路径定义为危机增长均衡。当一国发生危机时,其经济陷入自我实现的恶性循环。

从当下到2060年,中美竞争有四种可能的未来(均衡)。第一,A均衡,中美皆实现其潜在增长率,我们称之为双赢的均衡;第二,B均衡,美国实现其潜在增长率,而中国发生危机;第三,C均衡,中国实现其潜在增长率,而美国发生危机;D均衡,中美两国都发生危机。

"外因是变化的条件,内因是变化的根据,外因通过内因而起作用。"大国竞争是外因,而竞争的结果则取决于哪个国家能够避免危机,实现其潜在增长率。

作为崛起国的中国可能面临日本式危机、苏联式危机、国际金融危机、社会危机、公共政策危机和区域安全危机等六种危机。中国通过经济结构的调整与体制改革,可以避免危机的发生。作为守成国的美国可能面临社会危机、文化危机、金融危机、宪政危机、公共政策危机和区域安全危机等六种危机。

分析当代大国竞争的危机演变路径,我们发现:第一,中国保持产业结构升级,实现经济健康增长;第二,人民币成为国际货币,与美元分担战争风险;第三,中美形成区域对称的军事实力,是中美实现国际秩序基本和平转换的三个必要条件。

第10章 技术竞争:"领先者困境"与"追赶者陷阱"

技术创新通常分成两种类型,一种是渐变型技术创新,另一种是突变型技术创新。所谓渐变型技术创新,是指通过对旧技术的更新迭代逐渐积累实现的技术进步;而突变型技术创新是一种颠覆性、破坏性的技术变革,新的技术与旧的技术没有传承关系,采用新的技术意味着放弃旧的技术。

渐变型技术竞争是技术的积累,其规律可以总结为"研发投入竞赛",在竞争中追赶者常常处于下风,容易落入"追赶者陷阱"。突变型技术竞争是新旧技术的选择，领先者在旧技术上越是领先，选择新技术的机会成本越高；追赶者因为在旧技术上的落后，反而在新技术的使用上具有比较优势，往往后来者居上，而领先者则容易落入"领先者困境"。

当代技术竞争两大领域是人工智能与非化石能源，前者具有渐变型技术创新的特征，而后者具有突变型技术创新的特征。美国在人工智能领域暂时领先，但在非化石能源领域可能落入"领先者困境"；中国在非化石能源领域暂时领先，但在人工智能领域可能落入"追赶者陷阱"。

打破"追赶者陷阱"的关键，是在本国暂时落后的技术上形成"创新—市场"的良性循环，这种循环无法通过市场竞争自发形成，必须通过国家政策的干预。成功的政策有三个原则：第一，保证本国暂时落后的技术具有一定份额的市场需求；第二，在技术的供给侧形成有效的市场竞争；第三，技术市场是开放的，能够跟上世界先进技术的步伐。

渐变型技术与突变型技术竞争规律的区别同样适用于大国在国际金融、全球治理、军事等其他领域的竞争。

第 11 章　国际金融竞争

美国在当代国际金融领域处于领先地位，因此，构造国际金融领域的突变型技术创新是中国赢得国际金融竞争的关键。

美国可以利用美元的优势地位，第一，通过大量发行美元，征收美元国际铸币税，投资美国的基础设施、高科技研发、关键产业，从而补强美国实体经济，重构全球价值链；第二，利用美元进行金融制裁，制造中国金融危机与金融封锁双风险。因此，防范金融危机与金融封锁双风险成为中国在国际金融竞争中的主要任务。

本章提出货币政策与货币技术两个方向的突变型创新。第一，构造"跨境资本流动累进税"，也就是资本流动防火墙，形成第四个国际金融政策工具。"跨境资本流动累进税"既能保证正常情形下资本的跨境自由流动，又能对异常情形下的跨境资本流动通过征收累进税的方法进行有效抑制，可以在危机情形下实现对国际与国内金融市场的有效隔离，从而防范国际金融危机的发生。

第二，构造数字货币跨境支付平台。新的数字货币跨境支付平台需要克服两个难点：一是确定适当的汇率，使得平台内部不能循环套利、平台与外部市场之间也不能套利；二是其交易成本比现有跨境支付体系要低。一旦克服这两个难点，崭新的国际货币体系就将出现。

第 12 章　全球治理体系竞争

第二次世界大战之后建立的国际贸易治理体系具有四大原则：非歧视原则、公平竞争原则、贸易自由化原则与透明度原则。当今这四大原则在全球范围内面临挑战，世界经济秩序陷入混乱状态。

在中美的全球治理体系竞争中，美国采取了"投资、结盟、竞争"的方针，即投资自己、联合盟友、与中国竞争，其主要目的有两个：第一，在全球价值链上"去中国化"，改变美国在全球价值链的关键产业"过度依赖"中国的状况，边缘化中国。第二，遏制中国的技术创新与产业升级，保证美国在高科技产业的全球霸权地位。

面对美国的"去中国化"策略，中国最优的博弈策略是"有限反击"：建立"亚洲共同体"，在"亚洲"区域重建 WTO 规则。

"亚洲共同体"的目标短期以技术市场自由化为目标，打破美国对中国的国际技术垄断联盟。中期致力于强化亚洲经济共同体，逐步实现技术、资本、劳动力等要素在共同体内的自由流动。长期建立类似于欧盟、具有亚洲特色的亚洲治理体系，使其成为全球"三足鼎立"治理体系中的重要一极。

"亚洲共同体"的建设原则是"以市场换规则"，以中国市场的单边开放换取共同体成员遵守 WTO 规则。其建设路径是单边开放，双边谈判，先易后难，有序进入。

美国在当代全球治理体系中处于领先地位，因此，中国在全球治理体系领域的突变型创新同样是赢得竞争的关键，而"亚洲共同体"的构造就是这种突变型创新，它体现在三个方面：第一，超越传统的囿于地理范围的秩序建设，不计较一城一地的得失，专注于相互依赖经济体的共同市场秩序的构建；第二，超越传统的军事手段，通过对共同体成员进入与退出的动态管理，构建各成员激励相容的"亚洲"秩序；第三，超越传统的争霸思维，三分天下只主导其一，构建三足鼎立、竞争共存的新世界秩序。

第13章 创新世界

创新已经成为推动社会前进的核心动力，本章试图在现有文献基础上对创新世界给出规范的、系统的初步描述。

创新源于"想法"，创新的过程可以总结为"想法→创新→技术进步→市场实现"。相应地，人类的创新活动可以分为四个阶段：产生想法、转化知识、提高生产率、实现价值。

创新过程包括两个循环，第一个是创新者与想法云的循环，第二个是创新者与研发机构、市场的循环。在第一个循环中，创新者从想法云中随机抽取想法，而创新者大脑产生的新想法也反馈给想法云，成为想法云的一部分。在第二个循环中，创新者在获得一定质量的新想法之后，结合劳动力、资本和其他中间投入从事研发活动、进行创新，生产出新的技术。新想法的质量越高，创造出来的新技术就越好。新的技术在市场上实现利润，转化成研发投入，继续下一阶段的创新。

人类诞生以来，所有人的所有想法的加总集合，构成了想法云的一部分。本章将想法云的特征总结成五个假设：想法的质量服从帕累托分布、想法的质量分布是区域化的、想法的质量分布具有历史相关性、想法具有公共品属性、想法的演化具有客观性和主观性。

创新世界有三个基本矛盾：第一，是集中创新，还是分散创新；第二，创新成果是公有还是私有；第三，是自主创新，还是模仿创新。一个好的创新体制，是这三对矛盾的平衡，而不同时期会有所侧重。

想法的垄断是创新世界的核心问题。对想法的垄断有两种形式，第一是市场垄断，第二是政府垄断。限制市场对想法的垄断，需要政府的力量来平衡市场垄断；而限制政府对想法的垄断，需要国家之间的竞争，以及市场竞争来平衡政府的垄断。

保证想法云面前人人平等是新世界的核心挑战，三足鼎立的双层世界治理体系为应对这个核心挑战提供了一个基础。

第 14 章　十年战略（2024—2034）

本章总结全书，并提出中国在下一个十年的大国竞争战略。

中国在下一个十年的战略目标就是 GDP 年平均增长率达到 5%，从而使名义 GDP 总量在 2035 年左右赶上美国。

中国实现战略目标的战略方针可以总结为九个字：不称王，稳市场，谋共享。

不称王：第一是指不试图取代美国的世界霸权，因为不可行、没好处、不应该！第二是指不与美国共治世界。所谓"中美共治"的实质就是不改变美国主导的世界秩序，中国只是作为美国实力的补充，帮助美国管理世界。"中美共治"的观点似是而非，其核心问题是看不到中美关系的阶段性变化与中美利益冲突的结构转变。在大国竞争阶段，"中美共治"的结果就是中国在高科技领域的发展被遏制，落入"追赶者陷阱"，无法实现其战略目标。

稳市场：在 20 亿到 25 亿人口的"亚洲"市场建立中国主导的区域经济秩序，我们称之为"稳市场"。稳市场包括建立"亚洲"秩序，稳技术市场，稳资本市场。建设"亚洲"秩序包括三方面内容：第一，主导制定"亚洲共同体"的规则与治理体系；第二，保持"亚洲"市场的稳定与繁荣；第三，维护成员经济体的动态进入和退出。稳技术市场主要包括两方面内容：第一，建立亚洲技术市场的"研发→创新→市场→利润"良性循环；第二，保证亚洲技术市场的公平竞争。这两方面要求的核心都是反垄断，尤其是反国际技术垄断。对于国际技术垄断，无论采取什么政策措施，本质上，都需要培养本土技术的竞争力。而本土技术的竞争力，需要一定的市场份额来培育、发展。在复杂多变、危机四伏的国际金融市场，稳资本市场就是通过主动制定新的资本市场规则来规避风险、稳定市场。

谋共享：关键在于想法、知识与科学技术的创造与共享。人类的创新本质上是集体行为。新世界的创新有四个本质要求：第一，由全人类共同参与；第二，成果为全人类所共享；第三，推动世界共同发展；第四，人性在创新活动中得到升华。我们寄希望于中国为新世界带来一个共创、共享、共同发展、共同升华的创新体系。